大学生**安全教育**与**应急处理**训练

微课版

主　编

肖　燕　潘文锋

副主编

曾亚纯　曲东华　游　茂　方　锐

编写组成员

肖　燕　潘文锋　曾亚纯　曲东华

游　茂　方　锐　段杰鑫　甘丽聪

李美娜　曾子英　张伟婷　陈学敏

朱　静

顾　问

王敏坚　深圳职业技术大学 学生处处长 副研究员

钱　佳　华中师范大学家庭教育学院副院长 博士 教授

曹　刚　深圳市消防救援支队 副支队长

姚英政　深圳市消防救援支队 新闻宣传处处长

曾　威　深圳市公安局网络警察支队 四大队警官

湖南大学出版社

·长沙·

内容简介

　　本教材以安全责任、安全意识和安全知识为主要内容，引导大学生树立正确的安全防范意识，掌握基本的安全防范知识和技能，以及具备健全的法治观念、健康的心理状态；引导学生提高遭遇突发性事件、灾害性事故时的应急处置能力，以及避免学生自身的生命财产受到侵害的自我保护、安全防卫能力和抵御违法犯罪的能力，最终实现全面提高大学生综合素质，促进大学生健康成才的目标。

　　本教材适合各类院校的专科、本科、研究生使用，同时也适合各企业新入职员工、社会其他青少年群体使用。

图书在版编目（CIP）数据

　　大学生安全教育与应急处理训练：微课版 / 肖燕，潘文锋主编. — 长沙：湖南大学出版社，2023.9（2025.8重印）
　　ISBN 978-7-5667-3081-7

　　Ⅰ.①大… Ⅱ.①肖… ②潘… Ⅲ.①大学生—安全教育—高等学校—教材 ②大学生—自救互救—高等学校—教材 Ⅳ.①G645.5②X4

　　中国国家版本馆CIP数据核字（2023）第114260号

大学生安全教育与应急处理训练（微课版）
DAXUESHENG ANQUAN JIAOYU YU YINGJI CHULI XUNLIAN （WEIKE BAN）

主　　编：肖　燕　潘文锋
责任编辑：刘　旺
印　　装：湖南天闻新华印务有限公司

开　　本：710 mm × 1000 mm　1/16	印　　张：22.75	字　　数：370千字
版　　次：2023年9月第1版	印　　次：2025年8月第2次印刷	

书　　号：ISBN 978-7-5667-3081-7
定　　价：49.80元

出 版 人：李文邦
出版发行：湖南大学出版社
社　　址：湖南·长沙·岳麓山　　　　　邮　　编：410082
电　　话：0731-88822559（营销部）　　88649149（编辑部）　　88821006（出版部）
传　　真：0731-88822264（总编室）
网　　址：http://press.hnu.edu.cn

序

安全意识应该成为一生中
必不可缺的基础素质

"少年强则中国强"，青少年是国家的未来、民族的希望，承载着家庭和社会的期许。目前，青少年主要通过学校课堂、科普场馆和大众媒体等获得安全知识。受年龄、身体素质和安全教育培训的局限，青少年的识险、避险、处置、逃生、救助意识普遍比较薄弱，技能比较缺乏，在突如其来的危险面前，他们往往成为承受力和自救力弱小的群体之一。

对学生进行安全教育，不仅关系到学生个体健康安全的成长，更关系到国家的未来，这是一项社会性、长期性的基础工作。教育过程中需要把握青少年不同年龄阶段的身心发展和认知规律及思想观念的变化，分层次设计安全教育内容，遵循青少年成长规律，丰富和创新安全教育形式，帮助他们从小养成正确的安全习惯，懂得基本的安全常识，使安全意识渗透到他们的心灵深处，无论今后他们走到哪里，安全意识将成为他们一生中必不可缺的基础素质。

安全教育，应常规化、多样化、系统化，应完全浸润到学生的日常生活中，这需要携手同心的持续行动。例如，学校加强课程设置、专题教育和应急疏散演练，提高安全教育的针对性和有效性；家长及其他监护人切实履行监护之责，时时言传身教；社会各部门积极承担起各自责任，构建全方位的预防应急机制，全力守护好青少年的安全。

消防安全是安全教育中极其重要的一环。近年来，国家一直致力推进将消防安全素质教育纳入学校教育体系中。2018年11月，在全国中小学校消防安全宣传教育工作推进会上，消防部门强调要推动学校消防安全宣传教育工作实现新发展、新突破。深圳市消防救援支队历来重视消防宣传教育培训工作。2023年4月与深圳职业技术大学(以下简称"深职大")联合建成深圳首支高校消防志愿者队伍，创新消防宣传思路。鉴于安全教育对学生身心健康成长及校园安全管理的重要性，深职大常年深耕于学生安全素养提升，通过构建安全必修课程体系，多维度培养学生安全意识与风险应对能力。此次，深圳消防与深职大共同出版《大学安全教育与应急处理训练（微课版）》，为培养青少年个体的防灾思维，从行动和心理上提高青少年安全意识和自救能力，形成特有的安全教育文化，恰逢其时，正当其势！

按照安全思维发展的逻辑顺序，我们将消防安全素质划分为四个层级，一是消防基础知识，即青少年对消防法律法规、安全常识、火场逃生知识等理论知识的掌握；二是逃生自救技能，即青少年运用所学知识提高火灾报警、初期火灾扑救和火场逃生的能力；三是消防意识，即青少年在长期的知识学习和技能训练中形成的消防安全思维和在火灾事故中表现出的应急反应能力；四是消防文化，即将消防安全意识融入学生日常生活，防灾减灾理念成为新的生活方式。

针对青少年开展安全教育的最终目标是让学生树立正确的安全观，将防灾减灾救灾理念融入日常生活中，让他们成为全社会安全素养提升的主力军。学校是培养青少年素养与能力的重要场所，因此，我们希望通过学校教学改革与课程实践，让安全素养教育真正地走进校园、走进课本、走进课堂，走进青少年的心中！

深圳市消防救援支队支队长 王帅

2023年6月

在现代社会，各个行业都离不开职业教育培养的人才。职业教育与经济社会发展紧密相连，对促进就业、创业，增进人民福祉具有重要意义。习近平总书记强调，在全面建设社会主义现代化国家新征程中，职业教育前途广阔、大有可为。随着我国高质量发展步伐加快，对更高素质、更高层次技术技能人才的需求越来越强烈。培养高素质劳动者和技术技能人才，助推高质量发展，是新时期职业教育的重大使命。不断促使职业教育和经济高质量发展相互适配、相得益彰，职业教育才能走得更稳更远。在育人实践中，我们发现有着高度安全意识、丰富安全知识和良好的应急处理能力的职业本科教育的毕业生走上工作岗位后都将成为企业的重要技术骨干力量和中层管理力量，成为维护社会和企业安全的重要力量。目前，大学生的安全意识及应急能力并不能与时代要求相匹配，因此，针对大学生进行安全教育符合时代需求，应该贯穿于大学阶段人才培养的全过程。

深圳职业技术大学从2009年开始把安全教育列为学生综合素质类的必修课，以学校党委安全保卫部为主体的教学教研团队，孜孜以求，不断创新和突破。2011年出版与课程同名的教材；2012年探索建设专业性网络平台进行安全教育与宣传；2013年制作大量原创性安全教育微课；2016年启用手机移动端安全知识学习平台；2017年大量运用VR技术建成亚洲首个安全超感体验课堂；2018年暑假开始安全教育前置，有效填补学生高中最后一个暑假与大学校园间的空白；2019年立项校级金课建设，对安全知识与技能进行颗粒化的重新构建；2020年立项学校课程思政示范课建设；2023 年课程教材入选首批"十四五"职业教育国家规划教材。

　　本教材以与社会、高校校园的现实情况和学生的生活实际紧密结合为编写理念，以人为本、突出重点、联系实际为编写原则。教材立足高职教育，正确处理好安全知识、应急能力和综合素质三者之间的关系。内容设计思路从宏观到微观，按照与学生日常学习生活的紧密程度进行排序，从国家安全、公共安全等宏观理念，到人身财产安全、消防安全、交通安全、网络安全等现实生活，并根据职业本科教育特色和国际交往发展趋势，设计了实训实习安全、国际交往安全的教学内容。

　　教材把学校长期积累的丰富安全教育教学素材及资源，通过全新改版设计的"互联网 +"新形态教材形式进行链接，增强教材的互动性和实用性，是本教材的一大亮点。在书中相应位置设置二维码，学生扫码即可获取案例分析、温馨提示、法律法规和拓展阅读等文字、图片和音视频资料，体现及时性、生动性、实用性，部分教学内容可以通过 VR 设备开展现场体验教学、演示分析、专题探讨、调研等，创新开放式教学环境，提高学生的探索兴趣，帮助学生深度理解和实践应用相关知识。

　　教材面向我校所有大一学生，兄弟院校专科、本科及研究生等不同年级学生，同时也适用于各企业新入职员工、社会其他青少年群体等。相信教材可以成为青年学生形成科学安全理念，掌握现代安全知识，培养安全素质和现代安全技能的安全教育学习好帮手，也能成为各类不同群体"开卷有益"的安全教育读本。

本教材编写组

2023 年 8 月

教材使用说明

本课程是高等职业院校一门必修的通识教育基础课程，是高等学校思想政治教育和素质教育的重要组成部分。本教材以马克思列宁主义、毛泽东思想、邓小平理论、"三个代表"重要思想、科学发展观、习近平新时代中国特色社会主义思想为指导，以《大中小学国家安全教育指导纲要》等为依据，以科学的安全观念、健全的法制理念、现代安全意识和态度、专业化安全素养和技能的教育和训练为主要内容，旨在把中国特色社会主义的科学安全观念、知识、态度和技能的教育和培养贯穿于大学生成长和成才的全过程，帮助学生通过系统的理论学习和实践训练形成科学的安全观念、自觉的安全意识和态度、良好的现代安全素养、专业化的现代安全技能，全面提高我国大学生适应现代化社会生产生活的综合素质和应对安全事件的能力。

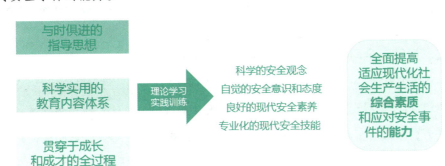

本教材的使用说明具体如下：

一、以培养综合安全素养与技能为起点与核心组织教学内容

按照实际生活中易发生的危险类型，将现代安全素养与技能的基本内容进行精选、分解后，重组成7个项目模块。每个项目模块都围绕着培养目的来组织内容，共有30个子模块（主题），每个子模块分解成3~6个思政点、知识点或技能点，

形成了以模块化的危险风险类型为框架、以思政点为前提，知识点、技能点为任务内容的项目式课程体系内容。共 16 学时，根据实际情况开展教学。其中理论教学为 13 学时，实训教学为 3 学时。

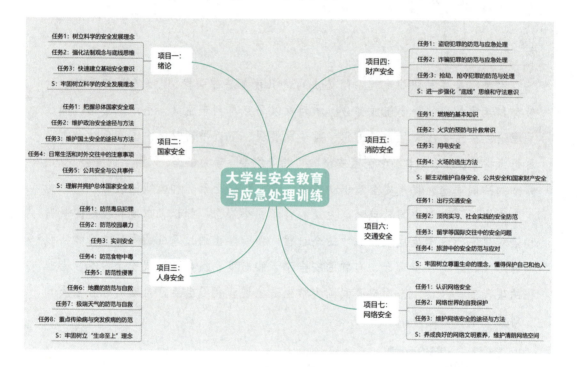

二、遵循安全习惯养成规律调整教学方法与手段

安全教育作为一门实践性极强的课程，强调安全意识、安全知识和安全能力的相辅相成，通过树立安全意识，指导、修正日常行为，通过实践训练锻炼能力、强化能力，形成良好的安全习惯，还可以反过来强化安全意识，更好地促进安全习惯的养成，从而形成"安全意识—研究问题—解决问题"的教学过程，在过程中训练学生强化安全意识，掌握安全知识，提升安全能力。

1. 教学方法

案例教学：通过根据学生所需具备的安全能力选取典型案例，解析案例、引导学生了解安全问题解决过程中应注意的关键点，通过案例分析有效提高大学生安全素养。教师借助案例分析阐明教学内容涵盖的观点，学生在讨论中可以结合案例发表自己的感受、意见，形成利于培养学生个性特征、创新能力的教学环境，提高学生综合运用自己所学知识处理具体问题的技巧和能力。

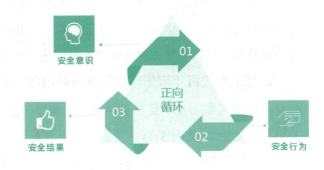

情景式教学：挖掘信息化和生活化情景，通过创设与知识点一一对应的情景，借助多媒体信息技术将知识动态化，提高学生思维能力和敏锐性。

小组学习法：在实操实训教学环节，采用小组学习法，实现快速分工、协作完成，使实操既与实际危险发生时的情况相吻合，又可极大地提高学生的学习热情。

2. 教学手段

采用线上线下混合式教学模式：把一次课分成课前、课中、课后三个阶段。课前学生根据任务进行自主学习，通过网络与老师交流。课中教师主要针对课前学习存在的问题及重点难点，开展学生实操、互动讨论、递进拓展和小结测验等活动，达到运用知识、内化知识的目的。课后进行在线作业、辅导和线下实操实训等活动。

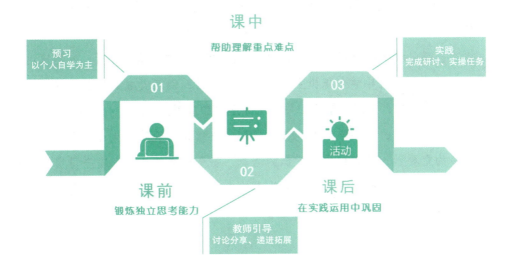

"情景式＋体验式"的教学模式：师生可通过身临其境的体验进行发现安全隐患、避险、逃生、自救、互救等方面的实用应急技能训练，强化师生对"危机"的正确理解与认识，训练并提升对"危机"的应急处理能力。

三、锚定现代青年学生核心素养开展过程式考核

核心素养主要是指学生应该具备的，能够适应终身发展和社会发展需要的必备品格和关键能力，本课程以学生安全综合素养养成为导向，结合课程知识、技能、素质要求，探索形成教师、学生评价主体相结合，线上线下相结合，过程性评价、终结性评价、增值性评价相结合的考核与评价模式。除了安全知识通过考试检验，更多是采用过程考核评价的方式，检验学生在解决问题和应对突发情况时是否有安全意识，评价学生解决问题的技术性、合理性、经济性与安全性，从而评价安全教育效果。

四、结合互联网络创新教材体例

首先，针对教学内容的重点问题，在书中相应位置设置二维码，学生通过手机扫描二维码，可以关联到相应网站中的案例分析、温馨提示、法律法规、拓展阅读等文字、图片和音视频资料。让缺乏灵动的书本语言表现出及时性、生动性、实用性等，以此激发学生对该课程的学习热情和学习兴趣，缩短理论与实际应用之间的差距，构建理论与应用之间的纽带，培养创新能力和自学能力。

其次，学习时学生可以通过扫码二维码参与随堂测验、问题讨论和模拟训练。以上题目设置突出针对性和实用性，以加强学生对知识点的理解和掌握。

再次，部分教学内容可以通过VR设备现场体验教学、演示分析、专题探讨、调研等方式开展，引导学生积极主动地交流与探讨，创新开放式的教学环境，增强学生的探索兴趣，加深学生对相关知识的理解和应用。

我们殷切希望，青年学生们能够意识到安全教育对现阶段生活、学习及今后走上社会的重要性，认识到安全意识的培养、安全能力的提高、安全习惯的养成的意义所在。对个人而言，这是受益终身的事情；这对家庭和幸福社会的构建也是头等大事。

目录

模块一

绪论

居安思危，思则有备，有备无患。

——《左传》

绪论

树立科学的安全发展理念
- 安全的内涵与外延
- 科学的安全理念
- 大学生安全教育的指导思想、内容及学习方式

强化法律意识与底线思维
- 培养法律意识
- 善用底线思维
- 大学生高危行为类型

快速建立基础安全意识
- 安全事故中的心理因素
- 基本安全意识建立技巧
- 培养当代大学生安全素养

案 例 导 读

致 63 人伤亡！湖南长沙"4·29"特别重大居民自建房倒塌事故

2022 年 4 月 29 日 12 时 24 分，湖南省长沙市望城区金山街道金坪社区盘树湾组发生一起特别重大居民自建房倒塌事故，造成 54 人死亡、9 人受伤，直接经济损失 9077.86 万元。令人心痛的是，遇难者大多为附近医学院的学生，遭此横祸，让人惋惜。

经了解，该栋建筑属违规建筑，涉事房主吴某生在未履行任何审批手续、未取得任何许可的情况下，请建筑公司退休工人手绘设计图，自行采购建筑材料，聘请无资质的流动施工队人员组织施工。

房屋部分采用自拌混凝土，砂石含泥量大、强度低，柱体墙体抗压强度远低于国家标准。此后，又于 2018 年再次违法违规扩建至八层。2019 年 7 月，二楼东墙混凝土柱出现网状裂缝，房主自行加固，未彻底消除安全隐患。2022 年 3 月，该房屋又相继出现支顶槽钢变形、墙面瓷砖脱落、支顶槽钢变形加剧的情况，房主均未做处理。2022 年 4 月 12 日，湖南湘大工程检测有限公司受涉事房屋内的旅馆经营者委托，未带任何检测仪器，仅拍照即完成所谓"检测"，13 日为旅馆出具了虚假的安全性鉴定报告，等级评定结论为 Bsu 级、"可按现状作为旅馆用途正常使用"、"结构安全"。4 月 22 日，经营户告知房主支顶槽钢变形加重，与墙面最大间隙约 15 毫米，但房主仍未采取任何措施，直至事故发生。

在事故发生前几日及事故发生当天，均有人劝说房主疏散人群，但房主均置之不理，甚至房屋倒塌前 5 分钟，面临重大安全风险时，房主还说"没事"，拒不听从劝告，仍未立即通知撤离，错失了屋内人员逃生、避免重大人员伤亡的最后时机。

思考：这个案例给你的启示是什么？

主题一 ▶▶

树立科学的安全发展理念

视 频 资 源

学习目标

（一）思政目标

牢固树立"生命至上，安全第一"的理念。

（二）知识目标

了解安全的内涵，掌握科学的安全理念。

（三）能力目标

快速识别实际学习、工作和生活中潜在的风险隐患。

一、安全的内涵与外延

安全与每个人都息息相关，是人类生存、生活和发展的基石，是社会经济发展的前提条件。没有安全，成就、财富等都没有意义。在进行具体的安全知识学习和安全自救技能训练前，我们先来厘清几个与安全相关的概念。

（一）安全的内涵

时代的进步和社会的发展，相应地唤醒了人们对生存与生命质量的思考，对安全问题的认识和探讨也开始向更广、更深等维度延伸。安全是一个汉语词语，通常指没有受到威胁，没有危险、危害、损失。安全应是我们一直努力维护的平衡状态。

不过，有危险并不代表不安全，只要"危险、威胁、隐患等"在可控范围内，就可以认为是安全的。例如，在学习、工作、生活等环境中，危险是无处不在的，相信大家也能举出很多危险的例子，如过马路、开车、乘飞机、参加社会实践活动等，但是不能因为有危险的存在，就认为你正在做的或者是即将做的事是不安全的。完全没有危险的安全状态是几乎不存在的。

（二）安全与安全感的区别

安全是主体没有危险的一种客观平衡的状态。正因为安全是客观的，因而它与安全感是两个不同的概念，它本身并不包括安全感这样的主观感受。安全感可以说是安全主体对自身安全状态的一种自我认识、自我评价。这种自我认识和自我评价与客观的安全状态有时比较一致，有时可能相差甚远。例如，有的人在安全状态下感觉非常不安全，始终觉得处于危险中；也有的人虽然处于比较危险的境地，但却认为自己很安全，对危险视而不见。

二、科学的安全理念

（一）如何判断是否安全

正是因为完全没有危险的安全状态是几乎不存在的，主观的安全感与实际状态不完全一致，因而如何客观地判断安全非常重要。

面对危险是否有应对措施？

应对措施是否已落实？

应对措施是否有效？

应对措施是否完善、加强？

这才是判断安全需要考虑的因素。

（二）"大安全"理念

安全问题已不再简单等同于个人的人身财产安全，涵盖方方面面的"大安全观"应该成为现代人们，尤其是当代大学生的安全意识的主流思想。大安全是指由政府统一领导、社会多部门参与，全面整合社会资源，对个人、家庭、社会和国家造成的各种危害或威胁给予全面、系统的预防和控制的理念。其外延包括国家安全、食品安全、治安安全、婚姻安全、交通运输安全、消防安全、医疗安全、用电安全、文化信息安全、就业安全、财产金融安全、学校安全、生产安全等方方面面。其特征是以人为本，实事求是，政府主导，全社会共同参与，涵盖所有，着眼未来。"大安全"理念促进全社会对安全有一个总的认识，让安全理念融入个人、家庭、社会和政府的所有行为中，能有效纠正"头痛医头，脚痛医脚""临时抱佛脚"等错误的思想。

三、大学生安全教育的指导思想、内容及学习方式

大学校园作为社会的组成部分，社会上存在的各种不安全因素也必然会波及学校。加强对大学生的安全教育意义深远。青年兴则国家兴，青年强则国家强。正如习近平总书记所说："广大青年要成为实现中华民族伟大复兴的生力军，肩负起国家和民族的希望。"肩负着建设祖国、创造未来的重大历史使命的大学生们，不仅要学习现代科技知识、磨炼专业技能，还应该注意全面提高自己的综合素质，这其中除了包括健康的身体素质和心态素质，还有非常重要的一项就是安全素质。因此，按照面向现代化、面向世界、面向未来的要求，适应全面建成小康社会、建设创新型国家的需要，坚持育人为本，全面实施素质教育，加强对大学生安全教育、法制教育、心理健康教育，使大学生自觉树立安全防范意识、遵纪守法意识，

让大学生具备科学有效的应急处理技能，已成为目前大学生素质教育工作中的重要一环，也是大学生将来更快更好地适应工作岗位、社会角色和环境的有力手段，更是建设平安校园、和谐社会的必然要求。开展安全教育，从个体看正是为了满足当代青年不断自我完善、提高综合安全素养的需求；从全局看则是弥补时代高速发展与综合型人才素质培养之间差距的必要手段。

（一）指导思想

漫漫历史长河在安全方面给我们留下了丰富而宝贵的思想财富。例如，"祸兮，福之所倚；福兮，祸之所伏""千丈之堤，以蝼蚁之穴溃；百尺之室，以突隙之烟焚""居安思危，思则有备，有备无患""宜未雨而绸缪，毋临渴而掘井""小过不生，大罪不致"等等。这些言简意赅的古话之所以流传至今，是因为它们已被无数的事例所验证，对于我们正确处理安全方面的问题具有深刻的启示和借鉴意义。

而在现阶段，面对日益增加的各种危害人民生命财产安全的潜在威胁，党和国家领导人曾明确要求要在全社会加强对灾害的预防、避险、自救、互救等知识普及，全面提高风险防范意识和灾害救助能力；也多次强调要将灾害教育纳入国民教育体系，让安全教育的科学知识进学校、进工厂、进农村、进家庭，提高公民与社会的抵御灾害风险的综合素质。党和国家领导人的这些要求，体现了党和政府对国家和人民生命财产的高度关注。这无疑是我们开展安全教育的重要指导思想。

中华人民共和国教育部在《国家中长期教育改革和发展规划纲要（2010—2020）》中明确要求："加强师生安全教育和学校安全管理，提高预防灾害、应急避险和防范违法犯罪活动的能力。加强校园和周边环境治安综合治理，为师生创造安定有序、和谐融洽、充满活力的工作、学习、生活环境。"这是我国首次把校园安全工作纳入教育改革与发展的核心工作中，体现了国家对安全教育的日益重视。

（二）核心内容

安全教育是指在党和国家的大政方针与相关法律的指导下，以安全责任、安全意识和安全知识为主要内容，使受教育者树立正确的安全防范意识，掌握基本的安全防范知识和技能，以及具备健全的法制观念、健康的心理状态的教育实践活动。安全教育还应包括遭遇突发性事件、灾害性事故时所表现出来的应急、应变能力的教育，避免生命财产受到侵害的自我保护、安全防卫能力的教育，以及抵御违法犯罪能力的教育，等等。

在这个世界上，我们面对的各种安全问题层出不穷，今后还将出现诸多新的安全威胁，任何一种安全教育都无法在教学中穷尽现实生活中可能发生的危险，唯有不断强化安全意识，学习安全知识，做到学思结合、手脑并用、养成习惯、内化素养，才能在遭遇危险时做出正确的判断，并不断积累经验，提升应对各类安全威胁的能力。

随着教育教学活动探索研究的深入，我们对安全教育的理解也越来越深刻。安全教育的最终形态应是生命教育，通过生命教育让大家珍惜自己和他人的生命，最好的教育方法就是用生命珍贵感染人，用安全文化教育人，用情境再现训练人。

（三）体悟式学习

安全教育作为一门通识型、实践性课程，传统的课堂教学或者"填鸭式"学习方式难以取得好的效果。如何从单一的课堂知识学习中解脱出来？应重视实践性、体悟式学习方式，强化模拟训练，促进安全常识与实际生活的紧密结合，增加安全知识的丰富性、趣味性、体验性、互动性，培养自主学习能力，方能收到好效果。

1. 知识理解与实际操作相结合

如何加深对各类安全防范知识的理解，快速掌握基本的避险流程和操作方法，在紧急时刻能够采取正确的方式进行妥善处理，将伤害损失降至最低？最好的办法就是跟着指引或示范，自己操作一次。

2. 案例分析与拓展延伸相结合

选择典型案例，通过文字描述、图片和视频等展示手段进行情景重现，还原安全伤害事故，分析发生原因，反思应急处理方法是否妥当，以及完善防范措施，从而梳理形成预防此类事件的方案。

思考题

1. 你所理解的安全的内涵是什么？

2. 从安全观念的角度谈一谈人工智能"AI"对社会的冲击。

3. 中国古代有很多言简意赅的话蕴含着丰富的安全理念，你能列举几个吗？

主题二 ▶

强化法律意识与底线思维

视 频 资 源

学习目标

（一）思政目标

树立法律意识，夯实底线思维。

（二）知识目标

掌握应知应会的法律法规。

（三）能力目标

能够识别违法犯罪行为，进行有效的自我约束。

大学时期是从校园到社会的一个过渡期，大学生作为一个寄托着家庭与国家希望的群体，肩负着自己的社会责任，总是吸引着社会各界的目光。近年来，大学生违法犯罪案件不断见诸报端，并因发生频率高、主体特殊、后果严重等而成为社会焦点，一次次地牵动着社会大众的神经。对于实施了违法犯罪行为的大学生而言，其一生都将被改变。大量事实证明，大学生一旦养成了不良习性后是很难矫正过来，因此，大学生应该在日常生活和学习中，注重培养自己的法律意识和底线思维。然而当代大学生法律意识淡薄，缺乏法制观念，而且关于大学生违法犯罪的报道也是屡见不鲜，因而怎样培养大学生法制观念的问题也变得严峻起来。如果大学生能不断提高自己的法律意识，将法制观念融入日常生活中，那么大学生在生活中遇到的困扰就会更少。苏联教育家苏霍姆林斯基说过，高校将一个无知（犯罪）的人送到社会，就是给社会增加一个危险分子。因此高校要不断培养大学生的法律意识，大学生也要不断强化自身的法律观念和底线思维。

一、培养法律意识

党的十八大对社会主义核心价值观进行高度概括以后，全国高校迅速展开培育和践行社会主义核心价值观的实践教育活动。"富强、民主、文明、和谐，自由、平等、公正、法治，爱国、敬业、诚信、友善"这 24 个字成为新时期引导青年学生形成正确世界观、人生观和价值观的指南。"内化于心、外化于行"，高校青年学生掀起积极践行社会主义核心价值观的热潮。

法律意识是社会意识的组成部分，是人们关于法的思想、观点、理论和心理的统称。它包括法律心理和法律思想体系两部分。前者涵盖人们对法的本质和作用的看法，对现行法律的要求和态度，通常是自发形成的，属于法律意识的初级阶段；后者指人们对法律的评价和解释。依据法律意识的主体不同，可以将法律意识分为个人法律意识、群体法律意识和社会法律意识。个人法律意识是具体的个人对法律现象的思想、看法、意见和情绪，它是个人独特的社会地位和社会经历的反映。

大学生应该建立正确的法律意识。在日常生活和学习中，非法律专业的大学

典型案例 ▶

大学生掏鸟窝被判 10 年

1994 年出生的小闫本来是郑州一所职业学院的在校大学生。2014 年暑假，他发现村外的树林里有鸟窝，便和朋友架梯子将窝里的 12 只鸟掏了出来，养了一段时间后售卖，后来又掏了 4 只。然而，这 16 只鸟是国家二级重点保护野生动物——燕隼，他们的行为触犯了我国《刑法》第 341 条的"非法猎捕、杀害国家重点保护的珍贵、濒危野生动物的，或者；非法收购、运输、出售国家重点保护的珍贵、濒危野生动物及其制品"，两人分别被判刑 10 年 6 个月和 10 年，并处罚款。如果不是法制观念的淡薄，如果小闫在发现幼鸟时，可以约束自己不去捕获，又如果小闫在有网友要买的时候，能够有警觉，去网上多搜一下相关资讯，及时终止自己的违法行为，那么他早应该从电子自动化专业毕业，找份工作，开始正常的人生发展。

生们接触立法、执法和其他法律实践的机会很少，无论是法律知识量的储备还是法律意识的树立，都不足以应对他们在日益复杂的生活、学习、社交环境中遇到的问题。全力培养大学生的法律意识，是依法治国的基本要求，对我国的法制实践具有重大的现实意义。

（一）遵守国家法律法规及公共规范

大学生应该在日常生活和学习中，处处遵守国家法律、法规、社会公共规范，遵守社会公德，从小养成良好习惯，加强自我修养，自我调节、自我完善，自觉抵制违法犯罪行为的引诱。

（二）树立自尊、自律、自强的意识

自尊、自律、自强是一种积极的人生态度，也是大学生进行自我防范的重要途径。如果大学生自甘堕落，那么，无论外界怎样帮助都是无济于事的。

（三）增强辨别是非和自我保护的能力

大学生只有学好知识，丰富社会生活经验，锻炼各种能力，才能分清是非，才能对违法犯罪行为有一个清醒的认识。大学生还要加强锻炼身体，增强体魄，这样有助于在遭到暴力侵害的时候，及时逃脱或者进行正当防卫，不至于受犯罪行为的随意侵害。

（四）加强运用法律维护自身合法权益的意识

大学生应当对与自身利益密切相关的法律法规加以学习和了解，例如，民法典、刑法、消费者权益保护法、劳动法等，这样才有可能运用法律手段保护自己的合法权益。法律在现代社会中，既是我们对行为进行自我约束的重要依据，也应该是公民个人维护自身合法权益的重要武器。

二、善用底线思维

习近平总书记强调："要善于运用'底线思维'的方法，凡事从坏处准备，努力争取最好的结果，做到有备无患、遇事不慌，牢牢把握主动权。"事实上，"底

☰ 典型案例 ▶

大学生为牟利贩卖公民个人信息

2018 年 7 月，泰安市一名大学生顾某为牟取非法利益，将自己通过网络非法获取的公民个人信息贩卖给他人，从中牟利，被警方一举抓获。

在一次偶然的 QQ 聊天中，顾某得知贩卖公民的个人信息可以赚钱，于是通过添加 QQ 群、微信群，在群内购得了大量公民的户籍信息、手机机主信息、开房信息、车辆档案信息等个人隐私"数据"数百条；然后再以每条 100~300 元的价格向外兜售，从中赚取差价牟利。自 2016 年以来，为了钱财，在明知自己的行为违法的情况下，心存侥幸，以为通过手机网络作案可以蒙蔽公安机关，非法出售公民个人信息 500 余单，非法获利 2 万余元。这就涉及做人的"底线思维"。

线思维"也是培育大学生社会主义核心价值观必须坚持的科学思维方法。

对于"底线"一词，我们并不陌生，在日常生活中经常被人们所使用，如"道德底线""安全底线"等。底线原指足球、网球、羽毛球等运动场地两端的界线，后引申为人们社会活动范围不能超越的纵横两端界线。权利的权限界线与义务的权限界线，行为结果的成功代价与失败后果之认定界线，现指人们在社会实践活动中对于某种事态心理可以承受或能够认可范围的下限，如谈判双方在讨价还价时，或某项活动进行前设定的期望目标的最低要求或最起码保证。

从哲学角度来说，底线是事物发生质变的临界点，是适度原则的重要体现。在底线之上，事物依然处于量变阶段，没有发生根本性变化；而一旦逾越了底线，事物的性质则发生了改变，就会形成新的事物，产生新的矛盾，甚至会带来不可挽回的损失或产生难以弥补的错误。正如习近平总书记所言，"中国是一个大国，决不能在根本性问题上出现颠覆性错误，一旦出现就无法挽回、无法弥补"。

底线，是对人、对事、对物所能普遍接受的最低限度、最低要求，也可以说是为人处世最起码的准则。习近平总书记在北京大学师生座谈会上指出："青年的价值取向决定了未来整个社会的价值取向，而青年又处在价值观形成和确立的时期，抓好这一时期的价值观养成十分重要。这就像穿衣服扣扣子一样，如果第一粒扣子扣错了，剩余的扣子都会扣错。"当"底线"作为衡量人们行为准则时，即当人们在追求一些生活方式或价值

知识拓展

"底线"与"顶线"

底线思维是一种后顾型的思维取向，注重对危机、风险、底线的防范与坚守，但它并不是胸无大志、企稳保守的一味"守底"，而是一种积极主动的思维，是要从底线出发，步步为营，在确保最小战略利益的前提下，不断逼近顶线，不断收获更新、更好、更大的战略利益。也就是说，底线思维是"底"与"顶"的有机结合，没有"守底"就难达其"顶"，而没有攀高也就无所谓"守底"，即所谓"守乎其低而得乎其高"。

目标的时候，有一些基本界线是不能逾越的，有一些基本原则是不能违背的。无论是法律还是道德，都是有底线的，都是我们行为活动不能逾越的界线。底线就是我们在生活、学习、工作中，在人生成长过程中，始终保持正确的思想观念以及规范的行为方式，时刻远离那些与我们价值观相违背的禁止触碰的红线。需谨记：正确的思想意识才可能形成正确的行为。

三、大学生高危行为类型

社会变革转型升级，市场经济快速发展，传统思想受到冲击，物质利益分配有失公允，学校的社会化越来越高，校园周边治安问题暗流涌动等因素，造成如今大学生学习和生活环境发生巨大变化，将要走出校园的学生需要面对的工作压力、沉重学习负担与激烈竞争接踵而至，以及来自社会的各种引诱等，加之法律、道德、底线教育的忽视，大学生群体中出现了一些为社会不齿的现象，甚至出现了严重的违法犯罪行为。作为大学生群体，容易触犯法律的行为类型如下：

（一）参与组织类犯罪

大学生容易陷入被害或者致害境地的组织类犯罪，通常有参加邪教组织、恐怖活动组织、黑社会性质组织及传销组织等。邪教组织常常利用社会的现实矛盾与大学生容易打抱不平、思想不成熟等特点，以参与聚会、秘密联络为名义诱导大学生，抢占大学生的思想空地，使他们走上邪路。恐怖活动组织（是指主要从事杀人、伤害、爆炸、放火、抢劫、绑架等暴力性犯罪活动的犯罪集团）、黑社会性质组织（是指以暴力、威胁或者其他手段，有组织地进行违法犯罪活动，称霸一方、为非作恶，欺压、残害百姓，严重破坏经济、社会生活秩序的组织）都是利用熟人关系或者信任关系而逐步形成的，大学生群体是一个相互联系、有信任关系的特殊群体，容易受到从众心理的影响，遇到不顺心、不平衡的问题，往往会相互沟通，更容易结成牢靠的组织关系。

（二）财产型犯罪

财产是大学生正常学习、生活的物质保障。通常，大学生没有自立能力，学习、生活费用都来源于家庭。由于财产来之不易，学生一旦失去财产后可能会铤而走险，从受害者转变为加害者。有些学生花费大手大脚，入不敷出，也会实施不法活动敛财。大学校园常见的财产型犯罪有盗窃、抢夺、侵占、诈骗等活动。

（三）人身型犯罪

大学生自身存在着猎奇、冲动、承受力脆弱等特点，容易给其他学生造成人身损害。常见的类型有抢劫、强奸、聚众斗殴、寻衅滋事、故意伤害、故意杀人等。这些犯罪既有校园内部的学生因为私仇、泄愤等原因酿成的，也有校园外的其他势力或者不法人员出于各种目的蓄意唆使制造的。

思考题

1.案例分析：请阅读以下案例，并思考赵某和杨某在此案例中应吸取的教训分别是什么？

赵某和受害人杨某是大二学生，既是同学也是室友。2018年10月28日晚上7时许，两人做伴一同到校外购买生活用品，大约半小时后，赵某先行回到寝室。他一眼瞧到杨某正在充电的紫色华为手机，见其他室友还未回，就将杨某的手机偷走据为己有。事后，面对杨某的询问，赵某表示自己不知情。

两周后，赵某无意间在回寝室的路上捡到杨某的身份证，他并未将此事告知对方，而是通过套话的方式，记住了杨某微信、支付宝的支付密码和手机开机密码。

之后，赵某回到老家，利用杨某的身份证办理了一张银行卡，随后在自己的手机上切换登录杨某微信号，将办理好的银行卡绑定其微信。先后3次转走其微信、支付宝中近4000元。事后，赵某将偷来的手机格式化，并以810元的价格出售给了某二手手机店。同年11月至12月，杨某屡次收到其微信、支付宝账号的支出信息，他急忙登录支付宝，打电话询问支付宝公司工作人员，结果被告知，钱被提现至某市某银行卡中。

　　由于自己从未在某市开过账户，杨某觉得不对劲，并联想到此前室友赵某故意向自己套取手机开机密码和支付密码，怀疑是其所为，于是连忙向派出所报警。

2. 你怎么理解底线思维？底线思维和社会公德的关系是怎样的？

主题三 ▶

快速建立基础安全意识

视 频 资 源

学习目标

（一）思政目标

快速建立初级安全意识及安全心理。

（二）知识目标

了解并掌握安全心理、安全意识及安全素养的内涵和外延。

（三）能力目标

提升认知层次，掌握透过现象看本质的能力。

一、安全事故中的心理因素

心理学者在研究事故发生的原因时发现，事故倾向是基于人的某些天生与后天形成的品质，这些品质在特定的心理状态下就会表现出来。与安全有关的心理品质主要有分配注意和集中注意的能力，谨慎、观察和判断的能力，对行动的专注性、情绪稳定性，动作速度、准确性和协调性等。此外，克服疲劳、困倦、不稳定情绪等消极因素的能力也很重要。

（一）人的心理素质决定了其防卫危险的能力

人的心理品质越是在危险的情境中表现得越是鲜明。也就是说，人的心理品质并不是在所有劳动场合中都会表现出来，只有在危急的情境中才会特别清楚地显示出来。因此，心理学家认为，人的心理品质决定其防卫危险的能力。

当人们在实践活动中经常重复完成某一件事时，就会逐渐形成这样的结果：完成这件事成了自动的和机械的。我们说，这时人具有了完成这件事的熟练度，或称之为习惯。就像任何事物一样，熟练有其积极的一面，也有其消极的一面。积极的方面是熟练可以巩固完成这件事的正确方法，达到相当高的速度，降低精力的消耗，并在操作过程中可以思考和解决其他问题而不影响动作的准确迅速；消极的一面就是熟练技能之间的相互干扰，即一种熟练技能可能妨碍另一种熟练技能。这里可以分为两种情况：一是过去比较固定的熟练技能会妨碍新熟练技能的形成，二是比较稳固的熟练技能会导致人在新的条件下产生错误的行动。例如，一个司机通过长期工作就会逐渐产生其固有的安全操作习惯。当外部环境出现较大变化而影响和限制其熟练的操作习惯时，司机就会产生紧张激动的情绪。如果司机没有良好的心理素质，就可能导致事故的发生；或者外部环境出现了变化，但司机没有充分意识到这种变化所带来的危险性(也即谨慎、观察、判断的能力差)，仍然按其固有习惯操作，这时事故就不可避免地出现了。习惯在运动和知觉方面对我们有很大的帮助，但也应充分认识到习惯在思维方面又常常起坏的作用。它容易使人产生僵化的思维，不能及时发现外部条件变化所带来的潜在危险，并采取相应的预防措施。习惯是心理活动的一种综合表现，它融合了思维、判断等多种因素。在工作中可利用其有利的一面，但更要努力克服其对安全带来的不利影响。

例如，司机在驾驶车辆的过程中遇到异常情况时（比如遭遇暴雨天气或者车辆发生故障正处于危险状态等）表现为惊慌失措，甚至连一般程序性的应对措施都忘记了，更谈不上采取非常规性的安全措施。如果此时车上没有其他有经验的人提醒，外部条件没有改善或继续恶化，事故也就随即发生甚至失控，这种表现我们称之为应变能力差。应变能力的好坏是心理素质的综合表现，能够检验一个人的判断能力、决策能力和运动协调能力的好坏，更能体现一个人的责任心和超越自我得失的程度。因为在紧急情况下，人的判断能力、决策能力和运动协调能力决定了事态的后续发展方向。同时在非常特殊的情况下，有时必须采取非常规性措施，绝对不能犹豫不决，只能以对生命安全高度负责的态度去积极应对。

（二）不安全的心理状态人人都有，关键在于自我调节

不正常的心理活动，时常在生活、学习实践中表现出来，我们称之为"不安全心理"。从心理学来讲，不安全或不健康的心理状态人人都有，但有的人之所以不会出大的事故，是因为其自我心理调节能力强，能够意识到这种不安全状态，从而积极地自我调整，从不安全心理状态中解脱出来。在大学生群体中，我们经常强调"朋辈支持"，就是要发挥大学生身边每一个人的积极作用，互相提醒，利用个体的差异来减少不安全心理带来的危害。

一般能够影响到心理状态的外部和内部因素非常多且复杂。从安全的角度来讲，平稳的情绪是最有益的，它创造出总体性的良好心境，为避免事故、保障安全提供了条件。不平稳的情绪，无论是由什么原因引起的，都会影响工作时注意力的集中和分配能力，对安全都是有害的。而对于紧张，则不能完全将其归属为不安全心理状态。适度的紧张是人的机体有益的保护反应，而且有助于在复杂危险的环境下顺利渡过难关。只有当紧张的心理状态持续发展，超出了自我调节能力的时候，人的判断能力、监督意识均会遭到破坏，操作的准确性和协调性降低，在这种情况下继续工作就很容易发生事故。

大量研究表明，事故发生率较高的时候通常是在工作即将结束的前2小时，一般事故高峰期是上午11点和下午4点，而这两个时间点正是人的疲劳积累到一定程度的时刻。疲劳是一种综合性的生理变化结果，是因过度劳动而引起的。它

会降低人的视觉、听觉、感知和思维能力，尤其是过度疲劳对安全将构成重大威胁。疲劳又可分为生理性疲劳和心理性疲劳。生理性疲劳一般可以通过休息得到恢复，这就要求大学生们在日常工作和生活中要合理安排好作息时间。而心理性疲劳与其学习、工作兴趣和环境有关，如不喜欢自己所学的专业，单调、枯燥的生活、学习和工作环境，都会引起心理疲劳，使人产生厌倦麻木的感受和抑制状态。如果这种心理疲劳持续时间较长的话则是十分有害的。

近八成的事故是人为因素造成的，这种人为因素实际上在很大程度上是人的心理活动的综合结果。在调查事故原因时，我们常用"责任心不强""疏忽大意"来描述事故责任人的过失行为，但深究一层，他为什么会责任心不强，为什么会疏忽大意，归根结底还是事故人的社会品质和心理品质在某方面有缺陷，或事故前后心理活动处于不正常状态，影响了他的思维、判断和决策能力。

《 知识拓展 》

12 种常见的不安全心理

①侥幸心理。许多人在行动前存在的一种常见心态，觉得违规不一定出事，出事不一定伤人，伤人不一定伤己，对发生事故总存在侥幸心理。

②惰性心理。也称节能心理，是指在行动中尽量减少能量支出，能将就凑合就将就凑合的一种心理状态。能省力省事省时最好，是懒惰行为的心理依据。

③麻痹心理。麻痹大意是造成事故的主要心理因素之一。行为上表现为马马虎虎、口是心非、盲目自信。由于以往成功经验或习惯的强化而产生麻痹心理，自以为绝对安全。

④逆反心理。它是一种无视社会规范或管理制度的对抗性心理状态，一般在行为上表现为你让我这样，我偏要那样；越不许干，我越要干。隐性对抗表现为表面接受，心理反抗，口是心非。

⑤逞能心理。争强好胜在某种程度上是一种积极的心理品质，但如

果它和炫耀心理结合起来，且发展到不恰当的地步，就会走向反面。

⑥凑趣心理。也称凑兴心理，是社会群体成员之间融洽的人际关系在个体心理上的反映。个体为了能获得心理上的满足和温暖，喜欢凑热闹，寻开心，忘乎所以，导致发生事故。

⑦冒险心理。冒险是引起违章操作的重要心理原因之一。理智性冒险，如"明知山有虎，偏向虎山行"。非理智性冒险，如受激情的驱使，有强烈的虚荣心，怕丢面子，硬充大胆。

⑧从众心理。它是指个人在群体中由于实际存在的或头脑中想象到的社会压力与群体压力，而在知觉、判断、信念以及行为上表现出与群体中大多数人一致的现象，导致心甘情愿与大家一起违章。

⑨无所谓心理。它表现为心不在焉，满不在乎，没意识到危险的存在。这些人认为安全问题谈起来重要，干起来次要，不把安全规定放眼里。

⑩好奇心理。它是对外界新异刺激的一种反应。以前未见过，感觉很新鲜，乱摸乱动，因而被一些处于不安全状态的设施所伤害。

⑪情绪波动心理。它是由于思想不集中和心境变化，因此导致发生顾此失彼、手忙脚乱的不安全行为。

⑫单调厌倦心理。从事简单重复性质工作的人，容易产生心理疲劳和厌倦感，从而容易引发事故。

不安全心理的影响因素和种类很多，具体的心理表现及产生的原因有：

1. 消极情绪

消极情绪产生的原因及其可能引发的后果：心情不好精神差，思绪乱作一团麻；紧急情况眼前现，手足无措太可怕；情绪低落易惆怅，身也疲劳心也慌；操作规程全不记，引发事故把人伤。

消极情绪控制及调适训练方法：语言调节说镇静，听听音乐也轻松；心有压力要倾诉，精神宣泄求平衡；换位思考变视角；眼前一亮心情好，努力工作效益好，远离事故平安保。

2. 不良性格

不良性格具体表现及其可能导致的后果：意志薄弱不刚强，优柔寡断遇事慌；感情冲动易焦虑，大喜大悲变无常；反应迟钝能力差，安于现状不进取；心胸狭窄又自负，斤斤计较报复强。

不良性格的控制及调适训练方法：性格可塑有方法，健康典型来对照；待人宽厚又平和，切忌狭窄和暴躁；教育学习和实践，胸怀坦荡性格好；前进路上无坦途，阳光心理阳光道。

3. 侥幸心理

侥幸心理产生的原因及其可能引发的后果：侥幸心理埋隐患，不顾危险去蛮干；一次得手便得意，不知灾祸在眼前；误认事故不关己，违章早已成习惯；不怕一万怕万一，闯下祸来后悔晚矣。

侥幸心理的控制及调适训练方法：认识事故规律性，偶然之中含必然；规章制度严执行，消除隐患就不难；教育培训经常化，克服侥幸少危险；工作认真效果好，警钟长鸣保安全。

4. 惰性心理

惰性心理产生的原因及其可能导致的后果：惰性心理养懒汉，缺少创新不钻研，大循守旧自得意，难改陈规旧习惯；只图省心又省力，宁愿将就凑合干；规章程序不执行，引来事故酿灾难。

惰性心理的控制及调适训练方法：意识培养最重要，危险预知常训练；技术知识要更新，破除陈规旧观念。

5. 逆反心理

逆反心理产生的原因及其可能导致的后果：思想偏激心逆反，你要我做就不干；对抗情绪心易烦，叫我向北偏向南；规章制度一百条，阳奉阴违我也敢；又逞英雄又逞能，其实只是一莽汉。

逆反心理的控制及调适训练方法：参与管理与商讨，热情鼓励加引导；循循善诱讲事理，尊重他人最重要；和风细雨润心田，语重心长不焦躁；思想畅通路路通，齐奔安康大目标。

6. 紧张心理

紧张心理产生的原因及其可能引起的后果：工作生疏不了解，意外面前无所措；紧急关头心恐惧，反应迟钝失误多；晕头转向眼前黑，放弃操作丢职责；千钧一发怕失常，引来事故无法防。

紧张心理的控制及调适训练方法：加强训练基本功，提高技能自信生；培养坚强意志力，遇险沉着心不惊；控制情绪平常心，提高工作计划性；加强锻炼身体壮，安全生产有保障。

二、基本安全意识建立技巧

在接受安全教育的时候，最常听到的关键词是"安全意识"，并且经常都是要求我们树立、加强、提升安全意识。意识是指人的头脑对于客观物质世界的反映，也是感觉、思维等各种心理过程的总和。相对于行为、外界因素等，意识属于精神活动，显得虚无缥缈，不好捉摸。

先了解一下什么是安全意识。所谓安全意识，就是人们头脑中建立起来的生活、学习、工作、生产等一切行为必须安全的观念。人们在行为活动中，对各种各样可能对自己或他人造成伤害的外在因素的一种戒备和警觉的心理状态。在我们日常生活和工作中，常常有以下三种负面的安全意识。

1. 混沌型

认为如今的安全水平还过得去，浑浑噩噩地工作，思想深处存在"生死由命"的想法。

2. 自恃型

此类型多为技术熟练、专业工作年头多的"老"字辈员工，自恃久经沙场，经验丰富，在工作中无所顾忌，他们发生事故的可能性很大。

3. 任务型

为了赶任务，加班加点连续作业，超负荷运转，以致安全意识每况愈下，导致发生事故。那么，如何快速建立起基础安全意识呢？就要随时开始留意三种关系。

一是随时留意自己与环境的关系。我们总是要处在环境中，但是你有没有随时留意到环境中的安全要素。你是否留意过楼梯里的灭火器和消火栓的位置？是否知道距离小区最近的紧急集合地点或者辖区派出所的地址？当你外出旅游入住酒店，你是否会留意门后的疏散示意图？随时留意自己与环境的关系，就是随时留意所处环境中各种安全元素，以便发生意外事故时，你可以快速找到自救工具及正确的逃生路线。

二是随时留意你与身边人的关系。人有群居性，我们身边往往会有各种各样的人存在。比如作为一个刚刚到学校报到的大一新生，你将会认识很多新同学、新朋友。开学初期是盗窃和诈骗案件的高发期，每一个到你宿舍的陌生人，不管他自称是学长还是老乡，你是否有警惕性去通过他说的话，确认他的真正目的？当自己独自一人在深夜行走，你是否会留意有人不怀好意地尾随？随时留意自己与身边人的关系，就是要留意身边各种人的一言一行，学会察言观色，切记不能轻信、盲从，须知"防人之心不可无"。

三是随时留意你与自己的关系。南京一名女子边走路边玩手机，她可能是想抄近道，没有注意前方情况，就直接进入了立体车库。发现误入车库后，她想要出去，此时车库卷帘门已经关闭，她被传送到了负一层，搬运车辆的设备正在运行，女子被迎面而来的车撞倒，腿部骨折。走路玩手机而导致伤害的案例非常多，这个危险行为就是典型的没有留意与自己的关系。安全意识中有一个重要意识就是"专注"，留意自己与自己关系，就是留意自己在做任何事情的时候是否专注，因为一旦分神，危险就与你无限接近。当你开始不断留意自己与环境、自己与身边人、自己与自己的关系时，你就已经开始建立起最初级的安全意识。

安全教育作为一门实践性极强的课程，强调的是安全意识、安全知识和安全能力的有机结合。通过树立安全意识，指导、修正日常行为，通过实践训练锻炼能力、强化能力，形成良好的安全习惯，还可以反过来强化安全意识，更好地促进安全意识的养成，从而形成"安全意识→安全行为→安全习惯→安全意识"的良性循环。

三、培养当代大学生安全素养

素质是个体的基本品质和识别标志之一，一个人区别于他人的个性特征和内在品格。安全素质是个体素质中最基本的一种。结合我国大学生面临的现实情景，大学生群体暴露出的安全问题，主要表现为：

（一）日常生活安全意识薄弱

个体自身缺乏安全保护意识是诱发安全事故、导致安全事故发生的一个致命原因。女大学生打黑车致失踪的案件就是缺乏安全意识的一个典型例证。

（二）盲目冒险，生存意识不强

追求健康、愉快、幸福的生活是大学生的天性。然而，身处风险社会的今天，个体会难以避免地遇到大大小小的病痛及意外。风险意识是大学生安全素质的核心内容。各种各样的"外部风险"和"人造风险"，不仅考验个体生存能力，也考验群体的风险应对能力。例如，大学生们喜欢野外探险活动，很多大学生表现出来的探险精神值得肯定，但部分"驴友"盲目地进行野外探险而致失踪、死亡的事件值得反思，大学生对突发灾害的认知及应变能力亟待提高。

> **《 知 识 拓 展 》**
>
> ### 手机的干扰
>
> 据科学统计：走路时盯着手机，平均视野只有正常走路的 5%，平均速度会减慢 16%~33%。开车时打电话，发生事故的概率是普通状态下的 2.8 倍，开车时看屏幕，发生事故的概率是普通状态下的 23 倍。

（三）只顾"钱"途，职业安全素质欠缺

新员工是引发生产安全事故的高发群体，其原因是多方面的，但新员工缺乏职业安全素质是关键因素，这暴露出大学生职业安全素养的缺乏。现实情景是一些大学生只看重职业的"钱"途，而忽视了在求职前的必要的职业安全知识的储备与技能训练，致使一到职场就出现各类安全险情，甚至伤亡事故。

学习、考试、就业……大学生面临的压力很大，导致大多数学生"教室—食堂—宿舍"三点一线式生活，只顾学习者居多，也有"打游戏—玩手机—看平板电脑"的逃学一族。大学生普遍欠缺安全素质培养而导致发展后劲不足。

安全是人的身心免受外界因素危害的存在状态，即健康状态及其保障条件。素质是在人的先天生理基础上，经过后天教育和社会环境的影响，由知识内化而形成的相对稳定的心理品质。素质一般而言包括潜在素质和外显素质。安全素质

是个体的各项素质中最基本的一个。安全素质是指个体或群体在完成某项任务、目标时，自身潜在和表露的本质条件在安全方面的综合表现。大学生安全素质水平的提升，是一个长期的培养过程。大学生应该具备的安全素质有：

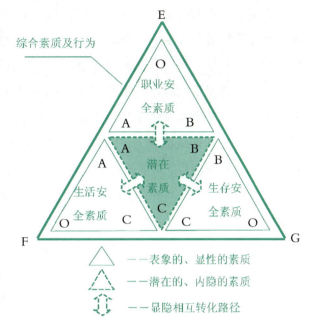

1. 职业安全素质

职业安全，通常是指影响作业场所内员工、外来人员和其他人员安全与健康的条件和因素。理解职业安全，应首先了解职业的内涵。根据《职业分类与代码》标准，职业是从业人员为获取主要生活来源所从事的社会性工作的类别。其针对的对象是人的安全防护，涵盖从业人员在职业活动中安全与健康两个方面的要素，但不涉及环境的保护。事实上，职业的适应性主要取决于人的素质，在工作中常常表现为安全职业适应性。至此，职业安全素质就表现为个体对所从事的行业应具备的安全意识、安全知识、安全技能和安全心理等素质的总和。

2. 生活安全素质

在如今的社会生活中，安全已如同水和空气一样重要。事实上，大学生的生活安全，不是一种绝对意义上的安全，而是指在校园及相关区域生活过程中表现出的安全，其素质影响因素与社会、家庭和校园环境等外在和个人内在条件有关。

3. 生存安全素质

生存需要是人的最基本需要，它包括多种形式的生理和物质需要，相当于马斯洛的生理与安全需要层次。生存安全性是人在多元化生存场景中生命自觉性实践化、合理性优化的证成。当前身处"复杂、立体、多元、多层、多样"安全场景的大学生面临的生存状况不容乐观。引发生存安全问题的主要因素包括人为因素（如交通、人为伤害、中毒）、自然因素（如自然灾害）与野外生存因素（如地震后狭小空间的独自生活、登山探险）。

4. 潜在素质

内在条件素质的因素可谓潜在素质，外显的知识水平、个性（能力、性格、气质）和自我意识水平称为显性素质。潜在素质是显性素质的基础，它对于个体在完成其工作任务中所表现的能力、质量、成绩和效率都有密切的关系。大学生在校期间接受的是专业教育，而毕业后又必定要从事于某一职业，但不管从事何种职业，除需要特定的专业素质外，还需要具有相应的职业素质，尤其是潜在素质，受专业、个人和岗位等多个条件制约。如一个部门安全管理人员的基本潜能包括信息处理、资料分析、逻辑推理、语言沟通等方面的能力。

思考题

1. 在我们的日常生活和工作中，有哪些常见的负面安全意识？
2. 结合自己的实际情况，你认为快速建立起初级安全意识的有效方法有哪些？

模块二 国家安全

安而不忘危，存而不忘亡，治而不忘乱。

——习近平

国家安全

把握总体国家安全观
- 国家安全概述
- 我国总体国家安全观与当前安全形势
- 国家安全法律体系相关知识
- 宪法知识及法治精神

维护政治安全的途径与方法
- 坚定理想信念，强化"四个自信"
- 树立正确的忧患意识

维护国土安全的途径与方法
- 实行兴边富民工程
- 颁布《中华人民共和国陆地国界法》

日常生活和对外交往中要重视国家安全
- 防范间谍行为
- 严格保守国家秘密
- 大学生在日常生活和涉外交往中应当注意的问题
- 崇尚科学，抵御邪教侵害
- 应对恐怖活动的紧急防护措施

公共安全与突发公共事件
- 我国公共安全与突发公共事件的基本状况
- 公共安全与突发公共事件的类型及特征
- 突发公共事件的应急处理
- 从新型冠状病毒感染疫情看突发公共卫生事件应对
- 大型群体活动易发安全事件的预防和应对
- 踩踏事件的预防

内容见活页

案例导读

北京时间 2023 年 5 月 30 日上午 9 时 31 分，搭载"神舟十六号"载人飞船的"长征二号"F 遥十六运载火箭在酒泉卫星发射中心成功发射，景海鹏、朱杨柱、桂海潮三名航天员顺利进入太空。16 时 29 分，"神舟十六号"载人飞船与空间站组合体完成自主快速交会对接，空间站应用与发展阶段首次载人发射任务取得圆满成功。在载人飞船与空间站组合体成功实现自主快速交会对接后，"神舟十六号"航天员乘组从飞船返回舱进入轨道舱。18 时 22 分，翘盼已久的"神舟十五号"航天员乘组顺利打开"家门"，欢迎远道而来的"神舟十六号"航天员乘组入驻"天宫"。随后，两名航天员乘组拍下"全家福"，共同向牵挂他们的全国人民报平安。

中国航天事业始于 1956 年，在国外层层的技术封锁下，中国航天白手起家，不断突破，60 多年来攀登了一座又一座高峰。放眼整个茫茫太空，目前也只有两个人类空间站，一个是国际空间站，另一个就是中国独立运营的天宫空间站。中国航天的发展，壮大了国家的综合国力，拓展了民族的生存空间，最大程度维护了国家安全，还引领了人类的未来。回顾中国航天发展史，它是一部中华民族自主创新的历史，更是一段扬眉吐气、壮我国威，助推中华民族走向世界舞台中央的历史。

赴九天，问苍穹，我们始终没有忘记，我们的征途是星辰大海。

思考：作为一名成长在新时代的中国大学生，祖国对于你，意味着什么？

作为成长在新时代的中国青年，应当正确把握我国总体国家安全观，树立当代青年应有的大局观，增强为祖国未来奋斗的使命感。正如习近平总书记在中国共产党第二十次全国代表大会上的报告中提出的："青年强，则国家强。当代中国青年生逢其时，施展才干的舞台无比广阔，实现梦想的前景无比光明。全党要把青年工作作为战略性工作来抓，用党的科学理论武装青年，用党的初心使命感召青年，做青年朋友的知心人、青年工作的热心人、青年群众的引路人。广大青年要坚定不移听党话、跟党走，怀抱梦想又脚踏实地，敢想敢为又善作善成，立志做有理想、敢担当、能吃苦、肯奋斗的新时代好青年，让青春在全面建设社会主义现代化国家的火热实践中绽放绚丽之花。"

同学们可以多阅读关于中国历史的书籍，了解华夏五千年的兴衰荣辱，了解历史才能看得远，理解历史才能走得远，从历史中汲取继续前进的智慧和力量。尤其可以阅读一些关于中国近代历史的系列科学判断和精辟论述，对我们树立正确的历史观具有重要意义。只有正确认识中国近现代史的主流和本质、经验和教训，才能全面理解中国人民在艰辛探索中所做的历史选择，才能怀着感恩先辈的心，继续毫不动摇地坚持中国特色社会主义道路。

在 2019 年建国 70 周年上映的电影《我和我的祖国》中，7 个故事，无数的人用自己的方式默默诠释着对祖国的热爱和拥戴。正是因为有这么多甘心为祖国未来鞠躬尽瘁的人们，才让中国从饱经沧桑、战火摧残，到现在重新屹立在世界东方，才让中国人民从流离失所，经历踩蹦、蔑视、欺辱，到现在安居乐业、扬眉吐气。

同学们，展望明天，作为祖国建设的接班人，唯有坚韧勇敢，开拓创新，中华民族伟大复兴的中国梦，终将在奋斗中成为现实。

视频资源

学习目标

（一）思政目标

正确把握我国总体国家安全观，树立当代青年应有的大局观，增强为祖国未来奋斗的使命感。

（二）知识目标

了解国家安全形势，理解总体国家安全观、法律体系、宪法的内涵与外延。

（三）能力目标

提升在日常生活中维护国家安全的能力。

一、国家安全概述

国家安全是民族和国家生存发展的基本条件，是国家全部活动的基础，是每一位国家公民生存的根本保障。任何一个主权国家，无论大小，实行什么样的社会制度，都把维护国家安全置于生死存亡的重要地位。我国的国家安全，关系到我们党的执政地位，关系到我国社会主义政权的巩固和国家的兴衰安危，关系到国泰民安。

近年来，西方反华势力不断将渗透的重点对准高校，企图通过思想文化渗透，培植亲西方势力以颠覆我国社会主义制度。对于肩负着建设社会主义现代化强国使命的当代大学生来说，国家利益与个人利益息息相关，国家安全是个人安全的根本保障。学习国家安全知识，提高国家安全意识，这既是维护祖国的利益，也是在保护同学们自己。

二、我国总体国家安全观与当前安全形势

1999 年 5 月 7 日（北京时间 1999 年 5 月 8 日），美国 B2- 轰炸机发射使用三枚精确制导炸弹击中了我国驻南斯拉夫联盟大使馆，当场炸死 3 名中国记者——邵云环、许杏虎和朱颖，炸伤数十人，造成大使馆建筑的严重损毁。1999 年 5 月 8 日，中华人民共和国政府就中国驻南斯拉夫联盟大使馆遭北约轰炸一事发表声明。以美国为首的北约对南斯拉夫 40 多天的狂轰滥炸已经造成无辜平民大量伤亡，现在居然轰炸中国大使馆，北约的这一行径是对中国主权的粗暴侵犯，也是对维也纳外交关系公约和国际关系基本准则的肆意践踏，这在外交史上是罕见的。

中国政府、人民对这一野蛮暴行表示极大愤慨和严厉谴责，并提出最强烈的抗议。以美国为首的北约必须对此承担全部责任，中国政府保留采取进一步措施的权利。这次轰炸使原本由于中美两国元首互访而正处于升温阶段的两国关系骤然恶化。

2015 年 3 月 26 日，由沙特阿拉伯牵头的阿盟联军开始对也门胡塞武装展开轰炸，并发表声明称该行动旨在从胡塞武装手中解救也门，当时尚有约 590 名中国公民滞留在也门境内，需要紧急撤离躲避战火。3 月 29 日，中国海军第 19 批

护航编队"临沂"号导弹护卫舰靠泊也门亚丁港，将首批滞留也门的122名中国公民和2名外籍人士转运至吉布提；30日，剩余的400余名中国公民也搭乘"潍坊"号导弹护卫舰从荷台达港撤离。

中国驻也门使馆官员领事司司长黄屏则表示，也门撤侨是最扬眉吐气的一次。"我们最大的感慨就是，有自己的力量真好，中国护照的含金量不仅在于能让你免签去多少国家，也在于碰到麻烦和危险的时候，祖国能带你回家。"

从时间跨度达16年的两个案例可以看出，祖国在不断发展，国家和平稳定、繁荣昌盛，人民才能安居乐业。

（一）总体国家安全观的基本内涵

国家安全是指国家政权、主权、统一和领土完整、人民福祉、经济社会可持续发展和国家其他重大利益相对处于没有危险和不受内外威胁的状态，以及保障持续安全的能力（《中华人民共和国国家安全法》第二条）。对于国家安全而言，国家安全观是对国家安全具体问题的全面性、综合性的反映和认识。我国国家安全观的形成经历了一个较长的发展阶段。2014年4月15日，中共中央总书记、国家主席、中央军委主席、中央国家安全委员会主席习近平在主持召开中央国家安全委员会第一次会议时提出，

《 知 识 拓 展 》

全民国家安全教育日

2016年4月15日实施了首个全民国家安全教育日。国家安全并不只和安全部门有关。根据2015年7月1日起实施的新的国家安全法，国家安全是指国家政权、主权、统一和领土完整、人民福祉、经济社会可持续发展和国家其他重大利益相对处于没有危险和不受内外威胁的状态，以及保障持续安全状态的能力。

新的国家安全法还规定，国家加强国家安全新闻宣传和舆论引导。通过多种形式开展国家安全宣传教育活动，将国家安全教育纳入国民教育体系和公务员教育培训体系，增强全民国家安全意识。每年4月15日为全民国家安全教育日。

坚持总体国家安全观，走出一条中国特色国家安全道路，首次提出总体国家安全观。总体国家安全观的核心是建立"11种安全"，即构建政治安全、国土安全、军事安全、经济安全、文化安全、社会安全、科技安全、信息安全、生态安全、资源安全、核安全于一体的国家安全体系。在这个体系中，国家安全工作应当坚持总体国家安全观，以人民安全为宗旨，以政治安全为根本，以经济安全为基础，以军事、文化、社会安全为保障，以促进国际安全为依托，维护各领域国家安全，构建国家安全体系，走中国特色国家安全道路。

习近平总书记在党的二十大报告中明确指出，国家安全是民族复兴的根基，社会稳定是国家强盛的前提。必须坚定不移贯彻总体国家安全观，把维护国家安全贯穿党和国家工作各方面全过程，确保国家安全和社会稳定。我们要坚持以人民安全为宗旨、以政治安全为根本、以经济安全为基础、以军事科技文化社会安全为保障、以促进国际安全为依托，统筹外部安全和内部安全、国土安全和国民安全、传统安全和非传统安全、自身安全和共同安全，统筹维护和塑造国家安全，夯实国家安全和社会稳定基层基础，完善参与全球安全治理机制，建设更高水平的平安中国，以新安全格局保障新发展格局。

所谓国家政治安全，就是国家主权、政权、政治制度以及意识形态等方面免受各种侵袭、干扰、威胁和危害的状态。国家政治安全在国家安全体系中居于最高层次和核心地位，是国家安全的根本，决定和影响着其他各领域的安全。

（二）我国面临的安全形势

进入21世纪后，国际形势发生着复杂而深刻的变化，和平和发展依然是时代主题。但不公正、不合理的国际政治、经济旧秩序没有得到根本改变，影响世界和平与发展的不稳定、不确定、不安全因素日益增多。国际上政治、经济等因素互相交织，争夺战略要地、战略资源、战略主导权的斗争此起彼伏，地缘、民族、宗教和文化冲突同政治、经济矛盾相互作用。

当前，我国正处在一个大有可为的历史机遇期，我国国内社会政治大局稳定，综合国力不断增强，国际地位不断提高，成为影响国际重大事件和牵动大国关系的一支重要力量。但现在世界正面临前所未有的大变局，西方敌对势力不愿看到中国的统一和综合国力日益强大，千方百计对我国进行"西化"、分化。我国政治安全也面临着诸多风险挑战，在维护国家政治安全的重要任务，维护国家政治安全的重要战场，维护国家政治安全的重要方式，维护国家政治安全的重要导向等方面都呈现出新的发展趋势。我们要"增强大局意识，防范风险挑战，要一以贯之"。

我国面临新的外部压力，渗透与反渗透、分裂与反分裂、颠覆与反颠覆的斗争长期存在。这体现在两个方面：一是外国间谍情报机关对我国开展窃密、策反活动，收集我国各种政治、经济、军事情报。一些外国情报机关还以学术交流、扶贫助学、投资建设等名义拉拢、策反我国内部相关人员。二是宗教极端势力、民族分裂势力和国际暴力恐怖势力等三股分裂势力以"争取民族独立"为幌子，制造舆论，蛊惑人心，大搞暴力恐怖活动，破坏社会安定，直接威胁我国安全和领土完整。

（三）当前我国高校面临严峻的国家安全形势

高校作为我国培养人才的重要场所，自然成了西方反华势力渗透的重点目标。西方反华势力不惜采取一切手段，不惜付出一切代价，企图影响、动摇、改变我国广大学生的思想观念，渗透腐蚀我国下一代，削弱我国的执政基础，最终达到颠覆社会主义制度的目的。其主要方法有以下几种：

1. 通过各种公开合法的学术交流等活动向我们渗透

随着教育体制改革的不断深化，我国高校与境外开展学术交流、联合办学以及来自境外的捐资助学等形式多样的国际合作活动，已日益广泛深入。这些活动在促进高校教育改革发展的同时，也不可避免地容易被境外敌对势力利用。

2. 通过非政府组织向我们渗透

近年来，境外非政府组织（non-governmental organizations，NGO）迅速发展，成为西方国家"西化"中国的重要渠道之一。境外非政府组织经常以资助办学、交流、培训为名，广泛接触我国在校大学生，大量收集涉及我国境内劳动者权益和下岗、失业人员状况等一些突出社会问题的资料，断章取义、夸张歪曲事实后以此作为对我国进行造谣、攻击的口实。

3. 利用宗教向我们渗透

美国前国务卿舒尔茨曾说："从宗教信仰到政治活动，只有一小步距离。"西方反华势力甚至宣称：占领一座寺庙、教堂，就等于占领了共产党的一块阵地，掌握了一方群众；要"用上帝驯服中国龙"，"战胜赤色共产主义"。近年来，一些境外宗教机构和邪教组织，利用宗教信仰自由的权利，打着国际友好宗教活动的旗帜，在我国境内非法发展教徒，建立公开的或隐蔽的据点，破坏社会稳定，损害青少年的身心健康；打着"维护人权、宗教自由"，以及所谓"保护宗教传统文化"等旗号，煽动中国境内极少数分裂主义分子闹独立，企图肢解中国的版图。甚至在我国一些学校发现基督教、摩门教、呼喊派、统一教和伊斯兰教等宗教组织在教学楼、教师宿舍、学生宿舍楼内进行非法传教，投寄、散发宗教宣传品，传播西方价值理念，造成极其恶劣的影响。设在境外的一些宗教电台频繁对我国进行广播，并以馈赠礼物，或者以参加境外宗教礼式、启发学习智慧为名吸引学生。

4. 通过现代通信、网络及传媒向我们渗透

近年来，我国网络发展迅速，学生上网人数剧增，境外各种敌对势力抓住这一时机，利用推特、微博、博客、论坛等互联网工具加紧对我们进行各种渗透、颠覆活动。他们在网上发展组织并通过互联网向国内渗透，通过制作网页、电子信箱进行网上勾连活动；利用互联网、广播及电视传播西方的政治意识、价值观念和腐朽的生活方式，一些境外电台在我国拥有较高的收听率，对在校学生思想带来负面影响。一些在西方势力支持下的反动传媒将政治性反动出版物有组织地偷运入境，种类和数量逐年增多。

三、国家安全法律体系相关知识

我国涉及国家安全的法律法规有宪法、刑法、国家安全法、反间谍法、反恐怖主义法、网络安全法、国家情报法、境外非政府组织境内活动管理法等，立法数量较多，基本已成体系。其中最直接、最集中阐述国家安全的法律是国家安全法。相应的维护国家安全的机关，我国也在不断健全中。

（一）中央国家安全委员会

任何一个主权国家，无论其大小和实行什么样的社会制度，都会有维护国家安全的专门机关。如美国有主管间谍情报工作的中央情报局（Central Intelligence Agency，CIA），主管反间谍工作的联邦调查局（Federal Bureau of Investigation，FBI），主管间谍卫星、电子信号监听的国家安全局（National Security Agency，NSA）；英国有秘密保护局（军情五局）和秘密情报局（军情六局，大家更熟悉的名字是007）；俄罗斯有联邦安全局；等等。

中央国家安全委员会，简称"中央国安委"，全称为"中国共产党中央国家安全委员会"，是中国共产党中央委员会下属机构。中国共产党第十八届中央委员会第三次全体会议决定，正式成立中央国家安全委员会。中央国家安全委员会和国家安全部的职责不尽相同。中央国安委的成立，使我国拥有了应对国内外综合安全和制定国家安全战略的顶层运作机制，能够把对外的国家安全和对内的国家安全的各种力量整合在一起，充分体现了维护国家安全与创新社会治理的有机统一，有效预防与化解社会矛盾，预示着新一届中央领导集体关于国家安全战略思路的清晰化、科学化。

（二）国家安全机关

我国的国家安全机关主要掌管反间谍工作和其他有关国家安全的工作，保卫国家安全，维护社会政治稳定。在维护国家安全的职责方面，全国人大、全国人大常委会、国家主席、国务院、中央军事委员会、中央国家机关各部门、地方人大和县级以上地方人大常委会、地方各级人民政府，以及香港、澳门特别行政区，从上至下都有明确的层级和职责分工。具体到国家安全机关、公安机关、人民法院、人民检察院、有关军事机关、国家机关及其工作人员，同样有界限清晰又严密周全的职责体系。

（三）《中华人民共和国国家安全法》

2015年，我国颁布《中华人民共和国国家安全法》。以人民安全为宗旨是新国家安全法的一个亮点。该法还扩充国家安全概念的内涵，根据时代特点和需要，明确比较宽泛的外延。例如，增加了生态安全、资源安全。该法也对国家安全工作的领导方式进行明确规定，设置国家级别的安全领导机构，总体负责国家安全工作。

1. 危害国家安全的具体行为

我国国家安全法规定，危害国家安全的行为是指境外机构、组织、个人实施或者指使、资助他人实施的，或者境内组织、个人与境外机构、组织、个人相勾结实施的下列危害中华人民共和国国家安全的行为：

（1）阴谋颠覆政府，分裂国家，推翻社会主义制度的行为。境外间谍情报机关和境内外各种敌对势力之所以从事各种情报窃密、勾连策反等活动，是因为他们妄图通过这些活动来达到颠覆、分裂中国，推翻社会主义制度的目的。

（2）参加间谍组织或者接受间谍组织及其代理人任务的行为。这里要说明的是，凡是参加间谍组织的，无论有无活动，都是危害国家安全的行为。没有参加间谍组织，但接受间谍组织及其代理人任务的，也构成间谍行为。

（3）窃取、刺探、收买、非法提供国家秘密的行为。国家秘密是指关系国家的安全和利益，依照法定程序确定，在一定时间内只限于一定范围的人员知悉的事项，分为"绝密""机密""秘密"三个级别。保守国家秘密法规定，国家秘密包括国家事务的重大决策事项，国防建设和武装力量活动中的秘密事项，外交和外事活动中的秘密事项以及对外承担保密义务的事项，国民经济和社会发展中的秘密事项，科学技术中的秘密事项，维护国家安全活动和追查刑事犯罪中的秘密事项，其他经国家保密工作部门确定应当保守国家秘密事项。在现实中，境外其他机构、组织和人员借与我国开办合资企业、商业交往，科技、文化、新闻交流等友好往来之机，通过各种公开、合法方式，窃取我国国家秘密，包括政治、军事、经济、工业、商业、科技等秘密；个别人出于私心，为达到某种目的，不惜丧失人格、国格，损害国家利益，出卖情报，从中捞取好处。

（4）策动、勾引、收买国家机关工作人员叛变的行为。境外间谍机关把策反我国内部人员作为其对华情报工作的重要手段，利用金钱收买、感情拉拢、许诺资助出国等手段，诱使我国内部人员中某些意志薄弱者上钩；或抓住我国内部人员因一时过失而造成违法违纪行为的把柄；或精心设计各种陷阱，威胁逼迫我国内部人员就范。国家工作人员一旦背叛国家，必然直接对国家安全和利益构成严重危害。

（5）进行危害国家安全的其他破坏活动的行为。《中华人民共和国国家安全法实施细则》第八条规定，下列行为属于国家安全法第四条所称的"危害国家安全的其他破坏活动"：一是组织、策划或者实施危害国家安全的恐怖活动的；二是采取捏造、歪曲事实，发表、散布文字或者言论，或者制作、传播音像制品，危害国家安全的；三是利用设立社会团体或者企业事业组织，进行危害国家安全活动的；四是利用宗教进行危害国家安全活动的；五是制造民族纠纷，煽动民族分裂，危害国家安全的；六是境外个人违反有关规定，不听劝阻，擅自会见境内有危害国家行为或者有危害国家安全行为重大嫌疑的人员的。

2. 我国相关法律规定的公民和组织在维护国家安全中的权利和义务

我国宪法规定，中华人民共和国公民有维护祖国安全、荣誉和利益的义务，不得有危害祖国的安全、荣誉和利益的行为；中华人民共和国公民必须保守国家秘密。

我国相关法律规定的公民和组织在维护国家安全中的权利有：

（1）宣传教育权。国家安全法第七十八条规定：机关、人民团体、企业事业组织和其他社会组织应当对本单位的人员进行维护国家安全的教育，动员、组织本单位的人员防范、制止危害国家安全的行为。

（2）受法律保护权。国家安全法第八十条规定：公民和组织支持、协助国家安全工作的行为受法律保护。

（3）受偿权。国家安全法第八十一条规定：公民和组织因支持、协助国家安全工作导致财产损失的，按照国家有关规定给予补偿；造成人身伤害或者死亡的，按照国家有关规定给予抚恤优待。

（4）批评、申诉、控告和检举权。国家安全法第八十二条规定：公民和组织对国家安全工作有向国家机关提出批评建议的权利，对国家机关及其工作人员在国家安全工作中的违法失职行为有提出申诉、控告和检举的权利。

我国相关法律规定的公民和组织在维护国家安全中的义务有：

国家安全法第七十七条规定，公民和组织应当履行下列维护国家安全的义务：

遵守宪法、法律关于国家安全的有关规定；及时报告危害国家安全活动的线索；如实提供所知悉的涉及危害国家安全活动的证据；为国家安全工作提供便利条件或者其他协助；向国家安全机关、公安机关和有关军事机关提供必要的支持和协助；保守所知悉的国家秘密；法律、行政法规规定的其他义务。

随着我国依法治国基本方略的不断实施和推进，相信在不久的将来，我国的法律制度会越来越健全，国家安全法治化水平也会进一步提高。

四、宪法知识及法治精神

宪法是国家的根本大法，它规定了国家的根本制度和根本任务，是中国特色社会主义法律体系的核心和基础，也是人们行为的基本法律准则。

（一）宪法的相关知识

1.宪法的地位和意义

宪法作为根本法，它是其他法律、法规赖以产生、存在、发展和变更的基础和前提条件，它处于一个国家独立、完整和系统的法律体系的核心地位，是一个国家法律制度的基石。宪法是治国安邦的总章程，规定国家的根本任务和根本制度，即社会制度、国家制度的原则和国家政权的组织以及公民的基本权利义务等内容，具有最高的法律地位、法律权威、法律效力，具有根本性、全局性、稳定性、长期性，适用于国家全体公民。

如果把法律体系比喻为一棵大树，宪法就是树根，其他法律就是树干和树枝。宪法规定国家最根本的经济、政治和社会制度，公民的基本权利和义务，以及国家机构组织和活动的基本原则。宪法具有最高法律效力，是制定其他法律的依据。所有的法律都要诞生在宪法之下，服从宪法精神。

2.中国宪法的诞生和历次修改

世界上最早的宪法是英国的不成文宪法。1898年，中国戊戌变法时，以康有为为首的维新派要求清廷制定宪法，实行日本式的君主立宪制度。1908年，中国清政府颁布以1889年《大日本帝国宪法》为蓝本的《钦定宪法大纲》，从此"宪法"一词在中国就成为国家根本大法的专用词。

回顾历史，我国宪法制度的确立和发展，同党和人民开辟的前进道路和积累的宝贵经验紧密相连，反映了党带领人民进行革命、建设、改革取得的丰硕成果。中华人民共和国成立前夕召开的中国人民政治协商会议第一届全体会议通过的《中国人民政治协商会议共同纲领》于 1949 年 9 月 29 日颁布，具有临时宪法的作用。新中国成立后，曾于 1954 年 9 月 20 日、1975 年 1 月 17 日、1978 年 3 月 5 日和 1982 年 12 月 4 日通过四部宪法。我国现行宪法是 1982 年 12 月 4 日由全国人民代表大会公布施行的。1988 年、1993 年、1999 年和 2004 年对我国宪法个别条款和部分内容做出了必要的，也是十分重要的修正，使我国宪法在保持稳定性和权威性的基础上紧跟时代前进步伐，不断与时俱进。2014 年 11 月 1 日第十二届全国人大常委会第十一次会议决定，将 12 月 4 日设立为国家宪法日。每年宪法日都要举办系列活动，通过各种活动学习宪法、弘扬宪法精神。2018 年 3 月 11 日，第十三届全国人民代表大会第一次会议通过了《中华人民共和国宪法修正案》，使我国宪法更加完善，更好、更充分地反映全党、全国人民的意志；更好、更充分地体现中国特色社会主义的特征。此次宪法修改，把党和人民在实践中取得的重大理论创新、实践创新、制度创新的成果上升为宪法规定，更好地发挥宪法在坚持和发展中国特色社会主义中的保障、引领、规范作用。

3. 宪法宣誓制度

我宣誓：忠于中华人民共和国宪法，维护宪法权威，履行法定职责，忠于祖国、忠于人民，恪尽职守、廉洁奉公，接受人民监督，为建设富强、民主、文明、和谐的社会主义国家努力奋斗！

凡经人大及其常委会选举或者决定任命的国家工作人员，正式就职时应公开向宪法宣誓。2018 年 3 月 17 日，在第十三届全国人民代表大会一次会议上，新当选的国家主席、中央军委主席习近平左手抚按宪法，右手举拳，庄严宣誓，铿锵有力的宣誓声响彻人民大会堂，树立了尊崇宪法、遵守宪法、维护宪法的榜样。

（二）宪法与个人关系

宪法除了相当于我国其他法律的"妈妈"，还跟我们每个公民的一生都有着密切的联系。

1. 出生

从我们出生那一刻起，我们就是一个独立的个体，有着独立的人格权，为人而应享有的权利，是宪法赋予的。

宪法第三十三条：凡具有中华人民共和国国籍的人都是中华人民共和国公民。中华人民共和国公民在法律面前一律平等。国家尊重和保障人权。

第四十九条：父母有抚养教育未成年子女的义务。禁止虐待老人、妇女和儿童。

2. 上学

到了适学年龄，我们就要去学校接受教育。每周一必备课程升国旗、奏唱国歌，这些也都是宪法规定的内容。

宪法第四十六条：中华人民共和国公民有受教育的权利和义务。国家培养青年、少年、儿童在品德、智力、体质等方面全面发展。

第一百四十一条至一百四十三条对我国的国歌、国旗、国徽及首都都做出了明确规定。

3. 成年

18 岁那年，我们迎来了人生中一个很重要的权利——选举权和被选举权。同时，作为成年人的我们，也要为自己的行为负责了。

宪法第三十四条：中华人民共和国年满十八周岁的公民，不分民族、种族、性别、职业、家庭出身、宗教信仰、教育程度、财产状况、居住期限，都有选举权和被选举权；但是依照法律被剥夺政治权利的人除外。

第四十九条：父母有抚养教育未成年子女的义务，成年子女有赡养扶助父母的义务。

4. 参军

有大学同学填写了应征入伍的申请，光荣入伍，学校会为该名同学保留两年学籍。

宪法第五十五条：保卫祖国、抵抗侵略是中华人民共和国每一个公民的神圣职责。依照法律服兵役和参加民兵组织是中华人民共和国公民的光荣义务。

5. 各种社会文化活动

宪法第三十五条：中华人民共和国公民有言论、出版、集会、结社、游行、示威的自由。

第二十二条：国家发展为人民服务、为社会主义服务的文学艺术事业、新闻广播电视事业、出版发行事业、图书馆博物馆文化馆和其他文化事业，开展群众性的文化活动。

6. 信仰自由

宪法第三十六条：中华人民共和国公民有宗教信仰自由。任何国家机关、社会团体和个人不得强制公民信仰宗教或者不信仰宗教，不得歧视信仰宗教的公民和不信仰宗教的公民。

国家保护正常的宗教活动。任何人不得利用宗教进行破坏社会秩序、损害公民身体健康、妨碍国家教育制度的活动。宗教团体和宗教事务不受外国势力的支配。

7. 毕业工作

我们踏入职场，靠自己的劳动，独立打拼。宪法也为我们保驾护航！女性就业歧视？不许休假？受到威胁、诽谤、辱骂？别担心，宪法都不允许！宪法与我们个人权益相关的条款有：

第四十二条：中华人民共和国公民有劳动的权利和义务。

第四十三条：中华人民共和国劳动者有休息的权利。国家发展劳动者休息和休养的设施，规定职工的工作时间和休假制度。

第四十八条：中华人民共和国妇女在政治的、经济的、文化的、社会的和家庭的生活等各方面享有同男子平等的权利。国家保护妇女的权利和利益，实行男女同工同酬，培养和选拔妇女干部。

第三十八条：中华人民共和国公民的人格尊严不受侵犯。禁止用任何方法对公民进行侮辱、诽谤和诬告陷害。

第五十六条：中华人民共和国公民有依照法律纳税的义务。

我们这一生，包括生活各方面，都有宪法在保障。法律面前人人平等，依法治国人人有责。宪法不仅是全体公民必须遵循的行为规范，也是保障公民权利的法律武器。

（三）弘扬法治精神

法治精神其实就是一种公共规则意识。所谓公共规则，就是要在具体事情上，对每个人的权利和责任给予具体的分析和界定，尊重和保护每个人的权利，同时也确定每个人应该担负的责任。俗话说"无规矩不成方圆"，一个国家若想安稳，离不开宪法的保证。青少年的价值取向关乎国家的未来，引导青少年从小掌握宪法法律知识、树立宪法法律意识、养成遵法守法习惯，对于全面推进依法治国具有重要意义。依法治国就是依照法律来治理国家，是中国共产党领导人民治理国家的基本方略，是发展社会主义市场经济的客观需要，也是社会文明进步的显著标志，还是国家长治久安的必要保障。依法治国，建设社会主义法治国家，是人民当家做主的根本保证。

学习宪法，最终目的是弘扬宪法精神，使当代大学生深入了解宪法、尊崇宪法，增强法制观念，树立并弘扬法治精神，让广大青少年成为宪法的坚定信仰者、宣讲者、实践者、维护者，让尊宪守法成为全民的自觉行动。

实践证明，尊崇宪法精神，就是尊崇党和人民的共同意志；维护宪法权威，就是维护党和人民共同奋斗的成果；保证宪法实施，就是保证亿万人民根本利益的实现。作为当代大学生，我们要做一个守法、懂法、遵法的合格公民，并会用法律保护自己的合法权益，做一个知法懂法的人，努力为强大的祖国做出贡献！

思考题

1. 现阶段，你认为维护资源安全的重要意义有哪些？

2. 你所了解的国家经济安全面临的挑战有哪些？

3. 宪法除了相当于我国其他法律的"妈妈"，还跟我们每个公民的一生都有着密切的联系！请结合实际生活，浅谈一下你对这句话的认识。

视频资源

《 主题二
维护政治安全的途径与方法

学习目标

（一）思政目标

坚定理想信念，增强爱党爱社会主义、担当民族复兴大任的爱国情怀。

（二）知识目标

正确认识"四个自信"的重要意义。

（三）能力目标

掌握在日常生活中坚决维护政治安全的方法。

一、坚定理想信念，强化"四个自信"

习近平总书记指出："青年时代树立正确的理想、坚定的信念十分紧要，不仅要树立，而且要在心中扎根，一辈子都能坚持为之奋斗。"新时代新征程，青年理想远大、信念坚定，是一个国家、一个民族无坚不摧的前进动力。

（一）坚定理想信念

自觉用习近平新时代中国特色社会主义思想改造主观世界，增进对党的创新理论的政治认同、思想认同、理论认同、情感认同，做社会主义核心价值观的坚定信仰者、积极传播者、模范践行者。要从中华优秀传统文化中汲取养分，涵养道德情操，增强自我定力，矢志追求更有高度、更有境界、更有品位的人生，让理想信念在不懈奋斗中升华，让青春在创新创造中闪光。

（二）勇于担当责任

习近平总书记寄语广大青年学生要"能够担当起党和人民赋予的历史重任"；"以真才实学服务人民，以创新创造贡献国家"。新时代是充满机遇的时代，广大青年学生只有勇于担当、奋发有为，把握和顺应时代发展进程，回应人民群众期待，才能更好放飞青春梦想、升华人生境界、实现人生价值。大学阶段是青年学生价值观形成和确立的关键时期，强化责任意识、奉献意识，勇于担当时代赋予的神圣使命，锤炼过硬本领，使自己的思维视野、思想观念、认识水平跟上越来越快的时代发展步伐。

（三）全面健康发展

全面健康发展包括精神层面、心理层面、生理层面、行为层面和体质层面等方面的发展，其具体表现为身体、智力、情绪十分协调；适应环境，人际关系中彼此能谦让；有幸福感；在工作和学习中，能充分发挥自己的能力，过有效率的生活。具体标准有：一是智力正常，二是情绪稳定，三是意志健全，四是人格统一，五是人际关系和谐，六是与社会协调一致，七是心理特点符合年龄特征。

二、树立正确的忧患意识

忧患意识是指一个人的内心关注超越自身的利害、荣辱、成败,而将世界、社会、国家、人民的前途命运萦系于心,对人类、社会、国家、人民可能遭遇到的困境和危难抱有警惕并由此激发奋斗、战胜困境的决心和勇气。《孟子·告子下》中有一文《生于忧患,死于安乐》体现了对精神懈怠的深层警醒。忧患意识是中华民族自古以来的精神传统之一,它代表一种高尚人格,体现的是一种社会责任感和历史使命感。忧患意识作为一种文化传统,渊源至深。从一定角度来说,正是中华文明孕育和包含的忧患意识,才使中华民族历经磨难而不衰,始终屹立于世界民族之林。

我们必须增强忧患意识,坚持底线思维,做到居安思危、未雨绸缪。身处逆风险境,面临惊涛骇浪,人们往往会精力集中、保持警惕,以致能履险如夷。而在风平浪静、一帆风顺之时,人们反而不再小心谨慎,思想上麻痹大意,以致功败垂成。成败的关键就在于精神是否懈怠。

三 典型案例 ▶

斯诺登事件(一般指"棱镜门")

棱镜计划(PRISM)是一项由美国国家安全局自2007年开始实施的绝密电子监听计划,该计划的正式代号为"US-984XN"。英国《卫报》和美国《华盛顿邮报》2013年6月6日将美国中央情报局前职员爱德华·斯诺登提供的两份绝密资料公之于众,报道指出,美国国家安全局和联邦调查局于2007年启动了一个代号为"棱镜"的秘密监控项目,直接进入美国网际网络公司的中心服务器里挖掘数据、收集情报,包括微软、雅虎、谷歌、苹果等在内的9家国际网络巨头皆参与其中,美国舆论随之哗然。根据报道,棱镜计划能够对即时通信和既存资料进行深度的监听。许可的监听对象包括所有在美国以外地区使用参与计划公司服务的客户,或是所有与国外人士通信的美国公民。国家安全局在棱镜计划中可以获得的数据有电子邮件、视频和语音交谈、影片、照片、互联网电话交谈内容、档案传输、登入通知,以及社交网络细节。

发展和安全如一体之两翼、驱动之双轮，安全是发展的基础，发展是安全的保障，发展是一种"硬实力"，而安全则是一种"软实力"。当前，经济霸权主义和霸凌主义加剧，国际经济金融动荡发展，发展和安全之间的关系愈发紧密。坚持走中国特色国家安全道路，一开始就要强调坚持统筹发展和安全两件大事，把维护国家安全统一到社会主义现代化建设进程中，实现高质量发展和高水平安全的良性互动。当前和今后一段时期，我国仍处于重要战略机遇期，既要看到国内经济领域存在的传统风险因素，也要看到网络领域、资源领域等非传统挑战因素；既要看到国内经济形势总体向好，经济正增长态势明显，但改革发展稳定任务仍然艰巨的现状，也要看到经济逆全球化趋势凸显，国内外各种风险挑战因素叠加联动。大学生既是社会主义现代化建设的重要力量，更是维护国家安全的关键力量，这就要求当代大学生要运用辩证思维看待"发展"与"安全"，看待"机"与"危"，增强忧患意识。当代大学生要继承中华优秀的居安思危传统文化基因，也要有新时代中国共产党人预防风险"先手棋"和应对风险"高招"的战略自觉。

忧患意识体现的是一种居安思危的高超智慧。我们所从事的事业是前无古人的伟大事业，因此，所取得的成就越辉煌，就越不能骄傲自满、懈怠停滞，必须清醒地看到发展面临的不少困难和问题，如人均 GDP 与发达国家相差甚远，城乡二元经济结构还没有根本改变，等等。因此，在科技发展日新月异的今天，面对日益激烈的国际竞争，尽管我国在某些领域可与发达国家相媲美，但在很多领域我国还存在相当大的差距，唯有保持忧患意识，增强爱国热情，弘扬艰苦奋斗的精神，我们才能不断创新，加快发展。忧患意识有助于我们科学判断自己所处的历史方位，既把握优势也看到不足，从而不断开创中国特色社会主义事业发展的新局面。

思考题

1. 习近平总书记寄语广大青年学生要"能够担当起党和人民赋予的历史重任""以真才实学服务人民，以创新创造贡献国家"。请结合实际生活，列一个你的安全素养学习提升计划。

2. 浅谈你对"生于忧患，死于安乐"的认识。

视 频 资 源

《 主题三

维护国土安全的途径与方法

学习目标

（一）思政目标

坚定立场，树立正确的国土安全观点。

（二）知识目标

了解兴边富民行动，正确理解边境安全与国家安全的关系。

（三）能力目标

提升在日常生活中维护国家主权和领土完整的能力。

推进兴边富民、稳边固边！

一、实行兴边富民工程

习近平总书记在中国共产党第二十次全国代表大会上的报告中提出："支持革命老区、民族地区加快发展，加强边疆地区建设，推进兴边富民、稳边固边。"

三 典型案例 ▶

广西靖西市龙邦镇护龙村不少村民家的窗户下就是国境线，这里与越南接壤，全村 286 户 1 120 人都是壮族。当你走进护龙村，就能看到整洁干净的村道两旁是一排排整齐的楼房，房顶上空飘扬的五星红旗格外引人注目。村民会告诉你：以前的护龙村全都是木制吊脚楼，现在居住条件和生活环境有了翻天覆地的改变。

（一）兴边富民行动内涵与意义

兴边富民行动，顾名思义，就是要振兴边境、富裕边民，使沿边一线的各族群众靠边脱贫、靠边致富。在发展中进一步增强爱国主义感情、加强各民族大团结，最终达到富民、兴边、强国、睦邻的目的。

我国陆地边界与 14 个国家接壤，陆地边界线长约 2.2 万千米，其中 1.9 万千米在少数民族地区。在 197 万平方千米边境地区，生活着 2 300 多万各族群众，其中少数民族人口近一半，有 30 多个民族与周边国家同一民族毗邻而居。边境地区是我国对外开放的前沿，是展示国家实力和形象的窗口，是确保国家安全和生态安全的重要屏障。

（二）兴边富民行动发展

由于历史、地理等多方面原因，边境地区经济社会发展一直相对滞后。党中央历来十分关心和重视边疆地区的发展。1979 年召开的全国边防工作会议对边疆地区产生了重大影响，同年，政府制定的《边疆建设规划（草案）》，提出在 8 年内安排边疆建设资金 400 亿元。1992 年，国家实施沿边开放战略，确立 13 个对外开放城市和 241 个一类开放口岸，设立 14 个边境技术合作区。1996 年，国务院出台促进边境贸易发展和对外经济合作的优惠政策。世纪之交，党中央、国务院召开中央民族工作会议，提出实施西部大开发战略，推进兴边富民行动。2000 年，政府编制了《全国兴边富民行动规划纲要（2001—2010）》，并指导各边疆省区编制规划。

2007 年、2011 年，兴边富民行动"十一五""十二五"规划相继实施。党的十八大以来，习近平总书记始终站在国家和民族发展全局的高度，强调、谋划、推进边疆治理。习近平总书记关于边疆治理的重要论述，为深入推进兴边富民行动提供了根本遵循。

2017 年 5 月，在我国加大规划编制改革力度、大规模缩减国家级专项规划数量的背景下，兴边富民行动"十三五"规划出台。这体现了党中央、国务院对新时期民族工作的高度重视，对边境地区和广大边民的特殊关怀。2018 年 10 月，全国兴边富民行动暨全国民委系统对口支援新疆西藏工作会议召开。会议强调，牢牢把握铸牢中华民族共同体意识这一主线，深入推进新时代兴边富民行动，推动边境地区全面小康迈上新征程。

（三）兴边富民行动的具体内容

1. 任务

（1）要切实把边境地区基础设施建设搞上去。

（2）要着力培育县域经济增长机制和增强自我发展能力。

（3）要下大力气提高人民群众的生活水平。

2. 重点

（1）以解决温饱为中心的扶贫攻坚。（2）以水、电、路、通信等为主的基础设施建设。（3）以培育新增长点和形成特色经济为目的的产业结构调整。（4）以加快周边区域经济合作和发展边境贸易为重点的对外开放。（5）以普及九年制义务教育、扫除青壮年文盲和推广先进适用科技为主的社会进步。（6）以繁荣少数民族文化为宗旨的文化设施建设。（7）以退耕还林还草为重点的生态环境保护建设。

（四）兴边富民行动取得的成效

兴边富民行动实施以来，我国边境地区发展取得了显著成效：

（1）发展水平站上了新起点。（2）民众生活达到了新水平。（3）社会事业步入了新局面。（4）民族团结和边防巩固迈上了新台阶。

风正扬帆正当时。站在新的历史起点上，兴边富民行动这项得民心、顺民意的工程，必将为促进边境地区更好更快发展、实现"中华民族一家亲，同心共筑中国梦"增光添彩。

二、颁布《中华人民共和国陆地国界法》

习近平总书记在中国共产党第二十次全国代表大会上的报告中提出，国家安全是民族复兴的根基，社会稳定是国家强盛的前提。必须坚定不移贯彻总体国家安全观，把维护国家安全贯穿党和国家工作各方面全过程，确保国家安全和社会稳定。其中国土安全、边境安全就是国家安全的重要内容。

自2022年1月1日起施行的《中华人民共和国陆地国界法》（简称陆地国界法），正是为了规范和加强陆地国界工作，保障陆地国界及边境的安全稳定，促进中国与陆地邻国睦邻友好和交流合作，维护国家主权、安全和领土完整，根据宪法而制定的法律。这是捍卫我国领土主权的法理之剑。

陆地国界法共7章62条，主要内容包括：明确了陆地国界工作的领导体制、部门职责、军队的任务和地方人民政府职责等基本内容，以及陆地国界的划定和勘定、陆地国界及边境的防卫、陆地国界及边境的管理和陆地国界事务的国际合作等。

陆地国界法明确指出，中华人民共和国的主权和领土完整神圣不可侵犯。国家采取有效措施，坚决维护领土主权和陆地国界安全，防范和打击任何损害领土主权和破坏陆地国界的行为。

陆地国界法明确要求，国家采取有效措施，加强边防建设，支持边境经济社会发展和对外开放，提高边境公共服务和基础设施建设水平，改善边境生产生活条件，鼓励和支持边民在边境生产生活，推进固边兴边富民行动，促进边防建设与边境经济社会协调发展。

陆地国界法明确了国家坚持平等互信、友好协商的原则，通过谈判与陆地邻国处理陆地国界及相关事务，妥善解决争端和历史遗留的边界问题。

思考题

1. 你是如何理解兴边富民行动的？
2. 为什么国家要制定《中华人民共和国陆地国界法》？

主题四 ▶▶

日常生活和对外交往中要重视国家安全

视频资源

学习目标

（一）思政目标

树立保密意识与防范意识，共同守护国家安全。

（二）知识目标

1. 了解间谍行为的界定，以及国家目前面临的渗透策反严峻形势。

2. 理解宗教与邪教的区别。

（三）能力目标

1. 掌握有效维护国家秘密的方法。

2. 掌握应对恐怖主义的紧急防护措施。

一、防范间谍行为

2014 年 11 月 1 日国家出台《中华人民共和国反间谍法》（简称反间谍法）为反间谍工作提供了有力的法律依据和保障；2021 年 4 月 26 日国家安全部以部令形式制定出台部门规章《反间谍安全防范工作规定》，进一步明确了各单位的反间谍安全防范主体责任，行业主管部门的监督管理责任，以及国家安全机关的业务指导和督促检查责任。

2023 年 4 月 26 日，十四届全国人大常委会第二次会议审议通过了修订后的《中华人民共和国反间谍法》。这是党的二十大后在国家安全领域完善中国特色法律制度体系的重要举措，是对二十大报告关于推进国家安全体系和能力现代化的及时回应。该法深入贯彻习近平法治思想和总体国家安全观，坚持在法治轨道上加强和规范反间谍工作，彰显了依法惩治间谍行为与尊重保障人权并重的基本原则。

（一）间谍行为界定

当前，反间谍斗争形势严峻复杂，各种危害国家安全的新主体新行为日益多元。

1. 间谍行为

间谍行为包括间谍组织及其代理人实施或者指使、资助他人实施，或者境内外机构、组织、个人与其相勾结实施针对国家机关、涉密单位或者关键信息基础设施等的网络攻击、侵入、干扰、控制、破坏等行为。

2. 间谍行为的对象

间谍行为的对象包括国家秘密、情报以外的其他关系国家安全和利益的文件、数据、资料、物品。

间谍组织及其代理人在我国领域内或者利用我国公民、组织或其他条件从事针对第三国的间谍活动、危害我国家安全的行为也是间谍行为。

（二）防范间谍

在现实中，间谍都极善于伪装，他们往往用看似正常的职业和社会背景做掩护，接触起来与一般人没有什么两样。对此，我们在与间谍斗争之时必须充分发动社会力量，群防群治，形成牢固的反奸防谍人民防线，方能发现隐蔽敌人非法活动的动向和线索。

1.学习保密常识

学习保密常识是第一步，也是关键的一步，一定要知道什么该做、什么不能做，了解泄密的危害性和违法需要承担的法律责任。

2.遵守法律法规

学习保密常识并掌握后，还需要我们自觉守法，在平时工作和生活中严格遵守有关法律法规关于保守国家秘密的规定，使其成为我们的行为习惯和价值取向。

3.增强防范意识

间谍的目标是获取有价值的情报，或者制造有价值的事件。哪里有情报，哪里有价值，哪里就可能出现间谍。如我们发现间谍组织及其代理人实施危害国家安全的活动，应立即向国家安全机关举报。

维护国家安全的任务并不只是由国家来完成，人民也应该提升维护国家安全的意识，维护国家安全是一场人民战争。

▤ 典型案例 ▶

主动投案自首配合办案

2020年4月，江西省赣州市会昌县村民张某发现其儿子张某某在广东汕头务工期间可能从事过危害国家安全的违法活动后，劝说并陪同其子于4月21日至赣州市国家安全局投案自首。张某某主动交代：2019年在汕头期间，他通过微信结识某境外间谍情报机关人员，被对方以兼职为诱饵发展利用后，每天到驻汕头某部队港区进行观察记录，拍摄港区舰艇舷号的动态和静态情况，通过微信发给对方。在此过程中，张某某共接受对方提供的间谍经费近3万元。经有关部门鉴定，张某某提供给对方的多份资料涉及国家秘密。目前，该案已进入司法程序。鉴于张某某存在自首情节，且积极配合国家安全机关办案，依据反间谍法可从轻、减轻或者免除处罚。

二、严格保守国家秘密

人类社会发展到现在，保密工作作为社会发展的一个重要环节，已经越来受到重视。如何保护隐私是每个社会、团体、个人都要面临的重要问题。在工作和生活中要时刻注意保守机密，时刻保持警惕，因为泄密往往就发生在不经意间。1964年我国新闻媒体相继报道了"铁人"王进喜的事迹，在全国掀起了学习热潮。然而，就是这些新闻报道及照片，却让一直没有在中国东北发现过足够石油的日本人立刻注意到了，其情报人员结合其他报刊上搜集到的信息，开始做出一系列判断，并分析出大庆油田的位置、是否开始出油等信息。其实当时我国对大庆油田相关信息实施保密，避开了油田的加工过程、规模等信息，新闻报道本身没有违反保密制度，但仅仅是新闻和照片依然让日本情报人员捕捉到了信息。

（一）高度警惕，泄密风险隐患多发

1. 渗透搜集窃密愈演愈烈

境外间谍情报机构常以学术研究、公益事业等为幌子，针对我国重点行业、领域以及高校、科研机构等加剧渗透，进而实施情报搜集和窃密活动。须严防以投资、交流、合作之名套取涉密信息等各类行为。

2. 网络渗透策反无孔不入

境外间谍情报机构借用兼职、商业调查、课题研究等名义，以支付经济报酬为饵，对我国国家公职人员实施网络勾连，并伺机策反、窃密。应时刻保持清醒，对互联网上巧立名目的拉拢策反加倍提防。

3. 贪图方便违规后果严重

在点多面广、事务繁杂的日常工作中，为求效率随意违反保密纪律，甚或贪图方便使用社交媒体发送涉密通知、资料，将会导致国家秘密泄露。应注意学习保密知识、掌握保密要求，避免因无知无畏而违反保密规定。

4. 随意请人代劳事与愿违

在涉及国家秘密的事务中，未遵守保密规定，随意请人帮忙或者接受他人主动帮忙，则有可能给国家安全和利益造成损害。要怀有强烈的责任心，切忌将本应自己负责的涉密事务交由他人处理。

（二）增强自觉，严守保密行为规范

1. 遭遇策反要及时主动报告

遇有受到诱骗或者胁迫参加敌对组织、间谍组织，从事危害我国国家安全的活动等情况，应及时向所在机关单位、国家安全机关等如实说明情况。要时刻提高警惕，防范、制止、及时报告各类间谍行为、保密违纪违规行为。

2. 密件严禁擅扩知悉范围

简单地把知悉国家秘密视作一种政治待遇，或者把行政级别作为确定国家秘密知悉范围的依据，甚至将国家秘密交付他人，均属于严重违反保密法的行为。应当严格按照知悉范围阅读、使用涉密文件、资料，确保国家秘密可控可管。

3. 切勿不分场合、地点办理涉密公务

为了尽快完成工作，将涉密事务带回宿舍或家中处理，会将国家秘密置于非安全可控的环境之中，存在严重泄密风险。分清场合地点，时刻保持警惕。

4. 社会交往切莫徇私泄密

面对"家人圈""同学圈""朋友圈"，因私心私情作祟，无视纪律规定，将个人情感、情面掺杂到工作之中，随意泄露所知悉的国家秘密，后果十分严重。须严守保密纪律规矩，不得囿于私交情面随意泄露国家秘密。

三、大学生在日常生活和涉外交往中应当注意的问题

改革开放以来，在我国高等学校中，对外文化、教育、学术交流活动不断增加，既有教师学生到国外进修留学、参观、交流，也有外籍教师来华任教，外国学生来华就读。这些对外交流活动，有力地促进了我国现代化建设的进行和对外文化科技交流的发展，但同时也为境外间谍情报机关开展窃密、渗透、策反、颠覆、分裂和破坏活动提供了可乘之机。在国家安全机关所破获的一些间谍案件和泄密案件中，就涉及高等院校的老师和学生。他们被敌人以金钱收买、抓把柄等手段拉下水后，从事了许多危害国家安全和利益的犯罪行为。因此从维护国家安全的角度出发，我们大学生在日常学习生活和涉外交往过程中应注意以下几个方面。

1. 注重细节，保守国家秘密

高校是国家科研工作的重要基地，有不少科研项目都属于国家秘密。因此，

高校自然也就成为境外机构窃取我国秘密的一个重要目标。近年来，随着对外交往的增多，高校泄密案件也时有发生。因此，大学生保守国家秘密要做到以下几点：

（1）坚持"内外有别"的原则，在涉外活动中既要做到热情友好，以礼相待，又要提高警惕，防范各种可能的情报窃密活动。

（2）向境外投寄论文、稿件和其他资料时，不能涉及国家秘密。

（3）遇到境外机构和人员来电、来信、来访了解情况、索取资料时，应及时向学校有关领导和部门报告，不能擅自回复，更不能在回复中涉及国家秘密。

（4）不能擅自带境外人员去控制开放和非开放地区（包括军事设防地区）。例如，某大学四名刚进校门的学生，由于缺乏法律知识，国家安全意识淡薄，擅自带外籍人员到某军事禁区拍照，这种行为已构成违法。

（5）出入外国公司、企业和境外人员住处，或陪同境外人员参观、考察、游览、参加宴会等，不能携带属于国家秘密的资料及其他物品。

（6）出境时不能擅自携带属于国家秘密的文件、资料和其他物品。

（7）在境外期间应保持警惕，增强保密意识，不要在需要保密的场合谈论国家秘密。

（8）利用境外通信设备进行通信联系和在国际互联网上冲浪等，不能涉及国家秘密。

（9）在出境旅游时，对于一些邪教、反华组织赠送的宣传品，要做到不接受、不传阅、不扩散。

2. 使用电脑、网络设备时应当注意保密

近年来，我国各高等院校的校园网络发展迅速，校内大学生上网人数剧增，境外各种敌对势力抓住这一时机，积极利用互联网进行各种渗透、颠覆活动；在网上发展组织并通过互联网向国内渗透，通过制作网页、电子信箱进行网上勾结联系；利用互联网传播反动信息。如在互联网的网络论坛张贴反动言论，传播西方的政治意识和价值观念以及腐朽的生活方式，为其"和平演变"中国培植思想和社会基础。西方国家利用广播、电视等现代媒体直接对我国进行渗透。一些境外电台在广东省高校拥有较高的收听率，对高校师生思想带来一定的影响。一些西方反华势力支持下的反动传媒将政治性反动出版物有组织地偷运入境，种类和

数量逐年增多。这些刊物流入我国高校的情况也时有发生，部分高校师生受到不同程度的影响。所以说，在充分享受信息时代、网络时代给我们带来的便利的同时，我们千万不要放松了国家安全这根弦。如果发现相关情况，应及时与学校保卫部门联系或直接向国家安全机关反映。

我们在校大学生还应当尽量避免为境外网站搜集并提供信息，例如一些涉及地理信息的网站。地理信息是指地理要素或者地表人工设施的形状、大小、空间位置及其属性等信息，是整个国家信息的重要组成部分。目前，有一些高校学生，由于缺乏保密意识，出于炫耀心理，在国外的一些网站上标注自己对地理信息的新发现，如军队驻地、涉密单位所在地等，给国家安全带来隐患。因此，我们大学生在浏览网页过程中，还要注意避免成为国外网站的"信息员"。

目前，中国网民已接近 10 亿人，境外间谍情报机关看到其中大有可乘之机，往往会以境外记者、刊物编辑、军事爱好者等身份，借学术交流、投资评估、发表文章等名义，通过电子邮件、微信、QQ 等网络联络工具，开展渗透、策反和窃密活动。通常采取"漫天撒网、重点捕鱼"的战术，将急于挣钱又缺乏防范意识的网民发展成情报人员。如某高校学生徐某在网上寻求兼职，被境外间谍情报机关看中后，频繁为境外提供某舰队军舰出港图片等资料，后因间谍罪被广东国家安全机关抓捕。

3. 在组织校园社团活动时应当注意国家安全问题

大学生活丰富多彩，除了学习之外，业余时间大家还可以参与各种学生组织和社团，培养、发挥自己各方面的能力和特长，但组织、参加这类社团应当遵守国家有关法律规定和学校的各项规章管理制度，要在学校有关主管部门的正确引导下开展活动。

一些情报搜集活动也往往打着商业调查的旗号，具有很大的隐蔽性和危害性。例如，前些年某高校放暑假前夕，学生会和一些社团组织相继收到了某外资公司的信件，声称可以在暑假期间为该校学生提供上街开展商业调查的勤工俭学机会，待遇优厚。学生会和社团负责人发现该公司商业调查表的内容是针对中国产品侵犯外国知识产权的调查，显然超过了一般商业公司的业务范围，就向有关部门反映。经查证，该外资公司果然有外国情报部门的背景，企图利用我国大学生搜集所谓我国"侵犯外国知识产权"的证据，以便在与我国进行的谈判中占据有利地位，获取更多的利益。由于该校学生会和社团负责人的高度警惕，才使该外国情报部门的阴谋没有得逞。

总之，国家安全是民族和国家生存发展的基本条件，是国家全部活动的基础。维护国家利益，保障国家安全是每个公民应尽的责任和义务。作为刚进入校园的大学生，更应当早早树立起"以天下为己任"的崇高使命感，自觉增强国家安全意识，刻苦学习专业技能，为建设社会主义现代化强国和构建和谐社会而努力。

朋辈提醒

同学 A：我是学校的社团负责人，经常有社会上的公司与我联系，希望通过赞助的方式参与校园社团活动，给公司做宣传。有一次是一个港资公司，希望我们建立一个"法律援助站"，组织一些法律专业和对法律知识有兴趣的学生进行一次社会实践。然后我和几个干事向社团指导老师汇报了这个事。老师了解到有类似的所谓"公司"或"组织"资助和培训无照"律师"，利用他们搜集我国各类负面情况，加以歪曲、放大甚至凭空捏造，向境外提供所谓"中国人权报告"。我们拒绝了这家公司的赞助。学校也非常重视这个情况，组织所有社团负责人进行了一次关于国家安全的专题学习活动。

同学 B：这是我舍友的经历，他个人比较喜欢搞自媒体的摄影和文案编辑，于是就在网络平台上找一些兼职做，当时就有一家小媒体公司通过 QQ 主动找到他，说他们受外国一家公司的委托想做一些关于中国风土人情的报道，请他到处去拍一些这方面的照片并写文章，报酬从优。刚开始还好，一些市井生活的照片和文章都是可以的，接着就慢慢说这也不行那也不行，指定他去一个地方拍照，还好我舍友留了一个心眼，先在网上查询一下，然后到了那个地方附近，发现有明显的军事禁区标志，就赶紧回来了，然后立即把对方的 QQ 号拉黑！

同学 C：有一件发生在我身上让人印象特别深刻的事，那是我刚到交流学校不久，个人电脑的校园网络是要请学校网络信息处的工作人员来安装的，当天报当天就装好了，当时我还在感叹他们的工作效率是真的高。但有一次我电脑坏了，就叫认识的学计算机的中国同胞来帮我维修，维修后他告诉我，你电脑怪怪的，可能被安装了一些病毒，当时我还笑着说怎么可能，但不久后学校就爆出了有人在交流生电脑上安装木马病毒的丑闻，我心里一惊，还好当时电脑里没什么重要的东西可以泄露。所以我觉得在涉外交流时，网络信息安全是要非常注意的，因为不法分子的行为往往是我们想象不到的。

同学 D：时刻都要有国家安全意识，我现在都还记得那个人长什么样，认识他是在我刚到交流学校时的社团活动上，东道主学生对外来交流生还是很热情的。那天是他主动找我聊天，上来就是把我一顿夸，还说了很多相见恨晚、很向往中国之类的话。他很厉害，我当时还在感叹他什么都能聊！跟他熟悉了之后，我慢慢察觉他老是问关于我国的敏感话题，一开始我说不知道。不过他兜兜转转又会聊到，那时我听说有些间谍人员可能会这样打探国内消息，但是我也不确定。后来听说他对每个外来交流生都是这样的，我再也没有跟他联系了。

四、崇尚科学，抵御邪教侵害

（一）邪教的本质

邪教是人类的一大公害，也是当今世界各国政府面临的严重社会问题之一。其名称各种各样，光怪陆离，其本性却是反科学、反人类、反社会、反政府。对于邪教的定义，世界上并无统一的说法。在我国，1999 年 10 月，最高人民法院、最高人民检察院发布的司法解释是这么表述的：邪教组织是指冒用宗教、气功或者其他名义建立，神化、鼓吹首要分子，利用制造、散布迷信邪说等手段蛊惑、蒙骗他人，发展、控制成员，危害社会的非法组织。从这个界定我们可以看出，邪教是法律明令禁止的非法组织，它善于披着宗教、气功的外衣，其惯用手法就是神化首要分子，制造、散布迷信邪说来蛊惑欺骗他人，发展并精神控制所谓的信徒，最终危害人民群众、危害社会。

邪教具有鲜明的政治目的、政治倾向和险恶的政治图谋。邪教教主并不满足于在其"秘密王国"里实行神权加教权的统治，他们往往居心叵测，贪得无厌，妄图将信徒的愚昧盲目变为自己对抗社会、制衡政府的政治资本，密谋策划将教徒的精神信仰转化为社会运动，最终夺取政权，在一个国家乃至全人类建立祭政合一的集权体制。为了实现不可告人的政治图谋和野心，邪教往往利用国家法律和社会管理政策上的漏洞，对外以宗教修炼或健身为外衣，对内制定严格的清规戒律，在信徒中建立等级森严的非法组织机构，妄图在法制社会构架之外，形成一个以"宗教"信仰为依托的"秘密王国"。

邪教的邪恶本性注定了邪教组织行为模式的狂热性、残忍性和毁灭性，注定了邪教组织的暴力恐怖活动较一般的社会暴力事件更加残忍、疯狂，性质更为恶劣。他们不惜以教徒的生命作为牺牲品和政治赌注，诱导信徒集体自杀或制造绑架、暗杀、投毒、爆炸等恐怖事件，以反·社会、反人类的疯狂之举震惊世界。当邪教内幕曝光、罪行败露后，教主往往孤注一掷，策划、实施疯狂残忍的恐怖行动。

（二）邪教与宗教的区别（表2-1）

表2-1　邪教与宗教的区别

区 别	宗 教	邪 教
立教的目的不同	追求超越和表达终极关怀，以一种超尘脱俗的精神来推动社会达到公义、道德、纯洁和圣化	利用骗术和对信徒的控制来满足其个人的私欲、讹诈群众的钱财，并企图实现控制社会的野心
理论学说不同	有自己的典籍教义、理论学说体系	可以渲染灾劫的恐怖性，都是危言耸听的歪理邪说
崇拜对象不同	各个宗教特定的神，固定不变	多崇拜教主本人
活动方式不同	有合法登记团体组织和活动场所，如寺院、宫观、清真寺、教堂	多采取地下活动方式，串联、聚会活动多在比较隐蔽的地点进行
对社会的态度不同	教人向善、睦邻和亲、奉献社会	蛊惑煽动仇视社会、危害社会
对科学的态度不同	对已经证实的科学事实接纳和认同	反科学，明目张胆地攻击科学

从表 2-1 可以看出来，在立教目的、自身理论学说、崇拜对象、活动方式、对社会的态度、对科学的态度等方方面面，宗教的教人向善、睦邻和亲、奉献社会，邪教全都摒弃，取而代之的是讹诈群众的钱财，蛊惑煽动仇视社会，危言耸听扰乱人心，成了威胁人民生命财产安全和社会稳定的恐怖之源。

（三）邪教的具体传播模式

在地方上，邪教多用可以治病强身诱惑人，以关心帮助拉拢人，以"末日""劫难"恐吓人，以宗教、科学的旗号吸引人。在学校，常用的渗透方式就两种：一是假借学生社团或其他团体名义，二是以情感拉拢并施以小恩小惠。例如，韩国的"摄理教"在日本假扮社团邀请学生参加活动，进行传教。全能教在大学里伪装成"大善人"以帮助有困难的学生为由，拉拢他们入教。了解了邪教的传教模式，我们就要在思想上筑起一堵防护墙，一旦在生活中、校园周边遇到类似言论和行为，脑中的警报就应该拉响！

（四）警惕非法传教，加强自身管理

我国是一个宗教自由的国家，我国公民依法享有宗教信仰自由的权利，但是宗教活动必须在法律允许的范围内进行，超出法律许可的范围进行宗教活动是非法的，任何组织和个人不得擅自设立宗教活动场所。当前，国内少数分裂势力和极端宗教分子利用宗教进行渗透活动，煽动民族分裂，破坏国家统一。西方敌对势力也利用民族、宗教问题，通过各种渠道和途径不断对我国进行政治思想渗透，大肆宣扬西方的价值观，对我国进行"西化""分化"，积极从事误导青少年的各种非法勾当，所以，我们一定要提高警惕，防止国内外敌对势力利用宗教进行破坏民族团结、刺探国家秘密、阴谋分裂祖国、妄图颠覆政权等活动。

《中华人民共和国宪法》第三十六条明确规定，宗教活动不得妨碍国家教育制度。高校是进行教学与科研活动的场所，任何人在校园内传教都是非法的，这既违背了国家教育制度，又超出了法律规定的宗教活动范围。

在校大学生应做到以下几点：

（1）完整了解国家对于宗教信仰与活动的法律规定，科学把握我国宗教政策和宗教信仰自由的内涵。

（2）坚定人生信仰，树立正确的世界观，提高辨别能力，时刻警惕境内外反动势力通过宗教进行的各种渗透活动。

（3）坚决抵制校园内的非法传教行为，不参加任何邪教组织。发现有人非法传教或散发宗教传单，应立即向学校保卫部门或公安机关举报。

五、应对恐怖活动的紧急防护措施

（一）恐怖主义活动的基本含义

一般来说，恐怖主义活动是指国际社会中某些组织或个人采取绑架、暗杀、爆炸、空中劫持、扣押人质等恐怖手段，企求实现其政治目标或某项具体要求的主张和行动。各国在刑事法律上对恐怖主义的定义不一致，有些定义还包括非法的暴力和战争。

《简明不列颠百科全书》对"恐怖主义"的解释是：恐怖主义是对各国政府、公众或个人使用令人莫测的暴力、讹诈或威胁，以达到某种特定目的的政治手段。各种政治组织、民族团体、宗教狂热者、革命者和追求社会正义者，以及军队和秘密警察都可以利用恐怖主义。

这个定义，指出了恐怖主义的三个特征：

（1）恐怖主义是达到某种特定目的的政治手段，这种手段主要是使用令人莫测的暴力、讹诈或威胁；在暴力前面加上"令人莫测"的形容词，是非常恰当的，恐怖主义的暴力具有很大的隐蔽性、突发性。恐怖分子总是在人们意想不到的时间和地点，发动突然的袭击。

（2）恐怖主义的打击目标是各国政府、公众或个人。

（3）恐怖主义的主体是各种政治组织、民族团体、宗教狂热者、革命者和追求社会正义者。但这里列举的主体是不全面的，例如，没有提到国家。

我国反恐怖主义法第三条规定：恐怖主义是指通过暴力、破坏、恐吓等手段，制造社会恐慌、危害公共安全、侵犯人身财产，或者胁迫国家机关、国际组织，以实现其政治、意识形态等目的的主张和行为。中国政府分别加入联合国和国际民航组织通过的反恐怖主义公约，一贯反对和谴责一切形式的恐怖主义，反对以恐怖主义手段进行政治斗争。

（二）恐怖主义的主要危害

恐怖主义严重影响周边国家的安全；严重破坏了各国的民族和睦，引发社会动荡；极大地阻碍了各国的经济发展和社会进步；影响一些国家的政府形象，造成政局动荡、社会不安；破坏世界的和平与发展！

虽然从事恐怖主义活动的人只是极少的一小部分，但由于恐怖活动所具有的特性，使它造成的危害远远大于普通的刑事暴力犯罪，并影响到政治、经济、军事、外交、国际关系等各个领域的安全。

（三）恐怖主义的历史与发展

作为人类冲突的一种表现形式，恐怖活动有着悠久的历史。细究起来，恐怖活动应该追溯到古希腊和罗马时期。古希腊历史学家色诺芬就曾专门记述过恐怖活动对敌方居民造成的心理影响。"恐怖主义"一词最早出现在 18 世纪法国大革命时期。为保卫新生政权，执政的雅格宾派决定用红色恐怖主义对付反革命分子。国民公会通过决议，"对一切阴谋分子采取恐怖行动"。恐怖主义不是反映一般的、孤立的、偶然的恐怖行动，而是指一种有组织、有制度和有政治目的的恐怖活动。

18 世纪以前，恐怖活动基本上以暗杀、投毒为主要表现形式。国际恐怖主义的真正形成是在第二次世界大战之后，直到 20 世纪 60 年代末这一时期完成的。在此期间，恐怖主义的活动热点是殖民地、附属国或刚独立的民族国家，这一时期的恐怖事件明显增多，手段日趋多样，劫机、爆炸、绑架与劫持人质都有，袭击目标和活动范围已经超出国界，越来越具有国际性，逐渐形成了国际恐怖活动。

20 世纪 70 年代以后，恐怖主义组织已经形成一个较为松散的国际网络。据美国著名的智囊机构兰德公司的有关资料，80 年代全世界共发生了近 4000 起恐怖活动，比 70 年代增加了 30%，死亡人数则翻了一番。进入 90 年代以后，恐怖活动有了明显的变化，老的恐怖组织开始逐步退出历史舞台，新的组织开始出现。从联合国发表的一份关于"全球恐怖活动状况"的报告中获悉，1997 年全球恐怖活动再次增多，高达 560 起，死亡 420 人。该报告称："国际恐怖主义活动中死亡的人数增加了。因为恐怖活动日趋残酷地袭击无辜平民并使用爆炸力更大的炸药或炸弹。"与此同

典型案例 ▶

美国"9·11"事件

2001年9月11日，两架被恐怖分子劫持的民航客机分别撞向美国纽约世界贸易中心一号楼和世界贸易中心二号楼，两座建筑在遭到攻击后相继倒塌，世界贸易中心其余5座建筑物也因受震而坍塌损毁；9时许，另一架被劫持的客机撞向位于美国华盛顿的国防部五角大楼，五角大楼局部结构损坏并坍塌。事件发生后，全美各地的军队均进入最高戒备状态。这是发生在美国本土的最为严重的恐怖攻击行动，遇难者总数高达2996人，此次事件对全球经济所造成的损害达到1万亿美元左右。此次事件对美国民众造成的心理影响极为深远，美国民众在经济及政治上的安全感均被严重削弱。

时，报告强调，"恐怖行为更具隐蔽性和杀伤性。"恐怖事件发生后，再也没有人像过去那样站出来声称对事件负责。这是20世纪90年代国际恐怖主义的一个最为显著的特点，因为恐怖分子发现保持神秘也是一种武器，其作用高于以往的声张。

近年来，全球恐怖袭击形势不容乐观，随着国际恐怖主义在全球范围内的肆虐和泛滥，以中东、南亚和非洲为主要策源地的国际恐怖主义的新版图正在逐渐形成。"伊斯兰国"的强势崛起，是2015年国际政治安全领域最出人意料的事件。2017年，在美国和俄罗斯主导的两大军事联盟的共同打击下，"伊斯兰国"在伊拉克和叙利亚战场节节败退，国际反恐成效逐步凸显。不过"伊斯兰国"实力仍不容小觑，且"嬗变"和"外溢"趋势明显，全球反恐仍然面临诸多挑战。

（四）恐怖主义的特征

①强烈的国际化倾向。目前恐怖主义活动范围已从西欧、中东、拉美三大热点地区向全球各地区和国家蔓延，已有100多个国家不同程度地受其危害。

②民族或种族分离主义、宗教矛盾引发的恐怖活动异常活跃；恐怖主义与本地分裂主义、宗教极端主义和极右势力相勾结，合谋实施暴力恐怖活动，且破坏力巨大。

③无辜人群成为恐怖分子大规模袭击的目标。

④恐怖犯罪技术"高智能化"。

⑤利用网络传播极端主义思想、组织指挥恐怖活动和招兵买马。

（五）恐怖主义的主要表现形式

1. 袭击

爆炸恐怖袭击方式主要有汽车炸弹爆炸、自杀性人体炸弹爆炸。这被认为是以人体为标本反人道主义的新形式恐怖主义袭击。

枪击恐怖袭击方式主要有手枪射击、制式步枪或冲锋枪射击等。

2. 劫持

劫持人、车辆、船、飞机等。

3. 破坏

纵火破坏及破坏电力、交通、通信、供气供水设施等。

（六）恐怖主义的紧急防护措施

1. 前期预防

①准备家庭应急物品包：2~3天的食物、水、电池、手电、药品等。

②准备家庭联系方案：确保发生意外事件可以及时联系到家庭成员。

③牢记当地政府的紧急联络电话。

④熟悉公共场所的紧急出口。

⑤提高警惕，注意周围环境，留意不寻常活动。不接受陌生人的包裹，不将行李交给陌生人保管。

2. 紧急应对

（1）爆炸。

①卧倒：迅速背朝爆炸冲击波传来方向卧倒，脸部朝下，头放低，在有水沟的地方最好侧卧在水沟里边。如在室内遭遇爆炸可就近躲避在结实的桌椅下。

②张口：避免爆炸所产生的强大冲击波击穿耳膜，引起永久性耳聋。

③防烟防毒：爆炸瞬间屏住呼吸，逃生时以低姿势为好。不乱跑乱窜，大呼大叫。用毛巾或衣服捂住口鼻。

④电话呼救：立即拨打"120""110""119"等急救电话。

⑤伤员救助：检查伤员受伤情况，迅速清除伤者气管内的尘土、沙石，防止窒息。

如呼吸停止，应立即进行人工呼吸和心脏按压。就地取材，对伤者进行止血、包扎和固定，搬运伤员时注意保持脊柱损伤病人的水平位置，防止因移位而发生截瘫。

（2）毒气。

①紧急防护：尽快用衣服、帽子、口罩等，保护自己的眼、鼻、口腔，防止毒气摄入。

②快速撤离：遭遇毒气时，在场人员应迅速撤离现场。不要慌乱，不要拥挤，不要大喊大叫，镇静、沉着，有秩序地撤离。

③注意方向：不可顺着毒气流动的风向走，要逆向逃离。

④及时就医：逃离后，要脱去被污染衣服，及时消毒，立即到医院检查，必要时进行排毒治疗。

（3）人质劫持。

①保持镇定。

②保存体力。

③不要意气用事，不要行为失控。观察时机，发现恐怖分子的漏洞后，随机应变。

④设法传递信息：例如，人质可通过发送手机短信、写字条等方式，将所处地点、恐怖分子的数目、企图、特点等重要的信息传递出来。

⑤警务人员对恐怖分子发起攻击时，人质应立即趴倒在地，双手保护头部，随后迅速按警务人员的指令撤离。撤离时要避免惊慌混乱，首先搀扶老人和孩子离开。

（4）不明包裹。

不明包裹具有无邮票、无邮戳，无寄信人地址、收件人称呼，地址有误，邮件上有过多胶布，邮戳地区与寄件人地址不符合，邮件上字迹怪异，或是剪贴的印字等特征。要提高警惕，做到：

①不打开、不摇晃、不碰撞、不嗅闻。

②将不明邮件放入塑料袋收好。

③及时洗手。

④拨打紧急电话报警。

（5）爆炸威胁。

如果接到关于爆炸的恐吓信息，如恐吓电话，要做到：

①努力从恐吓方处得到更多的信息，用纸笔记录对方所说的话。

②注意电话的背景声音，如特殊的音乐、机器声响、对方的声音特质等。

③如果是在工作地点，要及时向同事预警。

④接到爆炸威胁后，千万不要触碰特殊的包裹。把特殊包裹附近的东西清理干净，尽快通知警察。

⑤如果是在室内，要远离玻璃等易碎物品。

⑥如果发现炸弹，不要试图移动，要立刻报警，请专业人员处理。

思考题

1.你怎么看待保密工作？

2.在你的日常生活中，你认为最容易陷入涉外问题的陷阱是什么？

视频资源

主题拓展

《 主题五
公共安全与突发公共事件

学习目标

（一）思政目标

充分认识国家提出"人民至上"的意义。

（二）知识目标

了解我国公共安全与突发公共事件的基本状况、类型和特征。

（三）能力目标

1. 掌握公共事件应急处置措施，提高应对能力。

2. 掌握应对踩踏事件的方法。

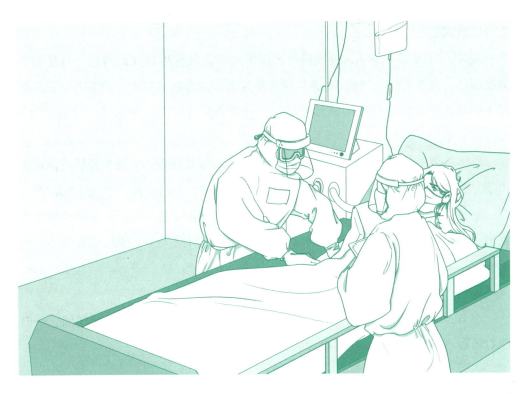

> **思考题**

1. 如果被挟持为人质，你应该注意观察些什么？

2. 如何识别与处理可疑包裹？

3. 在参加大型招聘会之前，从安全角度出发，你可以做些什么？

《模块二　场　景　训　练》

知识点：维护国家安全

安逸的生活环境下，战争于我们而言是陌生而遥远的，我们对新形势下的"战争"形态更是一无所知。那现代年轻人如何维护国家安全，树立国家安全的防范意识？

场景 1：保守国家秘密

小 A：我既不是国家干部，也不是军人，根本没有接触过国家秘密，没有什么可以泄露的吧？

老师：这可不一定哦，国家机密泄露事件可能就发生在我们身边，只是你不知道而已。比如震惊全国的 2012 年硕士研究生考试泄题案例中，涉案人员就因触犯《中华人民共和国保守国家秘密法》，被判非法获取国家秘密罪，分别获刑 9 个月至 6 年。

小 A：哦！老师：再比如，现在有家国外杂志媒体联系你，要有偿转发你在国内杂志发表过的一篇文章，希望你提供更多调查数据方面的资料，你该怎么做啊？

小 A：哦，我明白了，这也可能涉及我们的国家机密，我应该先向老师报告此事，不能擅自回复，回复内容也要请学校相关部门把关，不能在回复中涉及国家秘密。

场景 2：不听、不信、不传政治谣言和小道消息

小 A：朋友发给我一个网站链接，说里面有很多我国政府的劲爆新闻，平时想看还看不到呢，老师，我可以看吗？

老师：当然不能看，因为在这些"大爆料"的外衣下，往往都是国外反动势力网站的很多诋毁我国政府的不正当言论。

小 A：那这个时候我们应该怎么办呢？

老师：一定要接收正能量以及树立正确的是非观念。对编造的谎言、境外反动媒体、非法网站、非法宣传要做到不听、不信、不看、不传。

场景 3：理性爱国，依法游行

小 A：我前几天看到街上有人游行，作为一个个性至上的现代青年，是不是只要我们想要表达我们的呼声就可以举行游行？

老师：等等！表达自己的观点当然是每个公民的权利，但这也不是绝对自由的，想要游行，你了解相关法规吗？

小 A：我查询了一下，游行的审批、负责人、游行时间、游行场所都有明确要求。

老师：说得不错。记住，游行一定得是和平游行，要远离暴乱的非法游行。虽然我国经济和综合实力得到了快速提升，但国家面临的外部安全形势不容乐观。作为站在社会发展前沿的当代大学生，一定要树立国家安全和利益高于一切的观念和意识，维护国家安全，做好国家安全的忠诚卫士！加油！

知识点：在参加大型活动时该如何进行自我安全保护？

场景 1：参会前的准备

小 A：老师，深圳市每年主办的高交会就要举行了，我听说这种科技盛会可不是想参加就能参加的。我想购票去参观，那需要提前做好哪些准备呢？

老师：你说的没错，作为"中国科技第一展"，参会人员必须要有官方的入场门票。首先，你要登录官网提前了解展会的相关情况（开放日期、日程安排、开闭馆的时间、各展馆的内容安排、参观的最佳路线、参观时禁止带入场的物品、附近交通），通过正规的渠道购票（正规代售网点或官网链接里登录或注册后购买电子票），参会当天根据公安局的统一要求准备本人身份证件并自觉接受安检。

小 A：老师，就这些吗？

老师：其实要注意的事项还有很多！比如出行、穿着、随身物品、周边环境、个人信息、秩序等，这些都是我们要注意的。

场景 2：场馆中的无主包裹

小 A：哇，参会的人可真多啊！咦，这里怎么有一个包裹？

老师：小心！在这种公共场所遇到无主包裹时千万不要去触碰，应该通知现场工作人员或者警察来处理。

小 A：那现在我们该怎么办？

老师：你先在这里看着，发现有人拿包裹时先确认是不是包裹的主人，别让其他人触碰它，我去找会场的安保人员。

场景 3：遭遇突发事件

警铃响，广播：尊敬的各位来宾，由于 3 号场馆的 33 号展位突发电气事故，维护人员正在紧急抢修中，为保证大家的安全，现在请大家不要慌张，听从工作人员指挥，有序离开场馆。

小 A：哎呀！老师，出事了，怎么办？怎么办？

老师：冷静！遇到突发事件时不要慌张，根据工作人员指引的方向有秩序地疏散即可。

小 A：老师你看，前面有个老奶奶和小孩子，快被别人推倒了！

老师：我去抱孩子，你去扶着老奶奶，紧跟着我，尽可能靠边走。

模块三

人身安全

盛年不再来，一日难再晨。

——陶渊明

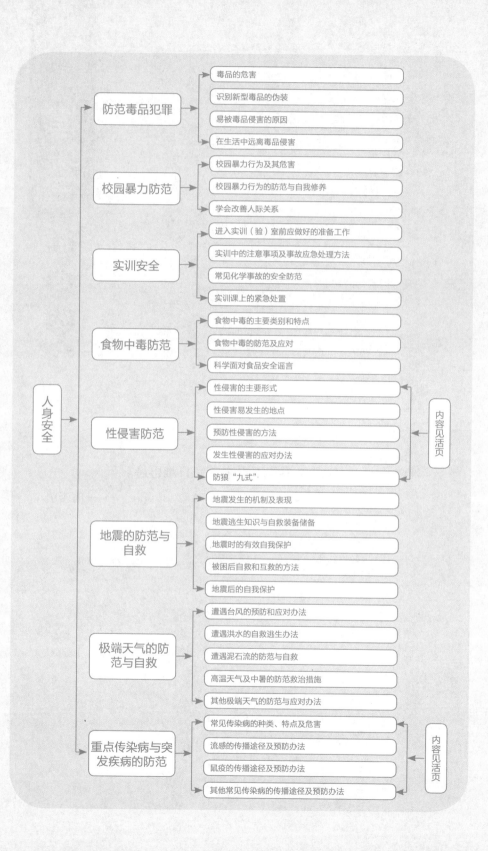

大学生活中人身安全的防范与应急处理

2021 年 8 月 18 日 22 时左右，兰州某大学青年教师公寓附近发生一起持刀杀人刑事案件，被害人为 2019 级硕士研究生杨某。据悉，犯罪嫌疑人张某是校内一家小卖部老板的儿子，常在小卖部看店。据有关人士透露，遇害者与嫌犯并不认识。被害人在一楼遇到行凶者，被追到二楼割脖子，被害者挣脱后逃到一楼大厅后倒地不起，大量失血。最终，被害人经抢救无效身亡。

9 月 2 日，据人民网报道，案发后，学校工作人员第一时间赶赴现场并报警，伤者被紧急送往医院，经抢救无效后不幸身亡。公安机关立即出警并当场控制嫌犯，当晚被公安机关刑事拘留，案件正在进一步侦办中。

1. 你觉得大学生活中可能会遭遇哪些人身安全的侵害？

2. 你认为这场悲剧可不可以避免？

本模块从防范毒品犯罪、防范校园暴力、实训实验课上的安全防范、食物中毒防范、防范性侵害、地震的防范与自救、极端天气的防范与自救以及重点传染病及突发疾病的防范 8 个方面展开，重点完成识毒拒毒、人际关系与危机应对、实训课安全操作及紧急处置、食物中毒的防范及应对、防震减灾和结绳方法等实操训练的学习。

有这样一个故事：哲学家乘船渡河，在船上，他问船夫："你懂哲学吗？"船夫回答："不懂。""那你至少失去了一半的生命。"哲学家接着又问，"你懂数学吗？"船夫还是回答"不懂"。"那你失去了 80% 的生命。"突然，一个巨浪把船打翻了，哲学家和船夫都掉到了水里。看着哲学家在水中胡乱挣扎，船夫问哲学家："你会游泳吗？"哲学家回答："不会。"船夫说"那你将失去整个生命。"如同故事情节一样，现实生活中的危险往往突如其来，想要保障自己的生命安全，就要学好这一模块的内容。但学习不能仅仅停留在了解各种安全知识和各种防范技能的层面，因为现实世界在不断发展变化，隐患危险也在发展变化。就像突如其来的新型冠状病毒，比以往的流感、"非典"都更具威胁性，按照以往常规防范方法，效果有限，需要针对新情况新问题，迅速找准方向，探索新方法。因此，本模块的学习，主要是通过学习安全知识和技能训练，熟练掌握防范各种危险的安全常识，熟练运用应对各种危机险境的安全自救方法，更重要的是牢固树立"珍惜生命，安全第一"的理念，不断强化"意识决定行为，行为导致结果"的安全习惯。

同学们，珍惜生命，维护自己和他人的生命安全，不只是说说而已，接下来的学习，就让我们体验通过强化意识、修正行为、改善结果的正向循环，把生命安全牢牢握在自己手中。

视频资源

学习目标

（一）思政目标

树立对生命负责的态度，增强预防毒品的意识和社会责任感。

（二）知识目标

1.掌握新型毒品的特征。

2.深刻认识毒品对个人、家庭、社会的危害。

（三）能力目标

1培养良好的生活习惯。

2.掌握识毒、拒毒的方法。

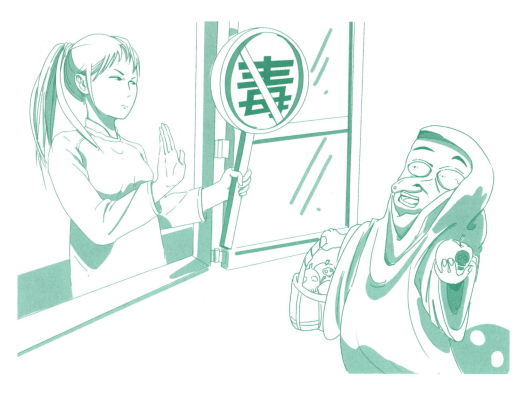

一、毒品的危害

毒品，一朵潜滋暗长的"恶之花"，给人民和社会带来巨大的安全危害。禁毒工作事关国家安危、民族兴衰、人民福祉，毒品一日不除，禁毒斗争就一日不能松懈。

中国国家禁毒委员会办公室于 2023 年 6 月发布《2022 中国毒品形势报告》。报告指出，2022 年全年共破获毒品犯罪案件 3.5 万起，抓获犯罪嫌疑人 5.3 万名，缴获各类毒品 21.9 吨，查处吸毒人员 19.7 万人次，同比分别下降 28.6%、24.3%、18.7% 和 39.7%。总体来看，在疫情防控、高压打击整治等多种因素作用下，全国毒情形势整体向好持续改善，毒品违法犯罪活动下降至近 10 年来的最低点，毒品供应、毒品消费和毒品滥用规模持续减小。同时，全球毒潮持续泛滥，毒品产量、吸毒人数持续增多，毒品走私贩运活动持续加剧。随着我国对新型冠状病毒实施"乙类乙管"，人员跨境流动限制措施减少，国内毒品问题出现新情况新动向，中国禁毒斗争形势更加复杂多变。

（一）毒品的定义

根据《中华人民共和国刑法》第 357 条规定：毒品是指鸦片、海洛因、甲基苯丙胺（冰毒）、吗啡、大麻、可卡因以及国家规定管制的其他能够使人形成瘾癖的麻醉药品和精神药品。麻醉药品及精神药品品种目录中列明了 121 种麻醉药品和 130 种精神药品。常见的毒品主要有鸦片、大麻、海洛因、冰毒、摇头丸等。

（二）毒品成瘾的特性

毒品能使人成瘾，产生强烈的生理和精神上的依赖性；严重危害人的生理和精神健康，甚至直接导致死亡。

那么毒品是怎样使人上瘾的呢？科学家通过一种人体生理监测装置发现：当吸毒者注入、吸入或吞下毒品时，大脑中的快乐神经圈被画出一道直线，大大缩短了多巴胺的传递距离，加强了大脑中的快乐感受。毒品对大脑中"快乐机制"的刺激远远比人类正常活动，如中奖、得到表扬等的刺激要快速和强烈得多。

（三）毒品的基本特征

依赖性、耐受性、非法性和危害性是毒品的 4 个基本特征。非法性和危害性不言而喻。

依赖性也称药物成瘾性，毒品的生理依赖性是指使用毒品带来的生理上的变化，主要表现为一种周期性的或慢性中毒的状态，需要继续使用毒品才能维持机体的基本生理活动，否则就会产生一系列机能紊乱和损害的反应。依赖性是指人在多次使用毒品后所产生的在心理上、精神上对毒品的主观渴求或强制性寻求毒品的心理倾向。毒品心理依赖性的作用十分顽固，它是吸毒者在生理脱瘾后复吸率居高不下的最重要的原因。

毒品的耐受性是指吸毒者在长期吸食毒品后，毒品产生的效果就会出现退化现象，机体对毒品的反应迟钝、变弱，必须不断增加剂量才能获得与以前相同的效果。毒品的耐受性几乎使每个吸毒者都会逐步增大每次吸毒量、缩短吸毒间隔时间以及改抽吸为静脉注射。

（四）毒品的严重危害

对于个人而言，毒品给人短暂的快感之后，对机体、精神以及未来带来的伤害是巨大且无穷无尽的。

三 典型案例 ▶

女大学生因吸毒需要终身使用成人纸尿裤

2018 年，一名 19 岁的女大学生掀开自己的裙子，拍了一张穿着成人纸尿裤的自拍照，用这种最沉重的方式来警示世人：不要去碰毒品！这个女大学生就是小陈，她在读高中期间，觉得非常枯燥无味，为了寻找刺激，染上了毒瘾，成绩一落千丈，失去了去理想大学上学的机会。而且一段时间后，小陈就发现自己要非常频繁地上厕所，觉得身体很不对劲的她，选择去医院就诊。最后得到的诊断是：膀胱已经萎缩，要一辈子穿着纸尿裤过日子！

悔不当初的她愿意站出来，就是想告诫大家：穿纸尿裤真的不可耻，可耻的是继续沉沦在黑暗之中永远也回不了头。

1. 对身体的控制和摧残

不同的毒品摄入体内，都有着各自的毒副作用，极大地破坏人的消化系统、呼吸系统、心血管系统、免疫系统，导致多种并发症的发生，从而对吸毒者本身的健康造成直接而严重的损害，甚至导致死亡。

一旦停掉毒品，生理功能就会发生紊乱，出现严重的戒断反应，使人感到非常痛苦。吸毒者为了避免出现戒断反应，就必须定时用药，并且不断加大剂量，最终导致离不开毒品。

2. 对精神信念的毁灭式打击

毒品作用于人的神经系统，使吸毒者出现一种渴求的欲望，驱使吸毒者不顾一切地寻求和使用毒品。精神依赖性非常难消除，是许多吸毒者戒毒又复吸的原因。这就是所谓的"心瘾难除"。

3. 导致走上犯罪道路

毒品交易需要经济支持，当吸毒者无资金购买毒品时，就容易铤而走险，采取盗窃、抢劫等不法手段获得金钱，甚至可能成为毒贩的帮凶，以"贩"养吸！

吸毒对社会和家庭都会造成巨大危害。它会造成家庭收入锐减，甚至家破人亡，还会造成社会财富的巨大损失和浪费。毒品的生产活动会造成环境恶化，破坏人类的生存空间，导致疾病传播。它不仅损害本人健康，还会造成乙型肝炎、丙型肝炎、性病等传染病的传播，其中最严重的是艾滋病的感染和传播。毒品活动加剧还是各种违法犯罪活动的诱因，给社会安定带来巨大威胁。

二、识别新型毒品的伪装

所谓新型毒品是相对鸦片、海洛因等传统毒品而言，主要指人工化学合成的致幻剂、兴奋剂类毒品，是由国际禁毒公约和我国法律法规所规定管制的、直接作用于人的中枢神经系统，使人兴奋或抑制，连续使用能使人产生依赖性的精神药品（毒品）。表 3-1 列举了毒品类型。

表 3-1　毒品类型

分类	举例
第一代	鸦片、海洛因等传统毒品
第二代	冰毒、麻古、K 粉、摇头丸等
第三代	伪装成零食如饮料、糖果的新型毒品

（一）与传统毒品相区别的新型毒品

1. 第二代新型毒品

冰毒是外观纯白的结晶体，对人体中枢神经系统具有极强的刺激作用，且毒性强烈。

麻古是泰语的音译，其主要成分是甲基苯丙胺和咖啡因，外观与摇头丸相似，通常为红色、黑色、绿色的片剂，属苯丙胺类兴奋剂，具有很强的成瘾性。

K 粉是白色结晶粉末，通用名称氯胺酮，是静脉全麻药。

摇头丸是冰毒的衍生物，具有兴奋和致幻双重作用的一类滥用物。

2. 第三代新型毒品

新型毒品更具欺骗性，一定要认真辨识。

伪装的高级伎俩，就是把树叶藏在森林之中。日常生活中，零食随处可见，看着毫不起眼，也不会让人生出警惕之心。所以，毒品尤其喜欢伪装成糖果、饮料等。不同于很多传统认知中的袋装白色粉末，越来越多毒品学会了"变身"，无孔不入地出现在我们的生活中。外形如黄色的"干蘑菇"，与速溶奶茶、可乐、跳跳糖、巧克力等外形基本一致，被包装成奶茶，水一冲还有奶香味。此前的网红饮料"咔哇潮饮"，因宣传该产品不含酒精，娱乐场所也受到了不少人的追捧。可是相关部门在检验过程中发现，这款饮料加入了管制精神药物 γ-羟基丁酸，也就是"神仙水"成分，属于新型毒品。

新型毒品 LSD，一个指甲盖大的小纸片被密封装在塑料袋内，也叫"邮票"。"LSD"是一种强烈的半人工致幻剂，甚至无须口服，皮肤接触就能中毒。使用者服用后，可能会出现视图扭曲、看到和听到不存在东西的现象，产生幻觉。这种体验通常会持续 12 小时左右，一旦开始便无法停止，使用者无法控制自己。但是在旁观者眼中，吸食了 LSD 的人不过是在躺着傻乐。这种毒品还容易让人产生精神疾病，严重者甚至可能自杀。LSD 致幻的所需用量极小，一次典型剂量只有100 微克，仅相当于一粒沙子重量的十分之一，却可以产生强大的致幻效果。它有很强的隐匿性，因为迷幻剂本身常是无色、无味的液体。LSD 在运输时不易被察觉，从而能危害更多的人。

（二）新型毒品具有更大的危害性

目前流行且被滥用的摇头丸等新型毒品多出现在娱乐场所，所以又被称为"俱乐部毒品""休闲毒品""假日毒品"。某些青少年常常错误地认为，冰毒、摇头丸、K 粉等新型合成毒品不是真正的毒品，只是无害的"娱乐消遣品"。事实上，这些新型合成毒品对神经系统的伤害是不可逆转的，其危害比传统毒品更大。

新型毒品"娱乐性"的假象在很大程度上掩盖了其"毒"的本质，很多人认为危害性不大，往往会在他人的诱惑或者自身好奇心的驱使下尝试新型毒品，这也是新型毒品迅速蔓延的原因。

新型毒品的兴奋作用和致幻作用很容易激发性欲，而且一般是在群体性娱乐场所使用，不安全性行为发生的概率很大，很容易导致艾滋病的传播。如果连续使用这类毒品，会导致人脑的神经细胞受到严重损伤，甚至退变，导致精神病发作，机体的其他系统功能也都会受到严重的损伤。

由于伪装无害、流通便捷、服用方式简单，加上冰毒、氯胺酮（K 粉）、麻古等混合使用带来的刺激更大，不少年轻人被迷得神魂颠倒。

因此，一定要牢记，陌生人提供的东西，不要轻易入口。在酒吧、KTV 等娱乐场所玩乐时，绝不能放松警惕，看起来正常的食物也不要随便吃，自己喝的饮料不能离开自己的视线。如有人劝你尝试毒品，就算是熟人，也要毫不犹豫地回绝。不必害怕朋友会因此心怀芥蒂，因为真正的朋友会尊重你的选择。

三、易被毒品侵害的原因

在我国现有的吸毒者中，青少年吸毒者占80%以上，他们大多对毒品一知半解，缺乏科学、客观的认识。因此如何识别毒品、抵制毒品诱惑、远离毒品至关重要。

典型案例 ▶

广东某服务员因喝"饮料"中毒身亡

2013 年，广东某服务员在喝了客人桌上的饮料酒水后中毒身亡，死亡原因却并不是饮酒过量，而是甲基苯丙胺中毒。当晚，酒店客人将毒品"开心水"与可乐勾兑，装在扎壶内放在酒桌上供在场的人饮用。女服务员饮用后，出现兴奋、呕吐、想跳舞等现象，等次日早上 7 时送医时为时已晚，经抢救无效死亡。

（一）青年学生易被毒品侵害的性格特征

1. 主观我和客观我的矛盾

大学生活范围相对较窄，交往限于老师、同学、父母。学生对自我认识的参照点少，局限性大，而现实中的自己很平凡，和想象中的自己有较大差距，就会给自己带来一些苦恼。

2. 理想我和现实我的矛盾

大学生富有理想，成就欲望较强，对未来充满信心，但现实中又存在诸多困境，残酷而不容乐观。这种差距可能会引起心理失衡，甚至导致心理疾病。

3. 独立与依附的冲突

大学生往往希望在经济、生活、学习等各方面独立，但在心理上又不足够成熟而必须依赖成年人，从而造成心理上的苦恼。

4. 交往需要与自我闭锁的冲突

大学生迫切需要友谊、渴望理解、寻求对某种团体的归属以及获得爱情，但同时又不自觉地存在戒备心理，总与人保持适当距离，常常有一种孤独感。

（二）青年学生对毒品的错误认知

1. 盲目好奇，无知轻信

在吸毒者中，特别是在青少年吸毒者中，很多人最初是为了盲目满足对毒品的好奇心而尝试的。常常有别有用心的人以吸毒能治病、能减肥、能使人轻松或促进睡眠等为由，并声称"一次两次，不会上瘾"来诱使青少年尝试。

2. 爱慕虚荣，追赶时髦

娱乐场所摇头丸、氯胺酮（K粉）等毒品滥用，青少年认为摇头丸能使人玩得开心尽兴，能吃上摇头丸是时尚、有品位的表现，是富有、气派的象征。

3. 追求刺激，贪图享乐

一部分吸毒者因受腐朽意识和极端享乐主义的驱使，加上听信毒贩对毒品所致快感的不正确的渲染，将吸毒当作"追求刺激"和"高级享受"。

4. 赌气或逆反心理

因赌气或逆反心理导致吸毒者往往以女性和青少年居多。有的被激将而吸毒，特别是个性极强的人往往被自信心所蒙蔽。

5. 自暴自弃或精神空虚

青年阶段，人的生理和心理都不成熟，正在体验着人生最激烈的情绪变化，在吸毒人群中因受挫折而自暴自弃吸毒成瘾的有很多。感情脆弱、意志薄弱的人更容易发生吸毒行为。因各种问题或挫折引起的苦闷，情绪低落，精神颓废，心灵空虚，往往容易使人试图在毒品中寻找安慰、忘却烦恼。

（三）吸食毒品的外在原因

外在原因主要来自家庭、学校、人际交往圈和社会。

家庭矛盾的长期存在和激化是导致家庭成员吸毒的直接原因。家庭矛盾一旦激化，往往严重伤害彼此的感情，使家庭成员出现沮丧、懊恼、怨恨等情绪。

有的学校本身对禁毒教育缺乏足够的重视，造成学校毒品预防教育空白。学校片面追求升学率，对一些成绩差的学生放任不管，使学生产生逆反心理或"破罐破摔"的思想。个别老师对学生关心不够，不能及时洞察学生的种种异常变化。有的学校，甚至还会将一些有问题的学生过早地推向社会。

人际交往圈的原因是有不少人因为交友不慎，轻信他人谎言，被所谓的"朋友""哥们儿"恶意引诱，接触毒品。某些毒品犯罪分子蓄意教唆，采用种种方法诱骗青少年吸毒上瘾，从而成为其长期的买毒客户。

来自社会的原因主要有：一是境外毒品渗透和毒品消费市场的存在，成为吸毒现象蔓延的主要外部条件；二是社会上存在不良风气使得一些人感到精神空虚，片面追求高消费和冒险刺激的生活方式。从社会环境方面看，宣扬淫秽迷信暴力的书刊、录像制品，一些媒体对畸形怪诞的消费、生活观念的不恰当宣传，也是吸毒现象日益严重的重要原因。

四、在生活中远离毒品侵害

在我们深入分析了青年性格冲突，吸毒的内外因之后，再来看如何远离毒品侵害，就会清晰很多。看清真相进行自我保护就是坚决不吸第一口，时刻告诫自己，一日吸毒，终身戒毒，并且要控制吸烟行为。

1. 防范毒品的基本准则

不要进入治安复杂的场所，不轻易和陌生人搭讪，不接受陌生人提供的香烟和饮料。在娱乐场所要提高警惕，留意易拉罐是否有被注射的针眼和开封的迹象，离开座位的时候，最好有人看管饮料跟食品。怀疑场所内有人吸毒时，要稳定自己的情绪，不要因惊慌而加重对方的不正常反应，及时抽身报警，避免伤害事件的发生。坚决拒绝同伴吸毒的邀请，保持警觉戒备意识，对他人诱惑采取坚决拒绝态度，不轻信他人的任何说辞。

2. 远离毒品陷阱

（1）接受毒品基本知识和禁毒法律法规教育，了解毒品的危害，懂得"吸毒一口掉入虎口"的道理。

（2）树立正确的人生观，不盲目追求享受、寻求刺激、赶时髦。

（3）不听信毒品能治病减肥、毒品能减少烦恼和痛苦、毒品能给人带来快乐的各种花言巧语。

（4）不结交有吸毒、贩毒行为的人，如发现亲朋好友中有吸毒贩毒的人，一要劝阻，二要远离，三要报告公安机关。

（5）不去不正当的娱乐场所，对娱乐场所的陌生人和香烟、饮料、食品等提高警惕，绝不吸食任何兴奋剂。

（6）即使自己在不知情的情况下，被引诱、欺骗吸毒一次，要珍惜自己的生命，绝对不能再吸第二次、第三次，积极寻求朋友、家人、社会的帮助。

3. 养成良好的生活习惯

（1）学会经常与家人、同辈沟通，讨论自己的行为和未来的发展目标，健康成长。

（2）积极参加各种活动，忙于学校活动、体育运动、业余爱好和社区活动的青少年，由于有较高成就感和自尊，滥用药物的可能性较小。

（3）正确把握好奇心，学会通过正确的途径排解压力和不良情绪。

（4）在学校宿舍或在家庭中，成员相互监督，摒除抽烟喝酒等坏习惯。

（5）一旦遇到无法排解的心事，首先要设法寻找正确的途径解决，不能沉溺其中，自暴自弃，更不能借毒消愁。

4. 防范毒品侵害的要点

一是坚守心理防线。由于社会阅历很浅，辨别是非能力较差，特别喜欢推崇和盲从同龄人的行为，青少年更要提高警惕，抵御诱惑，不中圈套，同时将可疑行为及时报告家长、学校、当地公安机关。

二是养成不吸烟的良好习惯，杜绝不良嗜好。对于没有鉴别能力的青少年来说，从吸烟到吸毒只有一步之遥，曾有戒毒专家警告说："吸烟者是吸毒者的预备军。"因此，预防吸毒也要从自觉养成不吸烟的良好习惯开始。

三是树立正确的人生观，慎重交友，杜绝攀比和赶时髦。"近朱者赤，近墨者黑。"许多吸毒者都是基于从众心理或迫于伙伴压力而染上毒瘾的。大学生应自觉选择那些有理想、有道德、爱学习、讲文明、守纪律的人作为自己的伙伴和朋友，并且要克服攀比和赶时髦心理。

四是主动接受毒品基本知识和禁毒法律法规教育。了解毒品的危害，不听信毒品能治病、毒品能减少烦恼和痛苦、毒品能给人带来快乐等花言巧语。

我们生活中还存在着许多隐藏的陷阱，一定要懂得拒绝。例如在从香港过关回深圳的时候，不要帮人带东西；搭乘飞机出国旅游或者回国时，也不要帮人带东西，以免被别有用心的人利用。在娱乐场所，自己吃喝的东西不能离开自己的视线，遇到陌生人或者新朋友推荐的食物和饮料，多留个心眼，要保护好自己。

思考题

1.案例分析：请阅读以下案例，并谈谈你汲取到了怎样的经验教训？

　　小明今年上大一，沉迷于网络游戏，然后到黑网吧去上网，结交了不良的朋友，最后染上了烟瘾和学会了吸毒。

2.你认为一个家庭如何才能远离毒品？

3.不同于其他毒品的吸食人员年龄范围广泛，新型毒品"蓝精灵""小金丝""奶油气弹"集中面向年轻人，常见于音乐会、夜店和酒吧等地，诱惑着众多寻求刺激、追求新鲜的年轻人踏入歧途。针对这种情况，你的想法和做法是什么？

主题二 ▶▶

校园暴力防范

视频资源

学习目标

（一）思政目标

培养良好道德情感，规范思想道德行为。

（二）知识目标

1.了解校园暴力产生的原因，认清校园暴力带来的负面影响。

2.认识良好人际关系的重要性。

（三）能力目标

掌握自我保护的方法。

停止校园暴力

一、校园暴力行为及其危害

近几年，全国发生了多起以学生为犯罪对象的校园血案。这些案件大都具有突发性强，侵害对象不特定，案犯人际关系不顺、不良情绪长期积累、报复社会意图明显、行凶手段极端暴力等特点。

（一）校园暴力的定义及种类

根据世界卫生组织（WHO）对暴力的分类，校园暴力归属于特定社区（学校）中的个人之间的暴力。对于校园暴力的定义，不同的学者有不同的理解。一般认为，发生在学校校园内、学生上学或放学途中、学校的教育活动中，由老师、同学或校外人员，蓄意滥用语言、躯体力量、网络、器械等，针对师生的生理、心理、名誉、权利、财产等实施的达到某种程度的侵害行为，都算作校园暴力。通常，校园暴力可分为三种情况：一是学生之间相互实施的暴力，二是校外不法人员对在校学生实施的暴力，三是师生之间实施的暴力。

（二）校园暴力行为的表现形式

近几年，我国的电视网络报纸等媒体时常披露由于同学的长期勒索、敲诈、抢劫、欺侮而发生学生出走乃至自杀的恶性事件，尤其是还有在校园暴力事件中围观者用手机拍视频的行为，令人触目惊心。校园暴力的主要表现形式有以下类型：

1. 语言暴力

语言暴力就是使用谩骂、诋毁、蔑视、嘲笑等侮辱歧视性的语言，还包括起侮辱性外号、造谣污蔑等，致使他人的精神和心理遭到侵犯和损害，属于精神伤害的范畴。

2. 行为暴力

行为暴力主要指包括校园凶杀、肉体伤害等一系列对学生甚至对老师的身体及精神达到某种严重程度侵害的行为。行为暴力还表现为校园抢劫、校园性侵犯，更为严重的是校园黑社会。校园黑社会指的是校园暴力越来越集体化，并且更多地带有黑社会性质，如帮派、收取保护费等具有组织形式的校园暴力。行为暴力在校园暴力现象中最为普遍。行为暴力表面上对受害学生的身体造成很大的危害，很有可能让受害者残疾，甚至死亡，但除了造成身体上的伤害，更大的是造成精神上的伤害。因为暴力已经对人性有歪曲的认识，严重的很有可能导致反社会人格的形成，严重影响学生身心的健康发展；同时，暴力对施暴者也有极其严重的影响，这些施暴者很难获得社会（主要是学校和家庭）的认可，社会归属感长期得不到满足，对他们的心灵成长产生阻力，很有可能导致他们成年后走上犯罪的道路。

3. 心理暴力

心理暴力主要指包括孤立、侮辱人格等一系列对学生的精神造成一定程度侵害的行为。心理暴力由于具有相对隐蔽性，常被忽略，但其危害非常大。这一类型的暴力往往牵涉语言暴力，常会牵涉散播不实的谣言，或是排挤、离间小团体的成员。此类暴力伴随而来的人际疏离感，经常让受害者觉得无助、沮丧。心理暴力可能无处不在，而且任何学生和老师都可能成为施暴者。

（三）校园暴力行为的危害

校园暴力是经济社会发展到一定程度后所出现的一种不良现象，也是经济社会转型的产物，给学生、学校、社会带来了极大的危害。由于校园暴力具有一定的隐蔽性，受害人往往因受到对方的威胁而不敢向老师、家长和有关部门报告，助长了施暴者的气焰，受害学生也就因此会反复遭到勒索、敲诈和殴打，往往是在造成了一定的后果后，学校、家长才会得知，才会进行处理。那么在学生受害期间，它危害学生的身心健康，使学生心理恐慌、耽误学习，甚至会改变其人生。它严重干扰学校正常的教学、科研和生活秩序，危及师生的人身安全和公私财产的安全，特别是触犯刑律的案件，在社会上造成了恶劣的影响，极易导致社会和学生家长对学校的不满，失去安全感和信任感。由于校园暴力行为恶劣且影响面大，易出现连锁反应，因此它比一般暴力行为的破坏作用更大、影响更坏。

1. 对个人的危害

对于施暴者而言，校园暴力的不良影响，会对施暴者的心灵成长和未来前途增加大量的阻力。那些常在中小学打架，特别是加入暴力帮派的学生，有可能形成反社会人格，走上犯罪道路；很难获得社会（主要是学校和家庭）的认可，社会归属感长期得不到满足；喜欢畸形发展道路，好逸恶劳，不善于积累，难以感受到小成功的激励，反而存在扭曲了的"捷径"意识。打架斗殴常因小事而起，但一旦酿成刑事、治安案件，参与的学生轻则受到退学、开除的处理；重则触犯法律法规，受到法律的严厉制裁，断送自己的美好前程。

对于受害者而言，经常受到校园暴力侵害的学生首先是有肉体损伤甚至残疾；心理方面会缺乏信心和勇气，变得自卑，逃避人群，心灵的痛苦和伤害很难得以抚平；整日生活在暴力的阴影当中，学习成绩一般都严重下降，甚至由于受到严重伤害不得不住院治疗或者休学，正常的学习被迫中断。而对于老师实施的暴力侵害行为，一般都会导致受到伤害的学生畏惧学校，不愿意再去上学。良好的学习和生活环境不仅是求知的前提条件，同时对学生的身心健康发展具有十分重要的作用。校园暴力恰恰使这一环境遭到破坏，给受害学生心灵带来伤害。有的学生心理承受能力本身就比较脆弱，与同学发生纠纷后，心理上受到压抑，性格变得孤僻，情绪烦躁和沉闷，甚至因为过度的担心、焦虑而造成心理障碍。

还有隐性受害者。这一类受害者是那些尚未受到侵害的普通学生。他们遵规守纪，享受宁静而充实的校园生活，在校园集体生活中学习知识，体验沟通与合作的喜悦，品尝矛盾与冲突的烦恼，为将来走入社会做好一切准备。但日益频繁的校园暴力在普通同学中造成极大危害，严重扭曲了孩子的心灵，甚至给他们带来一种不良的暗示：邪恶比正义更有力量，武力比智力更有价值。

2. 对家庭的危害

越来越多的校园暴力事件，给相关的家庭带来了无尽的痛苦。无论对于施暴者还是受害者来说，他们的家庭都会因为他们年轻的生命过早地偏离轨道，甚至陨落而陷入痛心疾首的极度悲伤之中，这种切肤之痛也只有饱受校园暴力之害的家庭才能够真正体会。

对于受害者一方，校园暴力给其家庭带来的伤害也是显而易见的。集父母、家人万千宠爱于一身的孩子遭受校园暴力凶手的无辜伤害，整个家庭都会因为孩子受到的伤害而长期处于一种悲情的氛围之下，无疑会给原本幸福完整的家庭蒙上巨大的阴影，给受害人家庭造成的心理与生理上的伤害是不可估量并且无法弥补的，其伤害程度之深也是外人无法想象的。

对于施暴者来说，年轻人不仅自己付出了巨大的代价，其家庭更因为他们的一时冲动而背负上了巨大的经济包袱，同时也承担了令人难以想象的精神压力，他们的父母乃至整个家族可能终其一生都生活在社会舆论与自我良心的拷问之下。校园暴力给施暴者一方的家庭带来的伤害程度，并不比受害者一方要少，还可能更甚。

校园暴力事件给卷入其中的家庭带来的危害，无论对于受害者一方或是施暴者一方，都是一个悲剧。

3. 对学校的危害

大学生参与校园暴力活动，严重破坏校园风气，扰乱校园秩序，影响校园稳定。尤其是群体性的校园暴力事件容易产生轰动效应，被少数人挑拨利用，形成不安定因素，危及学校乃至社会的稳定。

二、校园暴力行为的防范与自我修养

当代青年学生大多处于 18~23 岁的年龄段，感情丰富，敢于挑战，有强烈的求知欲，心理处于由不成熟向成熟的转变时期，容易存在心浮气躁、缺乏挫折承受力，消极人生观、价值观，心胸狭隘、孤僻抑郁、敏感自卑等心理性格缺陷，出现错误的处事观念等问题或困扰。在这人生转型期，如果疏于教育，缺乏正确的引导，加上不良家庭教育和不良社会文化的影响，学校管理的缺失，社会不稳定因素的侵扰，个别学生容易形成不良人格倾向。而不良人格倾向是导致暴力行为的一个重要原因。

1. 警惕认知误区

（1）忍让软弱。"遇到这种事儿，给施暴者一点儿钱就是，犯不着挨打。""对这种人，咱惹不起躲得起。"对待校园暴力，许多受害者往往是忍气吞声，息事宁人。不敢告诉家长或老师，更不敢报警。受害者这种软弱的态度，助长了施暴者的气焰，被他们视为"软柿子"而反复拿捏。

（2）以暴制暴。有些学生在受到欺负后，不再向老师或家长求助，而是通过所谓的"兄弟"自行解决。"他找人打我，我也找人打他，看谁能打过谁。"这是一种非常错误的想法。以暴制暴不但不能让暴力远离自己，反而会使自己滑进暴力泥潭无法自拔。

2. 警惕酗酒问题

酗酒不仅损伤身体，还会刺激中枢神经系统，使人遇到问题易失去理智。"借酒消愁"，其实质是逃避现实、自暴自弃的消极情绪。"借酒助兴"，同学评优、获奖，老乡聚会，朋友聚会等各种聚会日渐增多，以酒助兴更成风。"舍命陪君子"，有人认为喝酒是英雄豪气和感情深的体现，却不知道喝醉造成的不良后果，会让他追悔莫及。

防范酗酒就应该要对饮酒行为树立正确的认识：一是饮酒适度，量力而行，适可而止，尽量避免"干杯"；饮酒之前先吃点东西，空腹酗饮是最容易醉倒的。二是真诚待人，关心同学。同学之间应该相互提醒和关照，以免失节、失当、失度；对已经醉酒的同学，要给予关心和照顾，有异常情况要立即送往医院救治；也要严防酒后闹事，以免造成不良后果。

3. 遇到恶性斗殴事故怎么办

（1）面对突发事件，不要围观，尽快远离并迅速报警。

（2）如果正处在公共场所暴力事件当中无法逃避时，找大型器物遮掩自己，或卧倒，最低限度减少对自己的伤害。

（3）切勿激怒暴力行为实施者。尽量稳定情绪，观察现场情况，一旦现场被警察控制或时机成熟，迅速撤走。

（4）如果看见自己同学正在斗殴，不要冲上去帮忙，尽快通知辅导员和学校保卫部门，若情况严重应迅速报警。如果自己是涉事方，一定要保持冷静，让周围的人帮忙通知学校保卫部门或报警。

4. 如何防范校园恶性斗殴事故

（1）遵纪守法，知法懂法。任何人都要为自己的行为承担法律责任。

（2）注重修身养性，学会为人处世，学会控制自己的情绪，懂得暴力无助于问题的解决。

（3）有选择地交友，不与品行不良的人交往，不参与打架斗殴。

（4）培养个人解决冲突、经受挫折的能力。在"收拾"别人之前，想想自己的行为会导致怎样的后果。如果有被记过、留校察看，甚至是法律制裁的严重后果，你还会去做吗？

（5）学会自我保护，学会拒绝。当有人怂恿你参与暴力事件时，要坚决予以拒绝。

（6）经常与家长老师交流沟通。如果你对某人非常恼火，想要"收拾"他，在这样做之前，一定要把想法告诉家长或老师，和他们一起想出一个合理的办法来发泄愤怒。

（7）有选择地观看影片，理智看待影视作品中的人物塑造，不模仿其中的攻击行为。

三、学会改善人际关系

人际交往是人们在日常生活、学习、工作等过程中通过相互联系、相互作用而形成的心理与行为的互动。人际交往是大一新生入校后面临的挑战之一，也是大学生活的重要内容之一。

1. 换位思考，应对人际关系的不二法宝

很多同学来到大学校园，才是真正意义上的迈出了舒适的家门，进入了一个陌生的集体环境中。如果继续按照自己在家里的习惯生活，完全不顾及其他人的感受，那么势必会在与人相处时造成矛盾。

当你面对沉迷于打游戏的同学时，是否有耐心了解他的想法，拉着他一起去运动，去学习？

当你面对不愿意一起表演节目的同学时，是否考虑过她喜欢和擅长的是什么？

当你面对一个新同学的时候，你能否感受到她的胆怯和渴望？

当你面对你觉得奇怪的人或者事的时候，你是否愿意先不去判断对错和好恶，而是先了解原因呢？

如果每一次人际关系遭遇危机的时候，你都能先换位思考的话，那么你的人际关系危机应对已经在成功的路上了！

2. 加强自身修养，从根源上防止校园暴力事件发生

作为当代大学生中的一分子，要加强学习，内强素质，外塑形象。在遇到问题时，要做到：

（1）善于冷静和客观地处理矛盾和冲突，克服意气用事和逞匹夫之勇。无论争执由哪一方引起，都要持冷静态度，决不可情绪激动。对于那些可能发生摩擦的小事，要宽容，一笑了之。

（2）要学会自我约束，遵章守纪，做一个守规则的人。大学生应首先做到自我约束，不做违章违纪之事，才能从自身的角度，避免与人发生纠纷。

（3）发扬传统美德，严于律己，宽以待人。有了团结精神，在发生纠纷的时候，才能认真听取他人的意见，宽容他人的过失，处理好争执。

（4）与人相处要加强沟通，减少摩擦，记住"小不忍则乱大谋"的古训。大学生中的纠纷多数由口角引起，而口角的发生多是恶语伤人的必然结果。语言美是社会主义精神文明的重要内容。当你的自行车碰撞了别人，当你跳舞时踩踏了别人，讲一句"对不起""很抱歉""请原谅"；或者别人撞了你、踩了你，向你道歉时，你回敬一句"没关系"，紧张气氛就会烟消云散，就能化干戈为玉帛。要做到语言美，一是说话要和气，心平气和，以理服人，不强词夺理，不恶语伤人；二是说话要文雅，不说粗话、脏话；三是说话要谦虚，尊重对方，不说大话，不盛气凌人。

（5）做一个富有同情心的人，站在对方角度想一想，如果是自己被人愚弄、辱骂甚至是殴打，会是什么感受？是否忍心让这样的行为给别人带来恐惧和痛苦？

（6）为人谦让，以理服人。在与同学及他人相处中，诚实、谦虚是加强团结、增进友谊的基础，也是消除纠纷的灵丹妙药。要知道，在与他人的交往中，特别是在发生争执的时候，诚实、谦虚并不是懦弱、妥协，恰恰相反，它是你强大和品德高尚的表现。

◀ 思考题

1. 校园暴力对于"旁观者"的危害是什么？

2. 刘少奇同志在谈到共产党员的修养时指出："我们应该注意自己不用语言去伤害别的同志，但是当别人用言语来伤害自己的时候，也应该受得起。"这句话应该怎么理解？

主题三

实训安全

视频资源

学习目标

（一）思政目标

培养学生科学的精神，严谨、细致的态度和规范操作的安全素养。

（二）知识目标

熟知实训前、实训中和实训后的安全检查和防护措施。

（三）能力目标

掌握实训安全事故应急处理方法。

大学生实训即把大学生在企业等用人单位的内训模式转化为教育的模式，按照企业的实际用人需求，运用当期运行的真实项目，定向培养具有职业品行素质和行业领域知识的技能型人才。

高等职业教育的主要目标是培养生产、建设、管理、服务一线的高等技术应用型人才，高职院校的毕业生走上工作岗位后都将成为企业的重要技术骨干力量，在几年时间内可能也会成为企业的重要中层管理力量。在实训阶段，做好大学生安全教育，是将安全意识根植学生心中的重要举措。有着高度的安全意识和实际操作能力的大学生，必将成为维护社会和企业安全的重要力量。

一、进入实训（验）室前应做好的准备工作

三 典型案例 ▶

高校实验室爆炸，导致学生当场死亡

2018 年 12 月 26 日 14 时 53 分，北京消防官方微博通报称，经核实，北京交通大学市政环境工程系学生在学校东校区 2 号楼环境工程实训（验）室，进行垃圾渗滤液污水处理科研实验期间，实验现场发生爆炸，事故造成 3 名参与实验的学生死亡。

（一）实训（验）室的危险性

实训（验）室往往具有巨大的危险性，因为实训（验）室本身的环境、仪器的危险性及实验材料的属性，都有潜在的危险。

很多实训（验）室需要创造如极冷、极热、超高压、超强辐射等远超我们人类耐受极限的极端环境。

实训（验）室具有危险性的仪器一旦发生故障或事故，就有可能造成人身伤害和经济损失。

有些实验材料本身就是危险品或者是易燃易爆品，能够引发火灾、爆炸、电击、中毒、辐射、机械损伤、生物污染等事故。

（二）从思想上和行为上做好两手准备

1.思想意识上

（1）牢固树立"安全第一"的意识，进入实训实训（验）室之前，一定要熟读实训（验）室安全须知，了解各种应急预案。

（2）克服马虎、侥幸、无所谓的心理，要时刻认真谨慎，严格按照要求做事。

（3）谨记处理任何紧急事故的原则：在不危及自身人身安全的情况下，应采取措施保护他人的人身安全。

2.行为准则上：

（1）实验前要认真阅读教材、实验参考书和有关参考资料，按照任课教师的要求做好实验前的各项准备工作。

（2）了解实验设备的基本情况，掌握实验操作基础知识。

（3）认真听指导教师的实验安全教育，尤其是可能会遇到的安全问题以及防范处置的方法。

（4）应熟悉实验场所安全设施，如消防器材、紧急喷淋装置、洗眼器等存放位置。

（5）熟悉紧急情况下的逃生路线和紧急疏散方法。

（6）对于特殊岗位和特种设备，需经过相应的培训，持证上岗。

（7）实验人员应根据需求选择合适的防护用品；使用前，应确认其使用范围、有效期及完好性等，熟悉其使用、维护和保养方法。

（8）保持实训（验）室整洁和地面干燥，及时清理废旧物品，保持消防通道通畅。

（9）未经实训（验）室责任人同意，不能擅自配制实训（验）室钥匙，违者予以批评，并承担由此产生安全隐患的责任。

（10）进入实训（验）室前仔细阅读门口张贴的实时更新的安全信息牌。

（三）工作服及防护用品的穿戴

不同的工种有不同的工作服装、安全帽。工作服、安全帽不仅是一个企业员工的精神面貌的体现，更重要的是它还有保护你的生命安全和健康的作用。忽视

三 **典型案例** ▶

女工上班忘盘长发，头发卷入机器头皮被撕脱

女工赵某在熟悉的工厂流水线旁工作，因一个零件掉落地面，她弯腰去捡，长发竟被卷入机器中，造成大半个头皮撕脱，工厂急忙报警将她送往医院抢救。十余名医生护士进行了约 10 小时的手术缝合，女工脱离生命危险。

医生提醒：长发女工在机器旁工作时，务必要将长发盘起或戴上工作帽。

它的作用，从某种意义上来讲，也就是忽视了你自己的生命。

一般来说，穿好工作服，要做到 "四紧"，即袖口裤管紧、领口紧、口袋紧和衣襟紧。还要注意围巾不要戴；长发不露外；有需要时戴好防护眼镜、绝缘手套等。

为什么要规范着装呢？主要有两点：

（1）防止衣服碰脏或者防止衣服内的细菌灰尘造成污染；

（2）防止因衣服不贴身等造成人身伤害事故，比如衣服的袖口、衣角、女性的长发等卷入一些传动设备上，如果传动速度快的话，会连人一起被卷走；还要防止飞出来的工件或铁屑等造成的伤害。

其实工作服、安全帽只是我们实训时外在的保护，在穿戴好的同时，更重要的是提醒自己要在意识上提高警惕，要全神贯注地完成实训操作。

二、实训中的注意事项及事故应急处理方法

1. 实训入室后实验时的注意事项

（1）要服从实验教师指导，按照指定座次就位、签名，遵守安全规则；按要求穿着实训服或实验服，严禁穿背心、吊带装、拖鞋、高跟鞋等进实训（验）室。

（2）认真听取教师讲解，仔细观摩教师的示范操作过程，实验前要熟悉实验设备、仪器的使用方法、操作步骤及注意事项。

（3）正确使用仪器、仪表、工具，严格遵守安全用电的规则。当需要给设备通电时，需经老师检查允许，不得随意动用实验用品及合闸送电。

（4）按实验要求进行调试、检测，如实记录实验数据。说话、操作尽量轻声，否则可能掩盖仪器出现的异样声响。出现异常现象，应立即断电，由指导教师排除故障后方可继续实验。

（5）在实验中，如有疑难问题，要及时请教指导教师；不得随意调换或拆卸实验仪器设备，严禁私自拆卸仪器设备；如违反操作规程而使设备损坏的，应及时报告指导教师。

（6）实验中人员不得脱岗，不准将与实验无关的人员或用品带入实训（验）室，不得做与实验无关的事或玩游戏。

（7）禁止在实训（验）室内进食、吸烟、吐痰、乱扔纸屑、使用燃烧型蚊香、睡觉等，禁止放置与实验无关的物品。不得在实训（验）室内追逐、打闹。

（8）如实训（验）室大门是向内开的，需保证实验操作过程中，实训（验）室大门打开（如有避光实验请在门上加装遮光帘），以保障安全通道通畅。

（9）实验完毕，首先切断电源，再拆除电路连线，并将仪器、设备及连接线等放归原处；经指导教师检查同意后，摆好桌椅，清洁环境，方可离开实训（验）室。严禁不经许可将实训（验）室的任何物品带出实训（验）室。

（10）离开实训（验）室前，必须做好安全检查工作，收好贵重及有毒有害物品，排查安全隐患，关闭水、电、气、门窗等。发现安全隐患或发生实训（验）室事故，应及时采取措施，并报告实训（验）室安全责任人。

（11）仪器不得开机过夜，如确有需要，必须采取必要的预防措施。

2. 发生机械伤害事故的一般处置办法

（1）立即关闭机械设备，停止现场作业活动。

（2）如遇人员被机械、墙壁等设备设施卡住的情况，可立即向学校保卫部门报告并向消防部门报警，寻求解救办法。

（3）将伤员放置到平坦的地方，实施现场紧急救护。对轻伤员，应经预处理后再送医院检查；对重伤员和危重伤员，应立即拨打120急救电话送医院抢救。若出现断肢、断指等，应立即用冰块等将其封存，并将封存物与伤者一起送至医院。

（4）查看周边其他设施，防止因机械破坏造成漏电、高空跌落、爆炸现象，防止事故进一步蔓延。

3.发生中毒事故的一般处置办法

（1）吸入中毒。若发生有毒气体泄漏，应立即启动排气装置将有毒气体排出，同时打开门窗使新鲜空气进入实训（验）室。若吸入毒气造成中毒，应立即抢救，将中毒者移至通风良好处，使之能呼吸新鲜空气，同时送入医院就医。

（2）经口中毒。要立即刺激催吐（可视情况采用0.02%~0.05%高锰酸钾溶液或5%活性炭溶液等催吐），反复漱口，及时送入医院就医。

（3）经皮肤中毒。将患者立即从中毒场所转移，脱去污染衣物，迅速用大量清水洗净皮肤（黏稠毒物用大量肥皂水冲洗）后，及时送入医院就医。

4.发生爆炸事故的一般处置办法

（1）爆炸发生时，实训（验）室人员在确保安全的情况下必须及时切断电源和关闭管道阀门。

（2）所有人员应听从现场指挥，有秩序地通过安全出口或用其他方法迅速撤离爆炸现场。

5.发生火灾事故的一般处置办法

（1）若发生局部火情，应针对燃烧物种类采用适当的消防器材进行扑救，并同时向学校保卫部门报告。

（2）若发生大面积火灾，实验人员已无法控制，应立即报警，通知所有人员沿消防通道紧急疏散。有人员受伤时，立即向医疗部门报告，请求支援。

（3）人员撤离到预定地点后，应立即组织清点人数，对未到人员尽快确认所在的位置。

6.发生仪器设备故障事故的一般处置办法

（1）若仪器使用中发生设备电路事故，须立即停止实验，切断电源，并向仪器管理人员和实训（验）室负责人汇报。如发生失火，应选用二氧化碳灭火器扑灭，不得用水扑灭。如火势蔓延，应立即向学校保卫部门报告并报警。

（2）仪器使用中的容器破碎及污染物质溢出，要立刻戴上防护手套，按照仪器的标准作业程序关机，清理污染物及破碎玻璃，再对仪器进行清洗消毒，同时告知其他人员注意安全。

三、常见化学事故的安全防范

实训（验）室是科学研究的根据地，本来就充满着各种未知的风险，这一点无法避免。但近几年实训（验）室安全事故频发，安全状况令人担忧。务必掌握在化学实验实训中的安全防护措施与急救方法。

（一）化学实训（验）室安全防护措施

1. 防火防爆的基本措施

实训（验）室中需要经常使用易燃、易爆以及强氧化性的试剂、气体等，同时经常需要进行加热、灼烧、蒸馏等实验操作，随时存在着火、爆炸的可能。因此，我们要做到以下几点。

（1）控制易燃、易爆物质的使用。在满足实验、研究的条件下，尽量不用或少用化学危险品。特别是在选择有机溶剂时，尽量选用火灾、爆炸危险性低的替代品。

（2）加强容器设备的密闭性，不能用开口或破损容器盛装易燃物质，容积较大而没有保护装置的玻璃容器不能贮存易燃液体，不耐压的容器不能充装压缩气体和加压液体。

（3）加强通风，避免可燃物质在空气中的浓度上升。

（4）不得用带有磨口塞的玻璃瓶盛装易爆物质；盛放化学危险品的容器必须清洗干净，以免与其他物质发生反应；使用惰性气体降低空气中氧的含量是防火防爆的基本原理，使用干燥易爆物质，应在惰性气体保护下进行。

（5）加强化学危险品的安全管理。化学危险品必须贮存在专用仓库，应根据其危险特性与物性分类存放，不能混存。易燃易爆的实验操作应在通风橱内进行，操作人员须穿戴相应的防护器具。实验完毕及时销毁残存的易燃易爆物，并按规定处理三废。实训（验）室废液不能随便倾倒与互混，有机溶剂会随水流而挥发并与空气形成易爆混合气体。

（6）消除点火源。尽量不使用明火对易燃液体加热，可采用水蒸气、密封电炉或其他加热设备。易燃物不得存放在火焰、电加热器或其他热源附近。工作完毕，立即关闭所有热源。避免摩擦和冲击，防止电气火花。实训（验）室内严禁吸烟。

实训（验）室用的电热板、电炉、烘箱等放在木制台面上时必须用耐火材料衬垫。另外，一旦发生爆燃引发火灾，除积极灭火外，还要限制火势蔓延。如无法及时灭火或阻止其蔓延，应立即进行疏散，以减少财产的损失和人员的伤亡。

2. 防止中毒的基本措施

大多数化学药品都有不同程度的毒性。有毒物质进入人体的途径有3种，即皮肤、消化道和呼吸道。为了预防和避免在实训（验）室内使用毒性物质时的偶然中毒，最根本的一条是一切实验工作都应遵守安全规章制度，严格操作规程。具体规范要求有：

（1）严禁在实训（验）室内饮食，严禁将实验器皿作为饮食工具使用。

（2）用鼻嗅检查样品时，只能拂气入鼻，稍闻其味即可，绝不可朝向瓶口猛吸，严禁以鼻子接近瓶口鉴别。

（3）工作人员在实验前应熟悉有毒物质的各种性状（包括毒物性质、最高允许浓度、中毒的途径、中毒症状等）和解毒的方法。

（4）使用有毒气体和可能产生毒性蒸汽的实验必须在通风橱中进行。

（5）凡对有毒物质进行操作时，必须采取必要的措施，如穿工作服、戴防护用具等。皮肤有伤口者不允许操作有毒物质。

（6）绝大多数有机溶剂具有毒性，如果实验允许，尽量选用毒性较弱的溶剂。

（7）毒物废渣应立即进行无害化处理或者密封并统一处置。有毒废液经解毒、用水稀释后倒入废桶内，统一处置。

重要提示：氢氟酸不论经由皮肤接触、口服或呼吸道吸入，皆可造成严重的中毒，甚至死亡；一旦身体接触到氢氟酸，先是快速地用大量清水或者六氟灵冲洗，并且立刻脱掉被氢氟酸污染的衣物，以免污染扩散。冲洗之后，可使用中和剂葡萄糖酸钙乳膏涂抹受伤的区域，涂抹时必须先戴上橡胶手套。在做完上述处理之后，应立刻送医治疗。

3. 防止化学烧伤及玻璃割伤的基本措施

高温物质、过冷物品、腐蚀性化学物质以及火焰、爆炸、电、放射性物质均可能导致烧伤。割伤包括由玻璃、金属器械造成的伤害。具体的防护措施有：

（1）取用腐蚀性刺激药品，如强酸、强碱和溴水等，应戴上橡皮手套和防护眼镜等。

（2）必须采用特制的虹吸管移出危险液体，并采取相应的防护措施，如佩戴防护镜、橡皮手套和围裙等。

（3）稀释硫酸时，必须在耐热容器内进行，并且在不断搅拌下，慢慢地将浓硫酸加入水中。绝对不能将水加入浓硫酸中。

（4）加热化学药品时，必须平稳放置，瓶口不能对准人或设备。

（5）取下正在沸腾的液体时，须夹稳并轻轻摇动后再取下，防止液体爆沸伤人。

（6）切割玻璃管（棒）及进行瓶塞打孔时，易造成割伤。割断玻璃管时，要用布包裹住玻璃管再折断。往玻璃管上套橡胶管时，用水或甘油湿润管外壁及塞内孔，并戴好手套，以防玻璃破碎割伤手部。

（7）装配或拆卸玻璃仪器装置时，要戴手套作业。

（二）化学实验实训中事故的急救方法

1.化学药品中毒时的急救方法

当发生急性中毒时，现场初步处理具有重要意义。尽快阻止有毒物质继续发生作用，尽可能驱除侵入的毒物，将毒物或毒物在人体内的转化产物进行无毒化处理，提高人体对毒物的抵抗能力，是急性中毒初步处理的原则。主要措施如下：

（1）立即报警并说明情况，同时将中毒者迅速从中毒环境中转移至空气流通处。

（2）解开所有妨碍呼吸的衣服，若衣服已被毒物污染，应立即脱去，但要注意保暖。

（3）如腐蚀性物质已溅入眼内或灼伤皮肤，应立即用大量的清水冲洗，越快越好。

（4）如中毒者呼吸微弱或已停止，应迅速进行人工呼吸。

2.化学烧伤和玻璃割伤的急救方法

（1）强酸溅在皮肤上：应先用布轻擦，再用大量的水冲洗，然后用5%碳酸氢钠溶液洗涤。

（2）强碱溅在皮肤上：应先用干净布拭去，接着用大量的水冲洗，再用2%硼酸或2%醋酸冲洗。

（3）溴灼伤：先用大量水冲洗，再用体积比为 1 ∶ 1 ∶ 10 的氨水溶液、松节油和乙醇的混合液洗涤，然后包扎。

（4）酚灼伤：酚具有非常强烈的腐蚀性，一旦沾上皮肤，必须马上处理，不然会造成严重的灼伤现象，甚至还可能造成酚中毒。对于酚灼伤的急救措施，如果有衣服附在表面，应该脱去被酚污染的衣服，在现场立即用大量流动清水冲洗创面 20 分钟以上，再用 50%~70% 乙醇涂擦创面，然后再用水冲洗。

（5）玻璃等割伤：割伤后，首先要止血，先除去伤口内的玻璃碎片，一般可直接压迫损伤部位进行止血。用 3% 过氧化氢溶液将伤口周围擦干净，再涂碘酊，撒上消炎粉后包扎。若情况严重，做上述简单处理后，立即就医治疗。

四、实训课上的紧急处置

（一）明火操作安全及应急处置

一旦发生火灾，一定要迅速而冷静地先切断火源和电源，并尽快采取有效的灭火措施。

1. 发生火灾时的报警程序

（1）迅速报告老师，同时组织疏散学生离开现场。

（2）需要报警时立即报告消防中心，说明事故地点、事故原因及现场情况；对方确认后方可挂机，同时派人员到主要路口等待指引消防车辆。

2. 应急处置程序

（1）切记多数情况下不可用水，应用二氧化碳灭火器、水基型灭火器或者沙土灭火。

（2）发生火灾事故时首要的是保护人员安全，确保人员不受伤害的前提下进行扑救和组织逃生。

（3）疏散扑救设施现场和通行要道，以免因拥堵而妨碍扑救，消防车来了之后，配合消防人员做好辅助工作进行扑救。

3. 注意事项

（1）实训（验）室内严禁吸烟，使用加热工具时均应严格遵守操作规程，离开时检查是否已关闭水源和切断电源。

（2）转移、分装或使用易燃液体时，附近不能有明火。若需点火，应先进行排风，使可燃性蒸汽排出。

（3）用剩的钠、钾、白磷等易燃物、氧化剂等和极易燃易挥发的有机物不可随便丢弃，防止发生火灾。

（二）化学物品操作安全及应急处置

1. 一般处置

（1）一旦发生化学事故，根据具体情况立即进行紧急科学处理，并及时将伤者送往就近医院救治。

（2）立即疏散无关人员，避免对人员造成更大伤害。

2. 注意事项

（1）禁止品尝任何药品的味道，闻气体应"招气入鼻"，即用手轻拂气体，把气体扇向鼻孔（少量），不可把鼻子凑到容器上。

（2）有毒气产生或有烟雾产生的实训应在通风橱内进行，尾气应用适当试剂吸收，防止污染空气，造成中毒。拆卸有毒气体的实训装置时，也应在通风橱内进行。

（3）有毒物质不准倒入水槽里，要倒在废液缸中统一处理。有毒物质用剩后不可随意乱扔。

（4）皮肤破损后不能接触有毒物质，以免有毒物质经伤口侵入人体造成中毒。

（5）每次实训完毕应用冷水洗净手、脸后再离开。不宜用热水洗，因热水会使皮肤毛孔扩张，有毒物质容易渗入。

思考题

1. 你真正了解实训室的危险吗？请列举三个。

2. 在实训过程中，关于电的安全操作规范及应急处置措施都有些什么？

视频资源

主题四
食物中毒防范

学习目标

（一）思政目标

树立食品安全意识。

（二）知识目标

了解食物中毒的主要类别和特点、食物中毒后的综合特征。

（三）能力目标

1. 掌握食物中毒的防范及应对方法。

2. 提升识别食品安全谣言的能力。

"入口的东西安全不安全"，这是我们对于食品安全最朴实，也是最基本的要求。1984 年世界卫生组织对食品安全的定义是"生产、加工、储存、分配和制作食品过程确保食品安全可靠、有益于健康并且适合人消费的种种必要条件和措施"。

1996 年世界卫生组织又将对食品安全性的解释改为："对食品按其原定用途进行制作和 / 或食用不会使消费者受害的一种担保。"

《中华人民共和国食品安全法》第十章附则第九十九条规定：

本法下列用语的含义：食品安全，指食品无毒、无害，符合应当有的营养要求，对人体健康不造成任何急性、亚急性或者慢性危害。

食品污染是食品在生产、加工、储存、运输、销售、烹调直至餐桌的整个过程中的各个环节中，都有可能出现某些有害因素，使食品受到污染，以致降低食品卫生质量或对人体造成不同程度的危害。食品污染按其性质可分成三类：生物性污染、化学性污染、物理性污染。食品污染往往导致食源性疾病。食源性疾病是指（WHO 的定义）通过摄食进入人体的病原体或有毒有害物质所造成的疾病，一般是感染性的或中毒性的。常见的食源性疾患有细菌性疾病、寄生虫病、病毒性疾病、真菌毒素中毒、有毒动植物中毒等。最为人们所熟悉的食源性疾患是食物中毒（分急性、慢性）、肠道传染病（如甲型肝炎、伤寒、痢疾等）。

一、食物中毒的主要类别和特点

食物中毒就是吃了含有有毒物质的食物或误食有毒有害物质后出现的一类非传染性的急性疾病。根据有毒物质的不同性质，一般将食物中毒大致分为五类，包括细菌性食物中毒、真菌性食物中毒、有毒植物性食物中毒、有毒动物性食物中毒、化学性食物中毒。

（一）细菌性食物中毒

1. 细菌性食物中毒的典型特征

（1）多发生在夏季以及天气炎热的时候。

（2）发病一般呈群体性。

（3）发病者与食用同一污染食物有关，而未食污染食物者不发病。

（4）不会有人与人之间的直接传染。

（5）潜伏期短。

（6）除肉毒毒素中毒外，病程一般较短，多数在2~3天内恢复，愈后一般较好。

2. 细菌污染食品的途径

（1）食品原料在采集、加工之前就已经被细菌污染。例如，病死的牲畜大多已被细菌污染。

（2）食品在生产、储存、运输、销售过程中被细菌污染，这是细菌污染食品最多的一些环节。

（3）直接接触食品的人没有注意个人卫生，或自身带菌，从而造成对食品的人为污染。

（4）食物（特别是肉食）没有烧熟煮透，生熟食品用具没有分开，剩余食品没有及时低温储藏。

3. 细菌性食物中毒的预防原则

（1）选择新鲜的食品，不吃腐败、变质或霉变的食物。

（2）不生吃海产品，烹调鱼、肉等食品时要烧熟煮透。

（3）做熟的食品立即吃掉，放置时间越长，危险性越大。

（4）如需储藏食品，最好是冷藏，储藏食品食用前要再加热。

（5）避免生食与熟食接触，生熟食品用具要分开使用。

（6）凉拌菜最好是吃多少做多少，吃剩的凉拌菜不要再食用。

（7）不要从不法商贩手中购买食品，不要到不符合卫生标准的餐馆就餐和购买食品。

（8）讲究个人卫生，勤洗手。

（二）真菌性食物中毒

真菌在谷物或其他食品中生长繁殖产生有毒的代谢产物，人和动物食入这种毒性物质发生的中毒，称为真菌性食物中毒。中毒主要通过被真菌污染的食品引发，用一般的烹调方法加热处理不能破坏食品中的真菌毒素。真菌生长繁殖及产生毒素需要一定的温度和湿度，因此中毒往往有比较明显的季节性和地区性。中毒的食品主要是粮谷类、甘蔗等富含糖类，水分含量适宜真菌生长及产毒的食品。

1. 黄曲霉毒素中毒

黄曲霉毒素是一种最为常见的真菌类毒素，黄曲霉素分布范围很广，凡是有可能被黄曲霉污染的粮食、食品和饲料都可能存在黄曲霉毒素。如被人和动物食用，就会造成黄曲霉毒素中毒。

2. 赤霉病麦食物中毒

赤霉病麦是被镰刀菌感染的麦子所致，其中毒的毒素为赤霉病麦毒素，包含多种毒性成分，毒素对热稳定，一般烹调不能去毒。进食量越多，发病率越高，发病程度越重。

3. 黄变米和黄米毒素中毒

由于稻谷收获未及时干燥，水分含量过高，储存过程中霉菌大量繁殖使米粒变黄，同时含大量黄米毒素。其中黄绿霉毒素为神经毒物质，有抑制脊髓运动神经的作用；岛青霉毒和黄米毒素可引起肝硬化和肝癌；桔青霉素可引起肾脏肥大及肾脏功能障碍。

4. 霉变甘蔗中毒

霉变甘蔗中污染的真菌为甘蔗节菱孢霉，其所产生的 3- 硝基丙酸毒素是一种神经毒素，主要损害中枢神经系统，严重者导致缺血坏死，出现各种有关的局灶症状，有些损害不可逆。

5. 霉变甘薯中毒

甘薯因储藏不当，造成霉菌污染使甘薯局部变硬，表面塌陷呈黑褐色斑块，变苦进而腐烂称为黑斑病。是由镰刀菌等污染引起的，产生的毒素有甘薯酮、甘薯醇、甘薯宁等。病初发生恶心呕吐及腹痛腹泻，严重时发生高热、神志不清、昏迷、肺水肿，甚至死亡。

（三）有毒植物性、动物性食物中毒

这两类食物中毒主要是因为吃了有毒动植物而引起的中毒，如河鲀鱼中毒、毒蘑菇中毒等。

1. 有毒动植物食物中毒的特征

季节性和地区性较明显，与有毒动物和植物的分布、生长成熟、采摘捕捉、饮食习惯等有关。散在性发生，偶然性大。潜伏期较短，大多在数十分钟至十多个小时，少数也有超过一天的。发病率和病死率较高，但因有毒动物和植物种类的不同而有所差异。

2. 不可食用的有毒植物性食品

含有天然有毒成分的植物或其加工制品不可当作食品，例如大麻油、桐油、有毒蜂蜜。将加工过程中未能破坏或除去有毒成分的植物当成食品，如木薯、苦杏仁、鲜黄花菜、四季豆、白果等。在一定条件下产生大量有毒成分的植物性食品，如发芽土豆等。

≡ 典型案例 ▶

误食混有钩吻的树根泡酒，导致 1 死 3 发病

据广东省卫生健康委通报，2023 年 2 月，全省报告 1 起较大级别突发公共卫生事件，梅州市五华县报告 1 起误食混有钩吻的树根泡酒导致食源性疾病事件，发病 3 例，死亡 1 例。

钩吻，人称"断肠草"，又名大茶药，全株有剧毒，主要的毒性物质是钩吻生物碱，误食者轻则呼吸困难，重则致命。5~8 片叶子就能放倒一个成年人，毒性之烈不容小觑。据统计，华南地区主要有毒植物有 150 余种，很多人喜欢到野外采挖中药材服用，误采误服事件时有发生。

3. 不可食用的有毒动物性食品

有些动物性食品中含有天然有毒成分，如河豚、动物的甲状腺及鱼胆等；有些动物性食品是在一定条件下产生大量有毒成分的，如鲐鱼、麻痹性贝类等。

（四）化学性食物中毒

主要是因为不小心吃进了有毒化学性食品而引起的中毒，如亚硝酸盐中毒、农药中毒、假酒中毒等。主要特征是：

（1）发病快。潜伏期较短，多在数分钟至数小时，少数也有超过一天的。

（2）中毒程度严重。

（3）季节性和地区性均不明显，中毒食品无特异性，多为误食被化学物质污染的食品而引起，偶然性较大。

（五）人为投毒导致的食物中毒

近年来，利用食品为载体投毒的刑事犯罪案件时有发生，一旦发生，中毒人数较多，死亡人数也较多。如 2002 年 9 月 14 日，江苏省南京市江宁区汤山镇发生了一起以食品为载体的恶性投毒案件，导致 431 人中毒，其中 38 人死亡，影响十分恶劣，教训十分惨痛，给社会稳定和人民生命财产安全造成了严重的威胁。

食物投毒防范难度很大，投毒行为不易发现，一旦发现，可能事故已经酿成，损失已经产生。因此应对此类食物中毒可从以下方面着手：

☰ 典型案例 ▶

焦作幼儿园投毒教师已被执行死刑

2023 年 7 月 14 日，河南焦作媒体从焦作市中级人民法院证实，致 25 名幼儿中毒的投放危险物质、故意伤害犯王云，7 月 13 日已被押赴刑场，执行死刑。2019 年，王云在幼儿园工作期间，与同事中班老师孙某某发生矛盾，遂决定实施报复，将之前购买的亚硝酸钠投放到给中班学生加餐的八宝粥内。事件共导致 25 名孩子中毒，其中一名中毒儿童经过 10 个月的救治，最终抢救无效死亡。

（1）对食物中毒人员，应及时送到就近的医院，并完好留存病人的吐泻物，携带详细的病案记录。

（2）中毒事件发生后，要主动向卫生监督部门报告，卫生监督部门人员应及时向中毒人员了解就餐场所、就餐人数、所食食品、发病人数及所出现的症状，现场检查就餐场所的卫生状况、卫生许可证及从业人员健康证的办理情况，分析中毒原因及可能造成中毒的食品，封存现场及可疑食品，追查食品及原料的来源，追缴售出的可疑食品，对病人的吐泻物及可疑食品进行取样，送上级检疫部门检验。必要时可向公安机关报案。

（3）发生食物中毒事件后的单位应对事件的发生、经过、后果进行反思，自觉查找工作中存在的不足，进行总结与完善、强化管理，杜绝类似事件的再次发生，同时向上级有关部门做出书面报告。

（六）食物中毒的综合特征

《 法 律 知 识 》

投毒罪

投毒罪，是指故意投放毒物危害公共安全的行为。 2001 年 12 月 29 日公布施行的《中华人民共和国刑法修正案（三）》和 2002 年 3 月 15 日最高人民法院、最高人民检察院公布的《关于执行〈中华人民共和国刑法〉确定罪名的补充规定》，将投毒罪修改为投放危险物质罪，取消了投毒罪罪名。

刑法第一百一十四条

放火、决水、爆炸、投放危险物质或者以其他危险方法危害公共安全，尚未造成严重后果的，处三年以上十年以下有期徒刑。

第一百一十五条第一款

放火、决水、爆炸、投放危险物质或者以其他危险方法致人重伤、死亡或者使公私财产遭受重大损失的，处十年以上有期徒刑、无期徒刑或者死刑。

导致食物中毒的原因虽然多种多样，但较为明显的特征是趋于一致的，若自己或身边的人出现以下特征，应考虑食物中毒这一因素。

1. 发病与食物有关

中毒病人在相近的时间内吃过同样的食物，没有吃过这种食物的人不会中毒；停止食用该食物后，就不会再有其他的人中毒。

2. 一般是集体发病

短时间内可能有多数人发病，发病曲线呈突然上升趋势，潜伏期短，来势凶猛。

3. 所有病人中毒表现基本相似

最常见的是消化道症状，如恶心、呕吐、腹痛、腹泻等，病程较短。

4. 不具有传染性

食物中毒一般是因为食用过期或被细菌污染的食物而引发，不具传染性。

《知识拓展》

安全购买食品的注意事项

①注意看经营者是否有营业执照，其主体资格是否合法。

②注意看食品包装标识是否齐全，注意食品外包装是否标明商品名称，配料表、净含量、厂名、厂址、电话、生产日期、保质期、产品标准号等内容。

③注意看食品的生产日期或失效日期，注意食品是否超过保质期。

④看产品标签，注意区分认证标志。

⑤看食品的色泽，不要被外观过于鲜艳、好看的食品所迷惑。

⑥看散装食品经营者的卫生状况，注意有无健康证，卫生合格证等相关证照，有无防蝇防尘设施。

⑦看食品价格，注意同类同种食品的市场比价，理性购买"打折""低价""促销"食品。

⑧购买肉制品、腌腊制品最好到规范的市场、"放心店"购买，慎购游商（无固定营业场所、推车销售）销售的食品。

⑨妥善保管好购物凭据及相关依据，以便发生消费争议时能够提供维权依据。

二、食物中毒的防范及应对

预防食物中毒的关键就是把好"入口关"。在日常生活中，因食用被细菌及毒素污染的食物而引起的食物中毒较为多见。

1. 引发食物中毒的常见病菌

（1）沙门菌：是引起食物中毒最多见的一种细菌，爱在肉食中捣乱。

（2）葡萄球菌：多存在于人和动物的化脓性感染处。

（3）肉毒梭菌：这种细菌不喜欢氧，它产生的毒素毒性极强，多见于罐头、腊肠、臭豆腐等食品。

（4）椰毒假单胞菌：多见于酵米面、银耳等食品中。

（5）副溶血性弧菌：主要分布在海水和海产品中，此外，在畜禽肉、咸菜、咸蛋、淡水鱼等中都发现有副溶血性弧菌的存在。

（6）李斯特菌：这种细菌不怕冷，即使在冰箱里也能作怪。

（7）致泻性大肠埃希菌：家族成员很多，人吃了它，就会出现像痢疾一样的症状。

（8）蜡样芽孢杆菌：爱躲在剩菜、剩饭中放毒，还不会产生难闻的气味，让人难以察觉。

（9）产气荚膜梭菌：常出现在人和牲畜的粪便中，外面裹着芽孢，不怕热。

（10）志贺菌：是痢疾的元凶之一。

2. 食物中毒的预防

（1）有病的或病死的禽畜肉类千万不能食用。

（2）蛋类食品营养丰富，故受细菌污染后易引起腐败变质，即使未曾变质，人吃后也会发生食物中毒，所以禽蛋必须煮沸 10 分钟以上才可食用。

（3）夏天吃剩的米饭应立即处理，否则第二天虽经加热后食用，仍有可能会发生食物中毒。

（4）营养丰富、味道鲜美的海产品带有副溶血性弧菌，如不注意烹调方法，食用不当也可引起食物中毒。

（5）使用冰箱一定要做到生、熟食品分开储存，以防止交叉感染，保存时间不宜过长，鱼和肉类夏天存储时间不能超过 5 天。

（6）瓜果、蔬菜生吃时一定要洗净、消毒；肉类食物要煮透，防止内生外熟。

3. 生活中常见的十种易导致中毒的食物

（1）鲜木耳

常见问题：鲜木耳与市场上销售的干木耳不同，含有一种叫作卟啉的光感物质，如果被人体吸收，经阳光照射，会引起皮肤瘙痒、水肿，严重的可致皮肤坏死。若水肿出现在咽喉黏膜，还会导致呼吸困难。

应对方法：新鲜木耳应晒干后再食用。暴晒过程会分解大部分卟啉。市面上销售的干木耳，也须经水浸泡，使可能残余的毒素尽量溶于水中。但泡发木耳时间不宜太长，长时间浸泡会导致大量的细菌繁殖。

（2）鲜海蜇

常见问题：新鲜海蜇皮体较厚，水分较多。研究发现，海蜇含有四氨络物、5-羟色胺及多肽类物质，有较强的组胺反应，易引起"海蜇中毒"，导致出现腹泻、呕吐等症状。

应对方法：只有经过食盐加明矾腌渍3次（俗称三矾），使鲜海蜇脱水，将毒素排尽，方可食用。"三矾"海蜇呈浅红或浅黄色，厚薄均匀且有韧性，用力挤也挤不出水。海蜇有时会附着一种叫副溶血性弧菌的细菌，该细菌对酸性环境比较敏感。因此凉拌海蜇时，应放在淡水里浸泡两天，食用前加工好，再用醋浸泡5分钟以上，就能消灭全部弧菌。

（3）鲜黄花菜

常见问题：含有毒成分"秋水仙碱"，如果未经水焯、浸泡，且急火快炒后食用，可能导致头痛头晕、恶心呕吐、腹胀腹泻，甚至体温改变、四肢麻木。

应对方法：想尝尝新鲜黄花菜的滋味，应去其条柄，开水焯过，然后用清水充分浸泡、冲洗，使"秋水仙碱"最大限度溶于水中。建议将新鲜黄花菜蒸熟后晒干，若需要食用，取一部分加水泡开，再进一步烹调。如果出现中毒症状，不妨喝一些凉盐水、绿豆汤或葡萄糖溶液，以稀释毒素，加快排泄。症状较重者，立刻送去医院救治。

（4）变质蔬菜

常见问题：在冬季，蔬菜特别是绿叶蔬菜储存一天后，其含有的硝酸盐成分会逐渐增加。人吃了不新鲜的蔬菜，肠道会将硝酸盐还原成亚硝酸盐。亚硝酸盐会使血液丧失携氧能力，导致头晕头痛、恶心腹胀、肢端青紫等，严重时还可能发生抽搐、四肢强直或屈曲，进而昏迷。

应对方法：如果病情严重，一定要送医院治疗。而轻微中毒的情况下，可食用富含维生素C或茶多酚等抗氧化物质的食品加以缓解。大蒜能阻断有毒物质的合成进程，所以民间说大蒜可杀菌是有道理的。需要提醒的是，蔬菜当天买当天吃完最好。有些市民习惯将大白菜、青椒等用报纸包裹着放在冰箱里，这是不可取的。

（5）变质生姜

常见问题：生姜适宜放在温暖、湿润的地方，存储温度以12℃~15℃为宜。如果存储温度过高，腐烂也很严重。变质生姜含有毒性很强的物质"黄樟素"，一旦被人体吸收，即使量很少，也可能引起肝细胞中毒。人们常说"烂姜不烂味"，这种观点是错误的。

应对方法：好生姜断面是白色略黄，质地细腻多汁，姜表面无霉斑白毛。变质生姜断面变成红褐色，质地空虚软腐，姜表面起白毛是坏了，就不可以吃了。

（6）霉变甘蔗

常见问题：霉变的甘蔗"毒性十足"。霉变甘蔗的外观无正常光泽，质地变软，肉质变成浅黄或暗红、灰黑色，有时还发现霉斑。如果闻到酒味或霉酸味，则表明严重变质。误食后，可引起中枢神经系统受损，轻者出现头晕头痛、恶心呕吐、腹痛腹泻、视力障碍等；严重者可能抽搐、四肢强直或屈曲，进而昏迷。

应对方法：观其色、闻其味之后，如果发现有可疑，请一定不要食用。因为霉变甘蔗中含有神经毒素，而且目前还没有特效的解毒药。儿童的抵抗力较弱，要特别注意。

（7）长斑红薯

常见问题：红薯受到黑斑病菌污染，排出的毒素有剧毒，不仅使红薯变硬、发苦，而且对人体肝脏影响很大。这种毒素，无论使用煮、蒸或烤的方法都不能使之破坏。因此，有黑斑病的红薯，不论生吃或熟吃，均可引起中毒。中毒大多发生在吃后数小时至数日，主要中毒表现有恶心、呕吐、腹痛、腹泻等，严重的出现高热、气喘、抽搐、昏迷，甚至死亡。

应对方法：受到黑斑病侵袭的红薯表皮有褐色或黑色斑点，或干瘪多凹，薯心变硬发苦。一旦红薯出现黑斑、发硬、苦味、霉变现象，就不要再食用了。

（8）生豆浆

常见问题：未煮熟的豆浆含有皂苷等物质，不仅难以消化，还会诱发恶心、呕吐、腹泻等症状。

应对方法：将豆浆彻底煮沸再喝。当豆浆煮至85℃~90℃时，皂苷容易受热膨胀，产生大量泡沫，让人误以为已经煮熟。家庭自制豆浆或煮黄豆时，应在

100℃的条件下，加热约 10 分钟，才能放心食用。还须注意，别往豆浆里加红糖，否则红糖所含乙酸、乳酸等有机酸，与豆浆中的钙结合，产生乙酸钙、乳酸钙等块状物，不仅降低豆浆的营养价值，而且影响营养素的吸收。此外，豆浆中的嘌呤含量较高，痛风病人不宜饮用。

（9）生四季豆

常见问题：四季豆又名刀豆、芸豆、扁豆等，是人们普遍食用的蔬菜。生四季豆中含皂苷和红细胞凝集素，皂苷对人体消化道具有强烈的刺激性，可引起出血性炎症，并对红细胞有溶解作用。此外，豆粒中还含红细胞凝集素，具有红细胞凝集作用。如果烹调时加热不彻底，豆类的毒素成分未被破坏，食用后会引起中毒。四季豆中毒的发病潜伏期为吃后数十分钟至数小时，一般不超过 5 小时。主要有恶心、呕吐、腹痛、腹泻等胃肠炎症状，同时伴有头痛、头晕、出冷汗等神经系统症状。有时四肢麻木、胃有烧灼感、心慌和背痛等。病程一般为数小时或 1~2 天，预后良好。若中毒较深，则须送医院治疗。

应对方法：家庭预防四季豆中毒的方法非常简单，只要把全部四季豆煮熟焖透就可以了。另外，还要注意不买、不吃老四季豆，把四季豆两头和豆荚摘掉，因为这些部位含毒素较多。使四季豆外观失去原有的生绿色，吃起来没有豆腥味，就不会中毒。

（10）青番茄

常见问题：青番茄含有与发芽土豆相同的有毒物质——龙葵碱。人体吸收后会造成头晕、恶心、流涎、呕吐等症状，严重者发生抽搐，对生命威胁很大。

应对方法：关键要选熟番茄。首先，外观要彻底红透，不带青斑。其次，熟番茄酸味正常，无涩味。最后，熟番茄蒂部自然脱落，外形平展。有时青番茄因存放时间久，外观虽然变红，但茄肉仍保持青色，此种番茄同样对人体有害，须仔细分辨。购买时，应看一看其根蒂，若采摘时为青番茄，蒂部常被强行拔下，皱缩不平。

4. 快速识别食物中毒的症状

（1）胃痛和痉挛是食物中毒最常见的症状，并且在摄入不洁食物 30 分钟后即可出现。疼痛和痉挛可持续几个小时到一整天。

（2）腹泻是身体清除引起食物中毒的毒素的方式。一旦发生腹泻，就意味着不洁食物已经到达胃肠道的肠段。在24小时内经历腹泻4次以上极有可能是食物中毒。

（3）恶心和呕吐。食物中毒所致呕吐可能每天发生3次或更多次，通常在24小时后停止，但有时会持续更长时间。

（4）脱水是食物中毒的常见副作用，因为身体通过腹泻和呕吐排出大量的水分，腹泻和呕吐引起的电解质损失经常导致肌肉无力。若出现发热和发冷，是肉毒中毒的一种征兆，这可能是致命的食物中毒。言语混乱或视物模糊，则是在食用毒蘑菇后可能出现的症状。

如果症状持续甚至恶化，应立即就医。尽管大多数食物中毒病例会在一两天内自愈而无须入院治疗，但仍有一些情况需要立即去看医生。如黑便或血便，这可能表明胃肠系统出血，需要立即就医；极度脱水，导致皮肤干燥和口唇干燥，眼睛凹陷，眩晕和排尿减少，需要立即就医；高热可能对脑细胞造成不可逆转的损伤，因此需要专业护理来降低体温；长时间的腹泻或呕吐，尤其是儿童腹泻、呕吐超过一天，他们可能会严重脱水，就需要住院治疗。

5. 食物中毒者的急救措施

食物中毒常见症状为恶心、呕吐、腹泻，同时伴有中上腹部疼痛。食物中毒者常会因上吐下泻而出现脱水症状，如口干、眼窝下陷、皮肤弹性消失、肢体冰凉、脉搏细弱、血压降低等，最后可致休克。必须给病人补充水分，症状轻者让其卧床休息。如果发觉中毒者有休克症状，如手足发凉、面色发青、血压下降等，就应立即平卧，双下肢尽量抬高并速请医生进行治疗。例如，食用河豚不当者，食后2~3小时便会引起舌头或手足麻木，应尽早催吐，并急送医院抢救。如耽误4小时以上便会形成呼吸麻痹而死亡。如果是集体中毒，应迅速拨打急救电话通知疾病预防控制中心。最好能保留吃剩下的食物，以利于诊断、治疗或检疫。

食物中毒危害很大，在家中一旦有人出现上吐下泻、腹痛等食物中毒症状，冷静分析发病原因，针对引起中毒的食物以及吃下去的时间长短，及时采取应急措施：

（1）停：立即停止食用可疑中毒食物。

（2）早：尽早把病人送往就近医院诊治。

（3）保：保护好现场，保留好可疑食物和吐泻物。

（4）报告：及时向当地卫生行政部门报告。

（5）配合：医务人员要对病人的呕吐物、尿液、粪便，甚至血液进行化验，这些都是必需的项目，病人和家属一定要积极配合。这样做，既有利于尽早做出诊断，也能给以后的维权索赔提供证据。病人和家属还要积极配合调查人员回忆、叙述完整的事情经过，并提供可疑食物，以供化验，以便检测中毒原因。

（6）消毒：根据不同的中毒食品，在卫生部门的指导下对中毒场所进行相应的消毒处理。尤其注意腹泻物的消毒处理。

6. 食物中毒后的自救办法

发生食物中毒后，千万不要恐慌，自乱阵脚，在等待医院救护时，可以采取以下应急措施先进行自救：

（1）饮水：立即饮用大量干净的水，以达到稀释毒素的目的。

（2）催吐：用手指压迫咽喉，产生呕吐反应，尽可能将胃里的食物排出。但对腐蚀性毒物中毒以及处于昏迷休克或患有心脏病、肝硬化等疾病的病人不宜采取上述方法！

（3）导泻：如果吃下去的中毒食物超过 2 小时，且中毒者精神尚好，则可在医务人员的指导下服用泻药，以促进中毒食物尽快排出体外。

（4）保胃：误食腐蚀性毒物，如强酸、强碱后，应及时服用稠米汤、鸡蛋清、豆浆、牛奶等对胃黏膜具有保护作用的食物。

三、科学面对食品安全谣言

由于网络传播发展，关于食品安全的谣言也开始层出不穷，每次看到身边充斥着"这些东西一定不要再吃了"或者"注意，吃这些东西会致癌"之类的文章就会很担心。

食品谣言，指内容荒谬、毫无科学性，被广泛转发的内容。2017 年 7 月，国务院食品安全委员会办公室等 10 部门联合发布《关于加强食品安全谣言防控和治理工作的通知》，要求主动公开政务信息，及时组织辟谣，严厉惩处谣言制造者和传播者。

1. 食品谣言盛行的原因

（1）食品安全问题在中国已经存在多年，而且在很多方面，形势还很严峻。过去一些企业的做法也给人们留下阴影，公众的神经也特别敏感，即使是面对谣言，也抱着"宁可信其有，不可信其无"的心态。

（2）公众科学素养的缺失，食品安全的很多谣言都与科学知识有关。

（3）一些企业之间的不当竞争行为。

2. 食品谣言的危害

谣言对企业、行业，乃至对社会的危害是不言而喻的，特别是在互联网时代，传谣的速度相当快，甚至是一传十、十传百，速度有多快，危害就有多大。谣言一旦在受众心里发生作用，其所产生的负面影响在短时间内很难消除。谣言也会严重困扰我们的正常生活，引发"舌尖上的焦虑"，容易引起愤怒和共鸣。

3. 典型的食品谣言案例

案例一：某大牌咖啡豆致癌

2018 年 3 月，各大外媒报道称，美国一家法院最终裁定，要求部分品牌的咖啡公司在加州销售的咖啡必须贴上癌症警告标签。为此，国内一些自媒体以各种耸人听闻的标题发布了相关文章，直言"大牌咖啡致癌"。

事实的真相是，"致癌"传闻中的丙烯酰胺是很多食物在加工过程中都会产生的，烘焙咖啡豆过程中产生的量相对较少。在美国膳食指南中，咖啡也是健康饮食的一部分。另外，丙烯酰胺与人体健康的"风险-剂量"关系还缺乏科学依据。

案例二："大蒜炝锅致癌"

2018 年 4 月底，在某电视节目中，有嘉宾称大蒜炝锅会致癌，还拿着两种经大蒜炝锅后的菜去检验，结果显示内含致癌物质丙烯酰胺，引发公众担忧，迅速在社交网络上一传十、十传百。

事实真相是大蒜炝锅确实会产生致癌物丙烯酰胺，该物质应尽量少摄入，但"产生致癌物"不能直接等同于"引发癌症"。许多致癌物都需要达到一定浓度，并且机体持续暴露或接触，才有可能引发癌症。且炝锅时大蒜只是配料，一人份的菜中只有几克大蒜，能产生的丙烯酰胺实在有限。该类谣言，因为与老百姓日常生活关系紧密，传播度极高。

案例三："吃麻辣烫感染 H799 病毒"

网上曾经一度盛传麻辣烫、米线中有 H799 病毒，可致人死亡。

事实真相是每到出现流行病的时候，也是各种谣言四起的时候。麻辣烫、米线携致命病毒缺乏相关流行病学证据。更重要的是 H799 病毒并不存在，文章系杜撰。类似的还有"某人吃大盘鸡感染 H7N9 禽流感死亡，参与抢救的医生已经被隔离"。

案例四："喝的不是茶，是农药？"

有一篇文章曾经在微信平台广泛传播，称中国 98% 的茶树都喷农药，茶农都不敢喝自己种的茶。另外，文章还列举了 9 家知名的茶叶均含有至少 3 种农药残留。此外，某品牌绿茶、茉莉花茶和铁观音样本均含国家明令禁止在茶树上使用的高毒农药灭多威。

事实真相是谣言引用了央视的视频截图和东方卫视的视频，但对视频时间未做任何交代，为拼凑的不实消息，夸大了茶叶农药残留的危害性，对消费者产生误导。实际上，国家标准对茶叶生产过程中的 19 种禁用农药提出了限量要求，同时会对重点春茶和夏秋茶进行农药残留监控，近 3 年茶叶中农药残留监测合格率分别为 97.6%、99.4% 和 98.9%，表明我国茶叶质量安全是有保障的。

4. 常见的食品谣言特征

（1）常见的食品谣言类别主要有零食小吃、肉制品、果蔬及转基因食品。这些食物都是跟我们每天饮食密切相关的蔬果、家禽。作为每个人日常饮食必备的食物，与之相关的谣言更容易引起公众的关注和担忧。谣言止于智者，这就需要我们经常进行常识、知识学习，在遇到类似谣言时不再轻易被忽悠和蒙骗，让食品安全谣言失去市场和土壤。

（2）常见食品谣言的主要造谣手法，一是渲染食品恶劣的生产环境和原料肮脏；二是强调不当的食用习惯将引发严重疾病；三是夸大某些食品的保健养生效果；四是在标题打上"死亡""疾病"等关键词进行恐惧传播；五是让你觉得自己生命很宝贵，食品安全怎么重视都不为过。

　　食品安全的网络谣言新花招层出，打击谣言，要让科学知识跑在谣言前面，我们就要保持警惕，多了解基本常识，对那些食品安全"内幕"多一些理性判断及分析。

思考题

1. 简单分析食品安全谣言盛行有哪几个方面的因素。
2. 如果深夜在宿舍中，你的同学突然发生食物中毒，可以采取哪些应急措施？

主题五 ▶▶
性侵害防范

视频资源　　主题拓展

学习目标

（一）思政目标

培养学生的正义之心，学会用法律保护自己，共筑法治社会。

（二）知识目标

了解性侵害的主要形式和易发生的地点。

（三）能力目标

掌握防范性侵害的方法，懂得如何正确应对性侵害。

思考题

1. 在网上认识的朋友约你线下见面，你应该做哪些自我保护的准备工作？
2. 深夜在回家的路上，如果感觉有人尾随你，你可以怎么做？

主题六

地震的防范与自救

视频资源

学习目标

（一）思政目标

树立正确的自然科学观。

（二）知识目标

1. 了解地震发生的机理及表现。

2. 熟记防震知识和逃生技巧。

（三）能力目标

掌握地震被困时的自我保护方法。

我国自有文字记载以来共发生了 11 次大地震，均造成了重大的人员伤亡和经济损失，其中离我们时间较近，大家较为熟悉的两次分别为唐山大地震和汶川大地震。1976 年河北省的唐山大地震，死亡 24.2 万人，重伤 16 万人，一座重工业城市毁于一夕，直接经济损失 100 亿元以上，为 20 世纪全世界伤亡最大的地震。2008 年 5 月 12 日发生的四川省汶川大地震，直接严重受灾地区达 10 万平方千米。截至 2009 年 4 月 25 日 10 时，遇难 69 225 人，受伤 374 640 人，失踪 17 939 人，直接经济损失达 8 451 亿元。

一、地震发生的机制及表现

1. 什么是地震

地震是地球内部介质局部发生急剧的破裂产生震波，从而在一定范围内引起地面震动的现象。简单地说，地震就是地球表层的快速震动，是地球上经常发生的一种自然灾害，全球每年发生各类大小地震约 550 万次。地震发生时，地面的连续震动是其最直观的表现。震区的人在感受到大的晃动之前，有时首先感到地面上下跳动。这是因为地震波从地内向地面传来，纵波首先到达地面。地震中横波产生的大振幅水平方向晃动，则是造成地震灾害的主要原因。

地震常常造成严重人员伤亡，会引起火灾、水灾、有毒气体泄漏、细菌及放射性物质扩散、疫病传播，还可能造成海啸、滑坡、崩塌、地裂缝等次生灾害。

2. 地震前兆

（1）地下水异常。地下水主要包括井水、泉水等。地震前出现的异常有发浑、翻花、冒泡、升温、变色、变味、井孔明显变形、泉眼突然枯竭或涌出等现象。

（2）动物异常。许多动物的某些器官感觉特别灵敏，它们能比人类提前知道一些灾害事件的发生，日常中见到地震前动物反应异常表现有很多，如牛、羊、马等家畜惊慌不安、不进厩、不进食、乱闹乱叫、打群架、挣断缰绳逃跑、蹬地、刨地、行走中突然惊跑，鸡飞上树鸣叫、鸭不下水、猪不吃食、狗乱叫、大鼠叼小鼠满街跑等现象。

（3）电磁异常。电磁异常是指地震前家用电器，如电视机、日光灯等出现失灵的现象。最常见的是收音机失灵、手机信号减弱或消失、电子闹钟失灵等。

二、地震逃生知识与自救装备储备

作为首屈一指的地震大国，日本每年发生的有感地震近千次，但死于地震的人却很少。这得益于日本房子的抗震能力强和实用高效的抗震防灾教育。高水平的国民抗震防灾意识和能力，很大程度要归功于教育。地震的发生谁也无法阻挡，因此学习抗震防灾知识还是很有必要的。

1. 知识储备

防范地震，最重要的就是增强自我保护防范意识。仔细阅读相关部门发放的地震宣传手册，包括熟悉居住地附近的一些避难所详细位置的地图，可以让我们在地震来临时找到离自己最近的安全避难所。现在学校和社会都越来越重视防震减灾宣传教育工作，校内和居住地所在的社区都会不定期地邀请专业人员组织大家开展一些基本的消防救援避难等活动。我们都应该积极去学习，以防在遭遇地震时惊慌失措。

我们还应该做到：

（1）熟悉身边的消防设备，以防范地震后可能发生的火灾；尤其留意灭火器的有效期限，如果发现过期，应主动提醒相关责任部门或者小区物业及时更换。

（2）熟悉居住环境，不论是在学校集体宿舍还是在自己家的小区，都要提前弄清楚哪里是最好的避难场所，预先想好逃生路线。

（3）家里人都应该清楚电源总开关位置及关闭方法，家人间应互相约定地震发生后如何联系，以及安全后会合地点。记住自己附近的医院、派出所或消防救援电话。

（4）建筑勿任意违法加盖，或拆除墙、柱、梁、板，以免破坏房屋结构。

（5）定期检查煤气管道、电气线路，家中如果使用煤气瓶或天然气瓶，应予以固定。

（6）定期检查房子，如发现大裂缝应告诉物业，并聘请专业人士加以检视或维修。

2. 防震减灾的室内物品摆放

（1）室内装修尽量减少吊灯、挂钟、空调挂机、镜框等悬挂物，或务必安装牢固。

（2）高大家具要固定。橱柜内重的东西放下边，轻的东西放上边；储存易碎品的橱柜最好加门、加插销固定，以防地震时掉落造成伤害。

（3）组合家具要做好连接，固定在墙上或地上。尽量不使用带轮子的家具，避免地震时滑动造成伤害。

（4）卧室防震最重要，睡觉时人的警觉性最差，因此卧室床的位置要避开外墙、窗口、房梁，摆放在坚固、承重的内墙边。床上方不要悬挂吊灯、镜框等重物；床下不要堆放杂物。

（5）预防地震或者其他突发危险，睡觉前，应检查眼镜、手机、手电筒、应急包等是否放在容易拿到的地方。

3. 地震逃生自救装备

地震灾害发生时，各种救灾物资紧缺，可能在平常仅是一个普通用品，在紧要时刻，有或无和生与死就产生了必然联系。洪水、台风、飓风或地震等不可抗性自然灾难，都会对我们的财产与生命造成严重威胁。一旦灾难降临，至少要确保 72 小时内的存活需要，这已成为美国家庭必备的灾难自救常识。因此，美国的所有家庭平时都备有"灾难自救包"，里面至少装四样物品：干电池收音机、手电筒、备用干电池、常用药品，如阿司匹林、止痛药、止泻药等；此外还可以装上不容易腐烂变质的罐头食品、可供 3 天需要的罐装水、合适的衣服、毯子、手机、家庭成员信息记录本、书等物品，还可以装保险单、银行卡。美国尚且如此，日本更不必说。他们民众普遍具有较高的防灾避险意识，绝大多数家庭都时刻准备着防灾应急装备。就算面对突如其来的灾害，他们也能以最有效的手段把损失降到最低。

鉴于此，在我们为自己和家人准备"灾难自救包"的同时，更重要的是树立深层次的灾难自救理念，以确保危险来临时，我们物资上有准备，思想上更是有应对。这样在获得准确的地震警报后，就可以保持头脑清醒，有条不紊地在家庭常备的自救装备中，迅速找出最急需的、确保地震发生后可有效维持生存的物品，然后组织家人迅速离开危险地点，前往空旷的集合地点，等待下一步的救援安排。

（1）水：尽可能多地储备饮用水。

（2）急救箱：各类急救药品、食物、毛毯、睡袋、帐篷、剪刀等生活必需品。

（3）应急用品：超薄保温雨衣、安全帽或头盔、防尘口罩、防滑手套、折叠水桶、应急求救口哨。

（4）个人用品：房子和车子的备用钥匙，干净的衣物及女性生理用品、应急联络卡片。

（5）通信工具：便携式收音机、无线电或移动电话及充满电量的备用电池。

（6）照明设备：手电筒、备用干电池、蜡烛、打火机、火柴等。

做好事前准备，一旦发生不可抗性的灾难，我们的生命与生活，就能得到最基本的保障。

三、地震时的有效自我保护

震时是跑还是躲，我国多数专家认为震时就近躲避，震后迅速撤离到安全地方，是应急避震较好的办法。避震应选择室内结实、能掩护身体的物体下（旁）、易于形成三角空间的地方，或者洗手间等跨度小、有支撑的地方，以及室外开阔、安全的地方。不要躲在桌子和床下，因为建筑物天花板因强震倒塌时，会将桌床等家具压毁，人如果躲在其下，后果不堪设想。如果人以低姿势躲在坚固的家具旁，家具可以先承受倒塌物的压力，形成三角让人取得生存空间。

1. 在室内的自救方法

（1）避开窗户、悬挂物、镜子等易倒易碎的高大家具，在重心较低、坚固的家具下找到躲避空间后，伏而待定，蹲下或坐下，尽量蜷曲身体，降低身体重心。

（2）避震时要以比桌、床高度还低的姿势，躲在桌子床铺的旁边，不要躲在桌子、床铺下。抓住牢固的物体，必要时和掩蔽物一起移动。

（3）用手臂或坐垫等物保护住头、颈和眼睛，掩住口鼻。

（4）在火源或电源旁边时若发生摇晃立即关火、断电，首震结束后若有失火应立即灭火，地震时，不能依赖消防车来灭火。因此，每个人关火、灭火的这个行为，是能否将地震灾害控制在最小的重要因素。

（5）由于地震的晃动会造成门框的错位，导致打不开门，所以要及时将门打开，确保出口通畅。平时要事先想好万一被关在屋子里，如何逃脱的方法。

（6）震后撤离到安全地带的时候注意要避开人流，不要乱挤乱拥，不要随便点明火，因为空气中可能有易燃易爆气体。

（7）如果已经离开房间，千万不要地震刚停止就立即回屋取东西。因为第一次地震后，接着会发生余震，余震造成的破坏和威胁会更大。

2. 在公共场所的防范要点

在公共场所遭遇地震，大型公共设施一般都经正规设计，考虑了抗震防灾问题，都有足够的安全出口。发生危险时，只要遵守秩序，听从工作人员指挥，是有可能有序撤离的。如果来不及撤离，注意远离挂灯、高大易倾倒的物体，保护好头部，不要在地震刚刚发生的时候就冲向出口；可以找相对安全一点的地方，如大柱旁、内墙角、卫生间等，或者柜台、展台、椅子等结实的家具旁躲避，等剧烈震动过去后再有序撤离。如果是在学校上课时遭遇地震，要在老师引导下有序撤离，班干部及学生骨干应站出来协助老师维持疏散秩序。如果来不及撤离，先在课桌、讲台下躲避。

在其他地点的安全避险要点还有：

（1）室外。通常在建筑物出入口附近发生伤亡的情况较多。应立即逃至空旷处，尽量避开高大建筑物、路灯、电线杆、高大树木、霓虹灯架、广告招牌等可能倒下的物体。

（2）行车中。应尽快停靠在路边，不要妨碍避难疏散的人和紧急车辆的通行，注意避开天桥、立交桥、路灯、电线杆和其他高大的建筑物。如需离车避难时，首先应把车窗关好，注意车钥匙插在车上，不要锁车门。

（3）搭乘电梯时。万一在搭乘电梯时遇到地震，应迅速按下电梯操作盘上各楼层的按钮，一旦停下，立即离开电梯，找相对安全的地方避难。高层大厦以及近年来的建筑物的电梯，都装有管制运行的装置，地震发生时会自动停在最近的楼层。被关在电梯中的话，应通过电梯中的专用电话与外界联系并求助。

（4）人员密集的公共场合。应立即远离挂灯、高大易倾倒的物体，保护好头部，不要在地震刚刚发生的时候就冲向出口。

（5）在野外时。注意山崩、断崖落石或海啸。在山边、陡峭的倾斜地段，有发生山崩、断崖落石的危险；在海岸边，有遭遇海啸的危险；应迅速到安全的场所避难。

从室内跑出来后，不要在大楼、高墙、广告牌、烟囱、电杆、变压器、立交桥、过街天桥等容易垮塌的建筑物及其附属设施下走动停留，应到地震应急避难场地或公园、体育场等开阔场地去避难。避难时要徒步。绝对不能利用汽车、自行车避难。携带物品应尽可能少。不要听信谣言，不要轻举妄动。地震发生后，应相信从政府、警察、消防等防灾机构直接得到的信息，决不轻信不负责任的流言蜚语，不要轻举妄动。发生大地震时，人们心理上易产生动摇。为防止混乱，每个人应依据正确的信息，冷静地采取行动。从携带的收音机、移动电话等中，把握正确的信息。

典型案例 ▶

地震被困的女孩：多亏还有半瓶可乐

2010 年 1 月，海地地震发生半个月后，一名 16 岁的女孩在废墟下待了 15 天后获救。女孩微弱的话语让大家着实吃惊：她竟是凭着随身的半瓶可乐挺了过来。地震发生后，她被困在一块巨大混凝土水泥板下。在获得救援的时候，她的周围全是腐尸，散发着阵阵恶臭。负责救治她的主治医生表示，她的幸存，除了年轻、健康、藏身处四面有墙壁保护以外，能接触到液体水源是很关键的因素。

四、被困后自救和互救的方法

1. 设法自救

如果地震后不幸被废墟埋压，要尽量保持冷静，如果找不到脱离险境的方法，应尽量保存体力。

（1）沉住气，尽可能控制自己的情绪或闭目休息，树立生存下去的信心，保存体力，不勉强行动，耐心等待救援人员到来。

（2）保持呼吸畅通，清除口鼻附近的灰土，挪开压在头部、胸部的杂物，闻到异味时，用湿衣服等物捂住口、鼻。

（3）改善处境。避开身体上方不结实的倒塌物和其他容易引起掉落的物体。

地震后，往往还有多次余震发生，处境可能继续恶化，为了免遭新的伤害，要尽量改善自己所处的环境，用砖石、木棍等支撑残垣断壁，加固周边的空间，以防发生余震被埋压。

（4）用石块敲击能发出声响的物体，比如管道墙壁，向外发出呼救信号。不要哭喊、急躁和盲目行动，乱喊乱叫会加速新陈代谢，增加氧的消耗，使体力下降，耐受力降低；同时，大喊大叫必定会吸入大量烟尘，易造成窒息、增加不必要的伤亡。

（5）如果受伤，为避免流血过多，应及时包扎。如果被埋在废墟下的时间比较长，救援人员未到，要想办法维持自己的生命，尽量节约水和食品，同时寻找食品和饮用水，必要时自己的尿液也能起到解渴作用。可以将耳朵靠墙，听听是否有救援人员和其他幸存者的声音。

（6）被困在废墟下，不要点火柴。避免因房屋破损煤气泄漏或者疏忽大意引发火灾，而使自己无处逃生。

（7）如果手边有手机、电话等通信工具，要充分利用。地震发生后，通信可能中断，但是修复通信信号也是政府救援工作的重要环节，只要通信恢复，你就可以利用通信工具与外界取得联系。

2. 学会互救

地震是瞬间发生的，任何人都应先保存自己，再展开救助，按照先易后难，先近后远的顺序进行救助。对于地震灾害救援而言，时间就是生命。有数据统计，半个小时之内救出的人员存活率可以达到99%，灾后3天抢救的存活率是30%，也就是通常所说的72小时黄金救援时间，5天后存活率就只有7%，到第6天几乎没有生还希望。

在很多情况下，非专业的救援人员对坍塌的建筑物内是否存在幸存者缺乏辨别经验，因而导致一些受灾人员失去最佳抢救时间。此外，建筑物废墟存在很多可知和不可知的危险因素，非专业的救援人员对这些危险因素缺乏认知，容易导致建筑物进一步坍塌。而专业搜救人员掌握了正确的搜救知识和技巧，拥有专业的搜救工具和丰富的搜救经验，能将有关危险降至最小，并提高受灾人员的生还率。例如在救援过程中，往往发生被救人员在被墙壁石块挤压中还能说话，而救出几分钟后却死亡。其原因是：肢体被挤压超过24小时后开始出现肌肉坏死，一旦移开重压，坏死肌肉会释放大量的肌红素、蛋白质、钾等电解质，迅速引起心肾衰竭而死。因此在移开重物前就要为伤者滴注生理盐水，让伤者进行有效代谢，把血液中这些东西排出后再移开重物。否则一旦移开重物，死亡概率很高！

因此，如果你没有救援经验，但是又在灾难现场，愿意为救援行动贡献力量的，就要认真参加专业人员开展的现场紧急培训。请熟记并掌握专业救助常识的口诀：

发现生命先送水，未能送水快补液；

清理口鼻头偏侧，呼吸通畅是原则；

臀部肩膀往外拖，不可硬拽伤关节；

伤口出血靠压迫，夹板木棍定骨折；

颈腰损伤勿扭曲，硬板移送多人托。

五、地震后的自我保护

地震发生后，灾区的饮用水以及饮食的卫生情况不能得到保证，而且环境也非常恶劣，很容易引发大范围的传染病，地震后应该如何做好卫生防疫，确保个人安全呢？

（1）迅速解决饮用水卫生问题。因地制宜地开展饮用水消毒或采取打井供水的措施；保障每人每天至少4升清洁饮用水。

（2）抓好食品卫生问题，防止各类食物中毒，同时要保障足够的营养。震后这些食物都不能吃：除了密封完好的罐头类，被污水浸泡过的食品都不能食用；死亡的畜禽、水产品；压在地上已腐烂的蔬果；来源不明、无明确食品标志的食品；严重发霉的大米、小麦、玉米、花生等；不能辨认的蘑菇及其他霉变食品；加工后常温下放置超过4小时的熟食；等等。

（3）及时开展消毒、杀虫、灭鼠工作。

（4）做好安置区的卫生工作，在安置区不得随意丢弃生活垃圾等。

（5）按要求接种疫苗。

思考题

1. 在我们为自己和家人准备"灾难自救包"的同时，更重要的是树立深层次的灾难自救理念，以确保危险来临时，我们物资上有准备，思想上有应对。谈谈你对这句话的理解。

2. 在地震发生时，安全的集合地点应具备什么特点？

主题七 ▶▶

极端天气的防范与自救

视频资源

学习目标

（一）思政目标

认识生命的意义，保持对大自然的敬畏之心。

（二）知识目标

熟知遭遇台风、洪水、泥石流、高温等极端天气的防范知识。

（三）能力目标

掌握极端天气的应对方法与救治措施。

异常自然灾害是人类依赖的自然界中所发生的异常现象，自然灾害对人类社会所造成的危害往往是触目惊心的。它们之中既有地震、火山爆发、泥石流、海啸、台风、洪水等突发性灾害；也有地面沉降、土地沙漠化、干旱、海岸线变化等在较长时间内才能逐渐显现的渐变性灾害；还有臭氧层空洞、水体污染、水土流失、酸雨等人类活动导致的环境灾害。地球上的自然变异，包括人类活动诱发的自然变异，无时无地不在发生，构成自然灾害。我国自然灾害种类繁多。地震、台风、暴雨、洪水、内涝、高温、雷电、大雾、大风、灰霾、泥石流、山体滑坡、海啸、道路结冰、龙卷风、冰雹、暴风雪、崩塌、地面塌陷、沙尘暴等等，每年都要在全国和局部地区发生，造成大范围的损害或局部地区的毁灭性打击。

一、遭遇台风的预防和应对办法

台风是产生于热带洋面上的一种强烈热带气旋。只是随着发生地点不同，叫法不同。在北太平洋西部、国际日期变更线以西，包括中国南海范围内发生的热带气旋称为台风；而在大西洋或北太平洋东部的热带气旋则称飓风。台风经过时常伴随着大风和暴雨天气，是一种破坏力很强的灾害性天气。

1. 台风带来的主要危害

（1）大风。台风中心附近最大风力一般为 12 级或 12 级以上。

（2）暴雨。台风是最强的暴雨天气系统，在台风经过的地区，一般能产生 150~300 毫米降雨，少数台风能产生 1 000 毫米以上的特大暴雨。

（3）风暴潮。台风能使沿岸海水产生增水，出现水位大幅上升。

2. 台风预警图标

（1）台风白色预警信号：48 小时内可能受热带气旋影响。

（2）台风蓝色预警信号：24 小时内可能受热带气旋影响，平均风力可达 6 级以上，或阵风 7 级以上；或已经受热带气旋影响，平均风力为 6 ~ 7 级，或阵风 7 ~ 8 级并可能持续。

（3）台风黄色预警信号：24 小时内可能受热带气旋影响，平均风力可达 8 级以上，或阵风 9 级以上；或已经受热带气旋影响，平均风力为 8 ~ 9 级，或阵风 9 ~ 10 级并可能持续。一般在黄色预警信号生效时，受台风影响区域就将停课、停业、停运。

（4）台风橙色预警信号：12 小时内可能受热带气旋影响，平均风力可达 10 级以上，或阵风 11 级以上；或已经受热带气旋影响，平均风力为 10 ~ 11 级，或阵风 11 ~ 12 级并可能持续。

（5）台风红色预警信号：6 小时内可能或者已经受台风影响，平均风力可达 12 级以上，或者阵风已达 14 级以上并可能持续。

3. 如何预防台风的破坏

（1）台风来临前，应准备好手电筒、收音机、食物、饮用水及常用药品等，以备急需。关好门窗，进行检查并加固；取下悬挂的东西；检查电路、炉火、煤气等设施是否安全。将养在室外的动植物及其他物品移至室内，特别是要将楼顶的杂物搬进室内；室外易被吹动的东西要加固。

（2）台风来临时，最好留在安全的室内。假如是在室外，应尽快回到安全牢靠的房子里，并在路上注意高空坠落的物体，如树木、花盆、广告招牌等，远离有幕墙或是正在施工的高楼。

（3）台风引发的风暴潮容易冲毁海塘、涵闸、码头、护岸等设施，甚至可能直接冲走附近的人。不要去台风经过的地区旅游，更不要在台风影响期间到海滩游泳或驾船出海。

（4）住在低洼地区和危房中的人员要及时转移到安全住所。

（5）及时清理排水管道，保持排水畅通。

（6）不要在危旧住房、厂房、工棚、临时建筑、在建工程、市政公用设施（如路灯等）、吊机、施工电梯、脚手架、电线杆、树木、广告牌、铁塔等地方停留，更不能在以上地点或附近躲风避雨。

（7）不要在河、湖、海的路堤或桥上行走，不要在强风影响区域开车。

（8）台风带来的暴雨还容易引发洪水、山体滑坡、泥石流等自然灾害，发现危险征兆应及早转移。

典型案例 ▶

全国十余省份遭遇暴雨

2019 年 8 月 6 日《新京报》报道：过去两天，全国十余省份遭遇到暴雨，局地大暴雨。受强降雨影响，暴雨、山洪和地质灾害多个预警同时发布。中央气象台 8 月 5 日 18 时继续发布暴雨蓝色预警。8 月 4 日 18 时左右，湖北省鹤峰县躲避峡峡谷因暴雨发生洪水。截至 8 月 5 日下午事故已致 12 人遇难、1 人失联，61 人获救。

二、遭遇洪水的自救逃生办法

洪水是指江、河、湖、海所含的水体上涨，超过常规水位的水流现象。洪水常威胁沿河、滨湖、近海地区的安全，甚至造成淹没灾害。我国 1998 年的洪水灾害影响范围广、持续时间长，洪涝灾害严重。全国共有 29 个省（自治区、直辖市）遭受了不同程度的洪涝灾害。据各省统计，农田受灾面积 2 229 万公顷，成灾面积 1 378 万公顷，死亡 4 150 人，倒塌房屋 685 万间，直接经济损失 2 551 亿元。

1. 洪水到来之前的准备

（1）根据当地相关部门、电视、广播等媒体提供的洪水信息，结合自己所处的位置和条件，冷静地选择最佳路线撤离，尽量避免出现"人未走水先到"的被动局面。

（2）认清路标，明确撤离的路线和目的地，避免因为惊慌而走错路造成不必要的损失。

（3）自保措施：应该备足速食食品或蒸煮够食用几天的食品，准备足够的饮用水和日用品。搜集木盆、木材、大件泡沫塑料等适合漂浮的材料，加工成救生装置以备急需。将不便携带的贵重物品作防水捆扎后埋入地下或放到高处，票款、首饰等小件贵重物品可缝在衣服内随身携带，保存好能使用的通信设备。

2. 洪水到来时的自救

（1）洪水到来时，来不及转移的人员，要就近迅速向山坡、高地、结实的楼房顶、避洪台等地转移，或者立即爬上屋顶、楼房高层、大树、高墙等高的地方暂避，千万不能慌乱。

（2）如洪水继续上涨，暂避的地方已难自保，则要充分利用准备好的救生器材逃生，或者迅速找一些门板、桌椅、木床、大块的泡沫塑料等能漂浮的材料扎成筏逃生。

（3）如果已被洪水包围，要设法尽快与当地政府防汛部门取得联系，报告自己的方位和险情，积极寻求外界救援。注意：千万不要游泳逃生，不可攀爬带电的电线杆、铁塔，也不要爬到泥坯房的屋顶。

（4）如已被卷入洪水中，一定要尽可能抓住固定的或能漂浮的东西，寻找机会设法爬回岸边或者等待救援。

（5）发现高压线铁塔倾斜或者电线断头下垂时，一定要迅速远离，防止直接触电或因地面"跨步电压"触电。

（6）洪水过后，应做好各项卫生消毒工作，预防疫病的流行。

三、遭遇泥石流的防范与自救

泥石流往往是暴雨带来的另一种灾害。泥石流是指在山区或者其他沟谷深壑、地形险峻地区，因为暴雨、暴雪或其他自然灾害引发的山体滑坡并携带有大量泥沙以及石块的特殊洪流。其危害程度比单一的崩塌、滑坡和洪水的危害更为广泛和严重。对居民点、交通、水利工程和矿山的危害最大。

我国泥石流的暴发主要是受连续降雨、暴雨，尤其是特大暴雨集中降雨的激发。因此泥石流的发生具有明显的季节性，一般发生在多雨的夏秋季节。

1. 易受山洪泥石流威胁的人群

（1）切坡建房不加防护，或将房屋建在陡坎或陡峻的山坡脚下的居民。

（2）在溪河桥梁两头空地、双河口交叉处及河道拐弯凸岸随意建房居住的人群。

（3）不了解山洪暴发信息，擅自在易发区的高山上或陡峻山坡下、溪河两边活动的人。

（4）遭遇持续强暴雨，晚上在类似上述地方呼呼大睡、毫无思想准备的人群。

（5）在山洪、泥石流期间，匆忙就近随意过河、过桥想逃生的人群，或者是不顾一切抢救财产，打捞漂浮物的人。

典型案例 ▶

舟曲"8·7"特大泥石流

2010年8月7日22:00左右，甘南藏族自治州舟曲县城东北部山区突降特大暴雨，降雨量达97毫米，持续40多分钟，引发三眼峪、罗家峪等四条沟系特大山洪地质灾害，泥石流长约5千米，平均宽度300米，平均厚度5米，总体积750万立方米，流经区域被夷为平地。

截至2010年9月7日，舟曲"8·7"特大泥石流灾害中遇难1 557人，失踪284人，累计门诊治疗2 315人。

2. 面对泥石流的防范措施

（1）在泥石流多发地区的居民要随时注意暴雨预警预报，预先选好躲避路线，留心周围环境，特别警惕远处传来的土石崩落、洪水咆哮等异常声响，积极做好防范准备。

（2）在上游地区的人，如果发现了泥石流征兆，应设法立即通知泥石流可能影响的下游区域。泥石流的征兆是河流突然断流或水势突然加大，并夹有较多柴草、树枝；深谷或沟内传来类似火车轰鸣或闷雷般的声音；沟谷深处突然变得昏暗，并有轻微震动感；等等。

（3）一旦遭遇大雨、暴雨，要迅速转移到安全的高地，不要在低洼的谷底或陡峻的山坡下躲避、停留。不要留恋财物，迅速撤离危险区。

（4）发现泥石流袭来时，千万不要顺沟方向往上游或下游跑，而应向与泥石流方向垂直的两边山坡上面爬，且不要停留在凹坡处。千万不要在泥石流中横渡。

（5）在泥石流发生前已经撤出危险区的人，千万不要返回收拾物品或锁门。

（6）尽快与有关部门取得联系，报告自己的方位和险情，积极寻求救援。

3. 山区旅游如何躲避泥石流

（1）在泥石流多发季节（比如夏季），尽量不要到泥石流多发山区旅游。

（2）出行前收听当地天气预报，在大雨天或在连续阴雨天、当天仍有雨的情况下不要贸然进入山区沟谷旅游。

（3）最好聘请一位当地向导，从而可避开一些地质不稳定的地区。

（4）准备一些必要的食品、药品、饮用水以及救生用的器材。

（5）野外扎营时，要选择平整的高地作为营址，尽量避开有滚石和大量堆积物的山坡下或山谷、沟底。

（6）一旦遭遇大雨、暴雨，要迅速转移到安全的高地，不要在低洼的谷底或陡峻的山坡下躲避、停留。

（7）碰上泥石流，不能沿沟向下或向上跑，而应向两侧山坡上跑，离开沟道、河谷地带。但注意不要在土质松软、土体不稳定的斜坡上停留，应选择在基底稳固又较为平缓开阔的地方停留。

（8）暴雨停止后，不要急于返回沟内住地，应等待一段时间。

四、高温天气及中暑的防范救治措施

世界气象组织建议高温热浪的标准为日最高气温高于32℃，且持续3天以上。中国气象学上一般把日最高气温达到或超过35℃时称为高温。高温天气使人体感到不适，工作效率降低，中暑、肠道疾病和心脑血管等病症的发病率升高。同时，高温天气也会对农业生产造成较大影响。

一般来说，高温通常有两种情况，一种是气温高而湿度小的干热性高温；另一种是气温高、湿度大的闷热性高温，也称"桑拿天"。如果连续几天最高气温都超过35℃时，即可称作"高温热浪"天气。高温预警信号分为三级，分别以黄色、橙色、红色表示。其中，高温黄色预警信号表示连续3天日最高气温在35℃以上；高温橙色预警信号表示24小时内最高气温升至37℃以上；高温红色预警信号表示24小时内最高气温升至40℃以上。

1. 高温天气的危害

人体在过高环境温度作用下，体温调节机制暂时发生障碍，而出现体内热蓄积，导致中暑。中暑按发病症状与程度，可分为：热虚脱，是轻度中暑表现，也最常见；热辐射，是长期在高温环境中工作，导致下肢血管扩张，血液淤积，而发生晕倒；热射病，是由于长时间暴晒，导致排汗功能障碍所致。对于患有高血压、心脑血管疾病的人，在高温潮湿无风低气压的环境里，人体排汗受到抑制，体内蓄积热

《 知识拓展 》

热射病

热射病是指因高温引起的人体体温调节功能失调，体内热量过度积蓄，从而引发神经器官受损。在中暑的分级中就是重症中暑。该病通常发生在夏季高温同时伴有高湿的天气。遇到高温天气，一旦出现大汗淋漓、神志恍惚时，要注意降温。如高温下发生有人昏迷的现象，应立即将昏迷人员抬放至通风阴凉处，浇凉水以降低昏迷者的体温，随后要持续监测体温变化，发热 40℃ 左右持续不下的要马上送至有经验的医院进行液体复苏治疗，千万不要认为是普通中暑而小视，耽误治疗时间。

量不断增加，心肌耗氧量增加，使心血管处于紧张状态，闷热还可导致人体血管扩张，血液黏稠度增加，易出现脑出血、脑梗死、心肌梗死等症状，严重的可能导致死亡。

高温对国民经济各部门也有一定的影响。因用于防暑降温的水电需求量猛增，造成水电供应紧张，故障频发；旅游、交通、建筑等行业也会受到不同程度的影响。尤其在农业方面，高温加剧了土壤水分蒸发和作物蒸腾作用，高温少雨同时出现时，就会造成土壤失墒严重，加速旱情的发展，给农业生产造成较大影响。同时，持续高温少雨还易引发火灾，不仅会对生态环境造成破坏，还会危及国家和百姓生命财产安全。

2. 高温天气的安全注意事项

（1）注意在户外工作时，采取有效防护措施，切忌在太阳下长时间裸晒皮肤，最好携带冰凉的饮料。

（2）注意不要在阳光下疾走，也不要到人聚集的地方。从外面回到室内后，切勿立即开空调吹。

（3）尽量避开在上午 10 时至下午 4 时这一时段出行，应在口渴之前就补充水分。

（4）注意高温天饮食卫生，防止胃肠感冒。

（5）注意保持充足睡眠，有规律地生活和工作，增强免疫力。

（6）注意对特殊人群的关照，特别是老人和小孩，高温天容易诱发老年人心脑血管疾病。

（7）注意预防日光照晒后，日光性皮炎的发病。如果皮肤出现红肿等症状，应用凉水冲洗，严重者应到医院治疗。

（8）注意出现头晕、恶心、口干、迷糊、胸闷、气短等症状时，应怀疑是中暑早期症状，应立即休息，喝一些凉水降温，病情严重者应立即到医院治疗。

3. 中暑后的防范救治措施

人体长时间被烈日暴晒或处在又热又湿的环境中极易中暑，中暑的人一般会出现脸色苍白、心慌、恶心、呕吐等症状，如果没有得到及时救治，就会出现高热、抽搐、昏迷等严重情况。

高温中暑的易发人群为高温作业工人、夏天露天作业工人、夏季旅游者、家庭中的老年人、长期卧床不起的人、产妇和婴儿。

若有人员中暑，其救护办法为：

（1）立即将病人移到通风、阴凉、干燥的地方，如走廊、树荫下。

（2）让病人仰卧，解开其衣扣，脱去或松开衣服。如衣服被汗水湿透，应更换干衣服，同时开电扇或开空调，以尽快散热。

（3）尽快冷却体温，降至38℃以下。可用凉湿毛巾冷敷头部、腋下以及腹股沟等处；用温水或乙醇擦拭全身；冷水浸浴15~30分钟。注意，降温速度不可太快！

（4）意识清醒的病人或经过降温清醒的病人可饮服绿豆汤、淡盐水、十滴水、藿香正气水等解暑，或者补充含盐的清凉饮料。意识不清醒的病人，可采取掐人中的方式促其苏醒。

（5）对于重症中暑病人，要立即拨打120向医务人员求助，运送医院途中需敷冰袋，保护大脑心肺等重要器官。

五、其他极端天气的防范与应对办法

我国自然灾害种类繁多，每年都要在全国和局部地区发生，造成大范围的损害或局部地区的毁灭性打击。

（一）暴风雪的预防和应对办法

暴风雪是冬春季节常发的一种自然灾害，在强冷空气暴发南下时，常常形成强降温和大风，伴随降雪或大风，卷起地面积雪的天气。飞雪随风弥漫，能见度极低。暴风雪引发雪灾，给农业、林业、畜牧业、交通等带来较大的影响，造成严重的经济损失。2008年1月，暴风雪引发的雪灾在我国南方地区暴发。雪灾带来的低温雨雪冰冻灾害造成湖南、贵州、湖北、江西等21省不同程度受灾，因灾死亡107人，失踪8人，紧急转移安置151.2万人，累计救助铁路公路滞留人员192.7万人；农作物受灾面积1.77亿亩（1亩≈667平方米），绝收2530亩；森林受损面积近2.6亿亩；倒塌房屋35.4万间；造成1111亿元人民币的直接经济损失。

发生暴风雪的应对办法有：

（1）尽量待在室内，不要外出，做好御寒保暖准备，防止冻伤。

（2）如果在室外，务必要远离广告牌、临时搭建物和大树，避免砸伤。路过桥下、屋檐等处时，要小心观察或绕道通过，以免因冰凌融化脱落伤人。

（3）非机动车应给轮胎少量放气，以增加轮胎与路面的摩擦力。

（4）在外驾驶要听从交通警察指挥，服从交通疏导安排。

（5）注意收听天气预报和交通信息，避免因机场、高速公路、轮渡码头等停航或封闭而耽误出行。

（6）驾驶汽车时，要预先给车轮安装防滑链，慢速行驶并与前车保持距离。车辆拐弯前要提前减速，避免踩急刹车。刹车时尽量使车身与路面保持垂直，经过结冰严重的地段时尽量不要刹车。

（7）外出最好佩戴色镜，防止雪面反射的强光造成"雪盲"。"雪盲"又称"日光眼炎"，是大面积积雪反射强光后，眼睛外层角膜受到紫外线辐射灼伤所致。

（8）出现交通事故，应在现场后方设置明显标志，以防连环撞车事故发生。

（9）如果发生断电，及时报告电力部门迅速处理。

（二）雷击的预防和应对办法

当一部分带电的云层与另一部分带异种电荷的云层撞击，或者是带电的云层对大地迅猛地放电，这种迅猛的放电过程产生强烈的闪电并伴随巨大的声音，就是我们所看到的闪电和雷鸣。雷击对建筑物、电子电气设备和人、畜危害特别大。自然界每年都有几百万次闪电。雷电灾害是世界上相当严重的十种自然灾害之一。全球每年因雷击造成的人员伤亡、财产损失不计其数。据不完全统计，我国每年因雷击以及雷击负效应造成的人员伤亡达 3 000~4 000 人，财产损失在 50 亿 ~100 亿元人民币。

2007 年 5 月 23 日下午 4 时许，重庆市开县义和镇兴业村遭遇雷电袭击，造成兴业村小学四年级、六年级共 46 名学生被雷电击中。经医生现场查验发现，此次雷击事故造成 7 名学生死亡，39 名学生不同程度受伤。

1. 个人预防雷击注意事项

（1）雷雨天气尽量留在室内，并关好门窗；在室外工作的人应躲入建筑物内。

（2）不宜使用无防雷措施或防雷措施不足的电视、音响等电器，不宜使用水龙头。

（3）切勿接触天线、水管、铁丝网、金属门窗、建筑物外墙，远离电线等带电设备或其他类似金属装置，看见高压电线遭雷击断裂，千万不要跑动，应双脚并拢，逃离现场。

（4）避免使用电话和手提电话。

（5）切勿游泳或从事其他水上运动，不宜进行室外球类运动，不要在高楼平台停留，要离开水面以及其他空旷场地，寻找地方躲避。

（6）切勿站立于山顶、楼顶上或接近其他导电性强的物体。

（7）切勿靠近开口容器盛载的易燃物品。

（8）在旷野无法躲入有防雷设施的建筑物内时，应远离树木，不要进入孤立的棚屋、岗亭内。

（9）在空旷场地不宜打伞，最好使用塑料雨具和雨衣，不宜把羽毛球拍、高尔夫球棍等金属器材扛在肩上。

（10）不宜在雷雨天气狂奔、开摩托车和骑自行车，因为身体的跨步越大，电压也就越大，越容易伤人。

2. 遭雷击后的急救办法

人在遭受雷击后，往往会出现"假死"的现象。此时应立即采取紧急措施进行急救。

被雷击后必须就地及时实施人工呼吸和心脏按压法进行抢救，并及时通知医院派人前来救治。错误的观念认为被闪电击中的人体内还有电，而不敢去触摸他，导致抢救时间被拖延。"假死"到抢救的间隔时间越短，复活的概率越高。

如果遭雷击者着火，可往身上泼水，或者用厚外衣、毯子将身体裹住以灭火。着火者切勿惊慌奔跑，可立即躺在地上翻滚以扑灭火焰。

◀ 思考题

1. 防范强台风，用"米"字贴法加固玻璃窗具体的做法是?

2. 若有人中暑，正确的救护办法及步骤是?

主题八

重点传染病与突发疾病的防范

视频资源

主题拓展

学习目标

（一）思政目标

树立防患于未然的意识。

（二）知识目标

了解突发流行性疾病和传染病的预防、疫情报告、控制和救治工作运行程序。

（三）能力目标

1. 掌握常见病、传染病的预防控制方法。

2. 提高自我保健技能。

◢ **思考题**

1. 简述科学洗手的正确步骤。
2. 被狗或者猫咬伤、抓伤后，应该怎么处理？

◀模块三　场│景│训│练▶

知识点：识毒拒毒

设定场景：小卖店

有店员推销止咳水，声称"一次两次不会上瘾"，"含量很低没有危险"，"都是成年人了，不能这么胆小"。

止咳水俨然成了一种广泛流行的新型毒品，由于止咳水可以通过正规的途径购买到，毒品性质不明显，一般的人根本不知道这是一种毒品。但是这种毒品的危害是很明显的。止咳水中的成瘾物质：止咳水中含有磷酸可待因或罂粟碱，本质上是阿片类药品，具有致欣快感作用；含有的麻黄碱是精神类活性物质，可以制作冰毒，具有精神兴奋作用；含有的异丙嗪具有镇静安眠作用。因此，长期大剂量饮用止咳露，会导致青少年上瘾，不能自拔。青少年滥饮止咳水成瘾后，身心受到损害，患上低钾血症、癫痫、中毒性精神病、重度骨质疏松症甚至白血病，严重者可危及生命。

知识点：社会交往

场景1：同乡交往

小安：你知道吗？我们的老乡被人欺负了，现在正被堵在校外的小吃店，你赶紧和我一起去帮忙吧！

小全：怎么这样，对方有多少人？我们这是要去打架吗？

小安：当然不是。我们要先和老师说一下，然后过去分开他们，冷静处理。

小全：这样也太不讲义气了吧！

小安：你这是对同乡以及"义气"都存在误解。作为大一新生，老乡之间应该互相帮助、紧密合作，使得同乡会具有相当强的凝聚力，当同乡有不顺心、不如意的事情发生时，我们当然要主动地热心帮助，但是一定要注意方式方法，不能有不良行为侵害，也不能叫上其他人群起而攻之，产生打群架等事件。

点评：中国人乡情意识浓厚，遇到同乡会倍感亲切，或者遇到困难时互相帮助，倍感温暖。大学生中以乡情为纽带组成的小团体——同乡会，有时也会因情绪的感染或从众心理而带来安全隐患，特别是在介入处理同学矛盾和纠纷时，容易造成群体性事件，甚至群殴伤害。

场景 2："近墨者黑"

小全：我刚刚认识了一个朋友，他对我很热情，常常叫我出去玩，请我吃饭，而且我发现他的朋友特别多。

小安：那挺好啊。为什么你不高兴呢？

小全：我之前觉得他们的生活很潇洒，但慢慢发现他和他的朋友好像都不务正业，游手好闲，满嘴脏话，不像好人。

小安：一个人结交什么样的朋友，对自己的思想、品德、情操、学识都会有很大的影响。"近朱者赤，近墨者黑"。你要谨慎处理，下次你可以委婉地拒绝聚会邀请，如果他们到学校找你，最好叫上我们同学陪你，然后慢慢疏远他们。

点评：如果与有恶习的人做朋友，很容易染上不良嗜好，甚至被拉拢、教唆，从而走上犯罪道路。多交朋友，但不可乱交。只有这样，在学习和生活中，才能多一些快乐，少一些烦恼。

场景 3：拒绝爱的能力

小全：我的好朋友给我打电话聊天，突然说让我做他女朋友，我想拒绝他，可是我应该怎么回答呢？

小安：那还不简单，直接说：NO! 我从来没有想过，也不喜欢你！别说了！再见！

小全：这不好吧，太伤人了！

小安：的确是简单粗暴。那就这么说吧：我很喜欢和你做朋友，让我们保持愉快的朋友关系吧。如果这样会造成你的困扰，那么我会减少和你的联系。

小全：这样好，我就这么和他说。

点评："拒绝"不可避免地会令对方感到受伤，处理得好就能把伤害减到最低。语言上选择委婉些的说法，充分考虑拒绝的方式、时间、地点等细节都是较为明智的做法。千万不要自己去安慰他，远离他是让他减少受伤的最佳途径，安慰他的事情让他的好朋友代劳吧。

知识点：防震减灾

地震灾害是一种严重威胁人民生命安全的自然灾害，具有突发性、瞬时性、毁灭性和次生灾害连续性的特点。通过特定场景，我们可以进行防震减灾训练。

场景 1：临震时

1.平时家里应该备有"灾难自救包"，你知道该装些什么吗？

确保地震发生后可有效维持生存，干电池收音机（干电池）、手电筒、常用药品、不容易腐烂变质的罐头食品、可供 3 天需要的罐装水、合适的衣服、毯子、手机、家庭成员信息记录本等物品。

2.你知道"灾难自救包"应该放哪里吗？

逃生用具应放在客厅显眼处，方便各房间出来的人拿起就跑。发生地震时给你反应的时间往往非常短暂。保持头脑清醒，快速关闭电源、燃气，拿上应急包，迅速离开。

场景 2：地震中

地震中的大多数伤亡，是在人们进出建筑物时被坠物击中造成的。因此当地震持续时，一定要待在安全地点，等晃动停止、确认安全后再离开。

你清楚房间内的安全及危险地点吗？

（1）安全地点：坚固的家具下面或旁边，有支撑的拱廊下，紧贴内部承重墙的地方。

（2）危险地点：窗户、悬挂物件、镜子以及较高的未固定家具旁。

你能做出安全的自我保护姿势吗？

随手抓一个枕头或靠垫护住头部，在安全角落蹲下，或寻找掩护并抓牢。

你知道安全的集合地点吗？

最近的政府避难所或就近选择开阔地。

场景3：地震后

躲避一切可能因为地震造成的次生灾害。所谓地震次生灾害，主要是指地震后引起的水灾、火灾以及有毒气体蔓延等等。很多经验表明，次生灾害往往比地震本身造成的损失大得多。如何防止次生灾害呢？

灾后生活还要注意：

（1）注意饮食和个人卫生。

（2）搭建和居住防震棚要注意防火。

（3）积极投入恢复重建工作。

（4）按规定服用预防药物，增强身体抵抗力，防疫灭病。

只要掌握一定的避震知识，事先有一定准备，震时又能抓住预警时机，选择正确的避震方式和避震空间，就有生存的希望。

模块四 财产安全

慎则祸之不及，贪则灾之所起。

——［唐］姚崇《辞金诫》

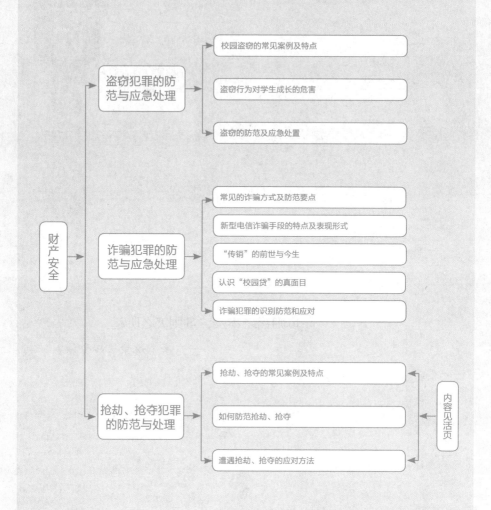

大学生因欠网贷到另一城市的高校宿舍盗窃电脑

近日，一大学生因为在网上贷款被催债，就潜入另一城市的大学男生公寓盗窃两台价值共计17000元的电脑。出门时被宿舍值班员询问时，该生谎称是土建系学生欲蒙混过关，结果被公寓值班员识破并扭送到学校所在的辖区派出所。目前，该大学生被取保候审。

经审讯，该名大学生平时花销大，用手机货款 APP 借了万余元。临近还款日，他多次接到贷款公司短信催款通知。因家境一般且母亲生病，就没向家中要钱，但又无其他经济来源，便萌发盗窃念头。

思考：你觉得此案件发生的真正原因是什么？

模块四围绕财产安全及相关法律法规展开，我们会学习到维护财产安全的相关法律法规，了解校园盗窃的典型案例及特点，常见的诈骗方式及防范要点，抢劫、抢夺的常见案例及特点，重点掌握新型电信诈骗手段的特点及表现形式，认清"校园贷"的真面目，并完成盗窃的防范及应急处置、诈骗犯罪的识别防范和应对的实操训练。

从大学校园安全管理工作实践中，我们发现维护财产安全不能停留在被动做好防范的层面，在一些财产损失的案例中，个别大学生除了有受害者的身份，也成为"帮凶"甚至"主谋"。因此，维护财产安全需先树立守法意识，建立正确的金钱观、价值观，修身正己，才能谨慎约束自己的言行，不做违法乱纪的事。

曾经有一个寓言故事：有一个自认为经过漫长人生跋涉取得了成功的年轻人，身背着"健康""诚信""才学""机敏""金钱""美貌""荣誉"七个行囊来到了一个渡口准备乘船过江，船夫看到了他背着"诚信"行囊，心中十分欣慰，答应只用三个铜钱就可以包他安全过江。可是不料船行到江中心遇到了大风浪，因为超重船夫要年轻人丢弃一个行囊，年轻人最先丢弃了"诚信"，风平浪静后，年轻人要求船夫快点划船带他过江，可船夫提出了新的要求，要"金钱"和"健康"作报酬，无奈年轻人只好把"金钱"和"健康"给了船夫。不料船夫一下抢了所有行囊。年轻人大骂船夫不讲信用，船夫反唇相讥道："对不要诚信的人何必讲诚信？"说完跳入了水中。年轻人在船上后悔莫及，不知所措。谁知，过了一会儿船夫带着"诚信"从水中出来，然后把七个行囊全都还给了年轻人。送他到了对岸，临走时船夫再三叮嘱年轻人不能失了诚信，因为他就是诚信。这个故事里的诚信，其实也包含了我们对于金钱财富的正确价值观——遵纪守法，修身正己。

视频资源

主题一

盗窃犯罪的防范与应急处理

学习目标

（一）思政目标

树立遵纪守法、修身正己的正确价值观。

（二）知识目标

1. 了解和认识盗窃犯罪类型、特点和规律。

2. 熟知财产易遭受盗窃损失的常见情形。

3. 了解相关法律法规，掌握保护财产安全的法律武器。

（三）能力目标

掌握遭遇盗窃犯罪侵害时的有效应对手段和方法。

一、校园盗窃的常见案例及特点

盗窃犯罪是高校中常见的一种犯罪行为。盗窃犯罪是指以非法占有为目的，多次秘密窃取公私财物或一次窃取数额较大的公私财物的行为。盗窃的基本特征是其侵犯的客体是公私财物的所有权。侵犯的对象是国家、集体或公民合法所有的财物。盗窃罪指向的财物一般是有形的，也包括具有经济价值的某些无形物，如电力、煤气、天然气、重要的技术成果、长途电话账号等等。其客观方面表现为，行为人实施了秘密窃取数额较大的公私财物的行为或窃

取的数额不是很大，但曾多次实施盗窃。大学校园的盗窃案就是指以师生，尤其是学生的财物为侵害目标，采取秘密的手段进行窃取并实施占用行为的案件。

1. 校园盗窃案件常见行窃方式

发生在校园的盗窃案件主要有以下行窃方式：

（1）顺手牵羊。指作案分子趁人不备偷窃别人放在桌上、床上、走廊、阳台、球场、图书馆等处的钱物。

（2）翻窗入室。指作案分子趁主人不在时，翻窗而入，将贵重物品盗走。

（3）隔窗钓鱼。指作案分子用工具将室内的衣服或财物钩走，公寓一楼以及有窗户靠走廊的房间要当心此类盗窃。

（4）撬门扭锁。指作案分子使用工具撬开门锁而入室行窃。这种犯罪分子手段毒辣，入室后还会继续撬抽屉或箱子上的锁，翻箱倒柜，从而盗走现金和各类贵重物品。采用这种方式的犯罪分子基本都是外盗。

（5）偷配钥匙。指作案分子用当事人随手乱丢的钥匙偷配好钥匙，趁当事人不在宿舍时打开当事人房锁、门锁、抽屉锁等，从而盗走现金和贵重物品等。这类作案人大多是与当事人比较熟悉的人。

（6）蒙混入室。指作案分子用推销、传销和兼职等名义混入宿舍，骗取同学信任，然后伺机行窃。

（7）溜门串户。指作案分子以找同学、朋友或者推销商品为幌子，在宿舍或办公区域各房间到处流窜，一旦发现房门未锁，房内无人，便趁机入室行窃。

（8）引狼入室。指作案分子勾结校外、社会不良人员，以到校内玩耍或在宿舍留宿为由，伺机在宿舍或校内其他区域进行盗窃活动。

（9）盗取密码。指作案分子有意获取他人存折与信用卡密码并伺机到银行窃取现金。这类手法常见于内盗案件，并且以关系相好的同宿舍舍友或"好友"作案较多。例如，某高校学生赵某报案称她在银行的 4 200 元存款不翼而飞，去银行查询发现是有人从 ATM 机分三次取走。经警方调查，认定作案嫌疑人为其同宿舍李某。两人同住一个宿舍，平时关系不错，在一次结伴到银行取钱的过程中，有心的李某记住了赵某银行卡的密码，于是伺机作案得手。

2. 校园盗窃案件特点

一般盗窃案件都有以下共同点：实施盗窃前有预谋准备，熟悉作案环境；盗窃现场通常遗留痕迹、指纹、脚印、物证等；盗窃手段和方法常带有习惯性；有被盗窃的赃款、赃物可查。学校盗窃案件因作案主体和场所的特殊性，还有以下一系列特点：

（1）时间上的选择。作案主体在有人的情况下是不会行窃的，作案人必然选择作案地点无人的空隙实施盗窃。例如，上课和晚自习期间，同学们都在教室，作案人便会入室行窃；周末或节假日期间，实验室、办公室、公寓、计算机室通常均处于无人状态，作案人便会乘隙而入；另外每学期开学和临放假期间，人员混杂，同学疏于防范，也容易发生盗窃案件。

（2）目标上的准确性。学校中内盗案件比较多。哪个同学有钱或贵重物品，常放在什么地方，有没有锁在箱子中或柜子里，钥匙放在何处，作案分子都基本了解，一旦动手目标十分准确，通常能快捷地得手。

（3）技术上的智能性。在学校中盗窃案件的作案主体，一般以高学历、商高智的人为多，有的本身就是大学生。他们智力超群，盗窃技能高于一般盗窃作案人员。

（4）作案上的连续性。正是由于作案人比较"聪明"，所以其第一次作案容易得手。"首战告捷"后，作案人员往往产生侥幸心理，加之报案的滞后性或破案的延迟性，作案人员极易屡屡作案而形成一定的连续性。

二、盗窃行为对学生成长的危害

大学生活是大学生进入社会开始独立人生的第一站。青年学生在入学之前，基本上都是从家门到校门，保护学生人身安全和健康的职责主要由家长和学校的老师肩负着。如今青年学生走出家门来到高校，就需要不断强化安全知识的学习，提高自我保护能力。

1. 大学生盗窃案件的类型

（1）内盗。指作案分子为学生内部人员及学校内部管理服务人员实施的盗窃行为。根据有关资料统计，在高校发生的盗窃案件中，内盗案件就占一半以上。作案分子往往利用自己熟悉环境和盗窃目标的有关情况，善于隐蔽和伪装，寻找到最佳作案时机，就能得手，因而极易屡屡作案而形成一定的连续性。

（2）外盗。相对内盗而言，是指作案分子为校外社会人员在学校实施的盗窃行为。他们利用学校管理上的漏洞，冒充学校人员或以各种理由进入校园内，盗窃学校资产或师生财物。这类人员作案时往往携带螺丝刀、钳子等工具，拿走财物时往往一扫而空，不留情面。

（3）内外勾结盗窃。即学校内部人员与校外社会人员相互勾结，在学校实施的盗窃行为。这类案件的内部主体社会关系比较复杂，与外部人员有一定的利害关系，往往结成团伙，形成盗、运、销一条龙。

2. 大学生犯罪的主要原因

（1）法律意识淡薄。在应试教育的浪潮下，大学生从高中进入大学后，没有接受过系统的法律知识培训，绝大部分的大学生头脑中是正确的价值观和人生观，对不道德的事有较强的判断力和抑制力；而有盗窃行为的大学生并没有深刻理解违法犯罪后所要承担的法律后果。守法意识欠缺，不重视法律知识的积累和培养，没有法律意识就根本谈不上守法意识，有部分盗窃行为的大学生在案发后，简单地认为将盗窃物品退给失主，赔礼道歉就可以相安无事，殊不知自己的行为已经触犯了法律，给社会造成了危害，要面临法律的惩罚。

（2）经济文化因素影响。目前，在校大学生绝大多数已经成年，但是经济尚未独立，主要的经济来源依然依靠父母支持。随着市场经济的飞速发展，受社会上享乐主义、金钱至上主义等非主流思想的影响，少数大学生产生了追求名牌、相互攀比、过度消费的不良习惯和风气。消费需要资本，如果家庭提供不了其过度消费的资本，那么部分个体没法通过兼职或其他正当途径获得满足时，就会运用非法手段来满足。

（3）心理因素的影响。行窃学生的动机是以非法占有别人财产为目的，抱有典型的侥幸心理，没有守住道德的底线，越过了法律的红线。

3. 盗窃行为对大学生成长的深远影响

发生外盗案件，对学生的危害最直接的就是经济上的损失和心理上的打击。而发生内盗案件或者内外勾结盗窃案件时，对被盗学生的危害同样有经济上的损失，更有情感上的伤害。而对于实施盗窃行为的同学，他可能只想到了可以不劳而获，甚至是轻而易举地获取一定数量的钱财。但是他更应该去思考的是，为了获取这点儿在其漫漫人生中微不足道的钱财，他所失去的或者他要承担的后果是什么。

（1）引起同学间的互相猜忌，让原本快乐的大学生活蒙上阴影。

（2）影响同学间纯真的友谊。要知道，一旦大学毕业走上社会后，你才会意识到同学之间的感情是多么弥足珍贵。

（3）就算时过境迁，不论曾经有盗窃行为的同学今后发展成就有多大，财富有多少，在其内心深处，永远无法摆脱偷走同学钱财、辜负同学信任、破坏同学间友谊的负罪感。

（4）由于监控摄像头对校园公共场所已基本实现了全覆盖，加之校内人员成分相对单一，实施盗窃行为的同学较容易锁定，案件侦破难度较低。

（5）案件一旦查清，实施盗窃行为的同学付出的代价惨痛。他不仅丧失了同学的信任和友情，而且会被学校处分，甚至会被移交公安机关按司法处理。一失足成千古恨，由此带来的污点将伴随整个人生。

三、盗窃的防范及应急处置

1. 防范盗窃的基本方法

防盗的基本方法有人防、物防和技术防范三种。其中，人防是预防和制止盗窃犯罪唯一可靠的方法。物防，是一种应用最为广泛的基础防护措施。而技术防范，则是可即时发现入侵、能够替代人员守护且不会疲劳和懈怠，可长时间处于戒备状态的更加隐蔽可靠的一种防范措施。对于学生来说，最重要的是做好学生宿舍、教室和运动场所的防盗工作，保护好自己和同学的财物。这不仅是个人的事，而且也是全宿舍、全班乃至全校同学共同关心的大事。要注意做到以下几点：

（1）最后离开教室或宿舍的同学，要关好窗户、锁好门。大学生一定要养成随手关灯、随手关窗、随手锁门的习惯，不要因为怕麻烦而让盗窃犯罪人有机可乘。

（2）不要留宿外来人员。学生应该文明礼貌，热情好客，但决不能只讲义气、讲感情而不讲原则、不讲纪律。如果违反学校学生公寓管理规定，随便留宿不知底细的人，就等于引狼入室而将会后悔莫及。

（3）对进入公寓的陌生人应保持警惕，配合宿舍管理员做好防范，使犯罪分子无机可乘。

（4）注意保管好自己的钥匙，不要随意外借，若钥匙丢失，应及时通知其他同学，必要时换锁。

（5）现金多时最好立刻存入银行，贵重物品不用时最好锁入抽屉和柜子里，节假日离校时，应将贵重物品带走或托付给可靠的人帮助保管。

（6）团结友爱，互相帮助。舍友间的团结友爱、互相照应在一定程度上可以有效预防盗窃犯罪。

（7）银行卡和存折要及时修改密码，切记密码不能用身份证号等相关数字，且不能告诉他人。

（8）在教室、图书馆、食堂等公共场所，钱包或贵重物品要随身携带；在球场运动时要交给专人保管。不要将财物放在人多杂乱的环境里，哪怕只有几分钟，你的财物也可能"不翼而飞"。

（9）自行车要停放在学校指定的停车地点，养成离车上锁的习惯。要配备正规厂家生产、防撬防剪的高质量锁具。放假期间长时间不用车时，要将车辆停放在安全可靠的地方。建议同学们在上学期间不要购买高档自行车，以减少丢失后的经济损失。

2. 发生盗窃案件的应对办法

如果发现自己的宿舍门、抽屉、柜子被撬，室内物品被翻动，则可能是发生了盗窃案件。一旦发生盗窃案件，同学们一定要冷静应对，其处置方式如下：

（1）立即报告学校保卫部门，同时拨打110报警。

（2）封锁和保护现场，不准任何人进入。不得翻动现场的物品，切不可冒失查看自己的物品是否丢失，以免破坏现场。这对公安人员准确分析、正确判断侦察范围和收集罪证，有十分重要的意义。

（3）如果发现嫌疑人，在保证自身安全的前提下，应立即组织同学进行堵截捉拿，同时向保卫部门和公安机关报告并积极配合。

（4）配合调查，实事求是地客观回答公安部门和保卫人员提出的问题。积极主动地提供线索，不隐瞒情况，学校保卫部门和公安机关有义务、有责任为提供情况的同学保密。

（5）如果发现存折、信用卡、银行卡、手机卡被窃，应当尽快办理电话挂失。

◀ 思考题

1.案例分析：请阅读以下案例，并谈谈你的发现及理解。

　　开学后军训，小新因为生病在宿舍休息。突然一个学生模样的人推门进入宿舍，并打量着宿舍内的物品。小新问："同学，你找谁？"该人说："我走错了。"随即转身关门离去。而就在当天，等新生们结束军训回到宿舍，有人就发现宿舍内的多部手机以及笔记本电脑等物品不翼而飞。

2.因为内盗行为获取钱财，会失去什么并将让自己承担怎样的后果？

3.对于银行卡、信用卡以及支付宝等电子支付，比较好的安全保障措施有哪些？

主题二 ▶

诈骗犯罪的防范与应急处理

视 频 资 源

学习目标

（一）思政目标

养成勤俭的学习生活习惯，破除贪图小便宜、不劳而获等不良思想，抵制不良诱惑。

（二）知识目标

了解和认识诈骗犯罪类型、特点和规律。

（三）能力目标

1. 识别危害财产安全的诈骗犯罪陷阱或套路，保护好个人信息，有效防范风险。

2. 掌握遭遇诈骗犯罪侵害时的有效应对手段和方法。

一、常见的诈骗方式及防范要点

近几年，常常看到手机上的陌生电话，我们会选择直接挂断；看到街头乞讨的人，家长会对自己的孩子说"小心，可能是骗子"。我们不得不面对一个现实，现在社会上的诈骗案件太多了。因此，了解诈骗惯用手法和防范诈骗的要点，尤为重要。

诈骗罪是指以非法占有为目的，用虚构事实或者隐瞒真相的方法，骗取数额较大的公私财物的行为。由于它一般不使用暴力，而在一派平静甚至"愉快"的气氛中进行的，受害者往往容易上当。其突出特点就是使用欺骗的方法取得公私财物。在犯罪形式上，犯罪分子多以编造虚假情况或隐瞒事实真相，而使受害者陷于一种错误认识，信以为真，仿佛"自愿地"将财物交与犯罪嫌疑人。

1.常见诈骗方式

（1）借熟人关系进行诈骗。此类骗子往往是冒名顶替或者以老乡、朋友的身份进行诈骗的，而受害人往往碍于面子不好意思拒绝，很容易就坠入圈套。

（2）借中介、兼职、招聘为名进行诈骗。此类骗子往往是利用同学急于找到工作的心理，以招工点、兼职家教介绍所等名义进行诈骗，骗取介绍费、押金、报名费，或者利用同学们作为其廉价劳动力，从中获得非法利益。

（3）以特殊身份进行诈骗。此类骗子多以社会上的"能人""名流"的名义进行诈骗，例如，谎称自己是导演、星探、经纪人、记者、老板、军人等，抬高身价，以帮助同学解决各类困难为由进行诈骗。

（4）以遇到某种困难或者不幸急需帮助为由进行诈骗。此类骗子多以走失的或者丢失财物的学生、灾区群众、落难者等名义寻求帮助，进行诈骗。一些高校发生的诈骗案，多是以"借用银行卡打钱"等名义进行诈骗。不法分子多选择入校新生尤其是女生为目标，先是以学生身份取得受害人的信任，再取得对方的同情，然后实施诈骗。

（5）以小利取信，进行诈骗为实。采取欲擒故纵的方法，先将曾许诺的利益予以兑现，取得信任后，再骗取更多的财利，让受骗者在绝对信任和不知不觉中蒙受重大的损失。

（6）以电话、手机短信诈骗。冒充电信局、公安局、银行等单位工作人员实施的新型电信诈骗手段，犯罪分子使用"任意显号"软件等技术，随机拨打手机、固定电话或发送手机短信，显示国家机关的热线号码或总机号码进行诈骗。

2. 常见街头陷阱

（1）丢包陷阱。一人"无意"丢下一包东西，被丢的包里往往装满假钞、假金银首饰，另一人上前装作是与你一起发现的，要求平分拾到的东西，并花言巧语让你得大部分，但要你拿出身上的钱或佩戴的首饰做抵押，半诱半逼进行诈骗。

（2）利用假贵重物品诈骗。骗子以假的古董、名贵药材或手机、笔记本电脑等为诱饵，谎称家里急需要用钱，希望低价出售，并安排一些"托"假装对货物很感兴趣，以此来诱惑你购买。

（3）购票、手机充值卡陷阱。充值卡零售时基本上是全额出售，不会出现打折或是低价销售现象。只有那些从不正规渠道流入市场的充值卡才会有很低的折扣，而这些卡很可能是已经用过的废卡，不法分子将已刮开的密码涂层重新覆盖后再出售。购卡者不要轻易相信折扣很低的充值卡，避免因一时贪小便宜而上了不法分子的当，造成自身经济损失。

（4）吃喝陷阱。不要随便接受陌生人的食物、香烟和饮料，不要被他人的盛情迷惑。

（5）迷信型诈骗。这类诈骗打着算命、卜卦、相面以及替人消灾、专治邪病等幌子，有的还自称是某地有名的道士、尼姑、和尚、名医等，经常持假证件活动在街头巷尾，目标通常锁定中老年妇女。

（6）赌博型诈骗。这类诈骗多用扑克牌、象棋等作为工具，以是否猜准或输赢为赌码，主要是几个"托"演给围观者看并引人上当。还有以各种借口，将人骗至赌局，合伙赢钱，再进行诈骗的。

（7）借用型诈骗。诈骗分子先和你聊天，骗取信任，或者谎称手机没电，突发急事需要联系等，要求借用你的手机，然后就溜之大吉。

3. 防范诈骗的基本方法

诈骗形式多种多样，而且还会随着社会形势的发展和热点问题的增多而不断升级变化。那么，我们就要切实掌握防范诈骗的基本方法。

（1）知己知彼，心明眼亮。要有反诈骗意识，校园的人际交往是具有多样性的，诈骗犯罪往往在一种临时性的人际交往过程中发生。"防人之心不可无"，人际交往中要认真考察对方身份，增强防范意识，提高识别诈骗犯的能力，不被其花言巧语所蒙骗。

（2）不崇拜"名流"，防止"标签效应"的副作用。标签效应就是以名取人。有的人往往被对方的名牌大学的"教授""记者""导演""顾问"等头衔所诱骗而深信不疑，不作考证，结果受骗。有不少诈骗犯就是利用这些"标签"，扮演不同的角色行骗。

（3）克服"第一印象"的消极影响。日常生活中人们十分注重第一印象。诈骗犯利用这一心理原理，设计骗局，刻意装扮自己，而一些大学生往往便被诈骗犯的仪表、风度所吸引，陷入骗局。

（4）提防求职骗局。目前大专院校的毕业生就业为双向选择，毕业生在选择用人单位时自主性大。有些学生为留在大城市就业多方寻找门路，在求职受挫时往往放松警惕，轻易相信别人；对骗子的许诺深信不疑，对骗子提出的要求也是如数照办，到头来很容易陷入不法分子设定的圈套，从而上当受骗。

（5）加强同学之间的信息沟通。同学之间要相互沟通，互相帮助，营造良好的同学关系。一旦遇到事情，便容易从同学处得到"参谋"意见，避免出现"当局者迷"的情况。

（6）不要轻易相信不明电话、短信的各种"幸运"通知。不要随意向陌生人泄露自己和家人的联系方式、地址、电话号码等私人信息。不要轻信电话、短信的中奖通知、求助、友人问候。面对此类电话，要多质疑，多提问，是谎言总会露出端倪。

防范诈骗，就是注重细节，不断提升防范意识，了解行骗的新手法新套路。

二、新型电信诈骗手段的特点及表现形式

近年来，日常生活中人们对网络的依赖程度越来越高，通过网络发布信息的速度相当快，其覆盖面也越来越宽泛。一些不法分子同样意识到了这一点。以手机短信、电话通信和互联网为载体的新型犯罪方式层出不穷、花样繁多，令人防不胜防。并且还出现境内外勾结作案的方式，加大案件侦破的难度，给人民群众

造成巨大财物损失，成为影响社会治安稳定的因素之一。

1. 什么是电信网络诈骗

电信网络诈骗是指不法分子通过电话、网络和短信方式，编造虚假信息，设置骗局，对受害人实施远程、非接触式诈骗，诱使受害人给不法分子打款或转账的犯罪行为，不法分子通常冒充他人及仿冒各种合法外衣和形式或伪造形式以达到欺骗的目的，如冒充公检法，冒充商家、公司、厂家，国家机关工作人员、银行工作人员、各类机构工作人员，伪造和冒充招工，刷单，贷款，手机定位，招嫖等各种形式进行诈骗。

2016 年 12 月 20 日，最高法等三部门发布《关于办理电信网络诈骗等刑事案件适用法律若干问题的意见》再度明确，利用电信网络技术手段实施诈骗，诈骗公私财物价值 3000 元以上的可判刑，诈骗公私财物价值 50 万元以上的，最高可判无期徒刑。

2. 电信网络诈骗的特点

（1）犯罪活动极易蔓延，发展很迅速。犯罪分子往往利用人们趋利避害的心理通过编造虚假电话、短信地毯式地给群众发布虚假信息，在极短的时间内发布范围很广，侵害面很大，所以造成损失的面也很广。

（2）信息诈骗手段翻新速度很快，有的时候甚至一两个月就会产生新的骗术，令人防不胜防。

（3）犯罪团伙一般采取远程的、非接触式的诈骗，犯罪团伙内部组织很严密，他们采取企业化的运作，分工很细，反侦察能力非常强。

（4）跨国跨境犯罪比较突出。有的不法分子在境内发布虚假信息骗境外的人，也有的常在境外发布短信到国内骗中国老百姓。还有境内外勾结连锁作案，隐蔽性很强，打击难度也很大。

随着互联网的普及和互联网各种应用的增加，网络上的诈骗案件数量也呈上升的趋势。欺诈者利用各种方式欺骗用户，欺骗方式种类繁多、防不胜防。常见的有中奖信息类，虚假客服电话类，家具家电维修类，二手车、消费电子产品骗子类，收费预测彩票类，股票类等。

3.典型高发案件解析

典型案例 ▶

案例 1：钓鱼链接

小邵在一家淘宝网店看中一块显卡，与店家一番讨价还价后，双方决定以 4 000 元的价格达成交易。小邵拍下宝贝后，店家称淘宝上无法修改交易价格，另发了一个支付链接。小邵通过该链接打款后，店家就失去了联系，小邵这才发现被骗。

警方提示：网络购物，尤其付款时，务必仔细核对网址，认清购物网站的域名，不要轻易点击对方发来的链接。

案例 2：诱取信息

小益在淘宝店买了一件衣服。隔天，一个自称淘宝客服的人加小益 QQ，以订单异常为由，发了一个链接让小益登录办理退款。小益点击链接并按要求输入了账号、姓名、密码、验证码等信息，随后账户里的 2 000 多元就不翼而飞了。

警方提示：务必保护好账户、密码、验证码等信息。当对方试图索取密码、手机校验码等信息时，十有八九是骗子，一定要提高警惕，千万不要透露。不要随意在网站上泄露个人身份信息、家庭信息和各类订单信息，遇到链接不随意点击、遇到二维码不随意扫描、遇到电话不轻信。

案例 3："支付宝"发邮件称需升级

小美在淘宝开了一家汽车用品店。某天，一个"买家"来店里拍了一套汽车坐垫后发了一张截图，显示"本次支付失败"，并提示"由于卖家账号异常，已发邮件给卖家"。小美打开邮箱，果然有一封主题为"来自支付宝的安全提醒"的未读邮件。小美没有多想就点击邮件里的链接，按提示一步步进行了"升级"，其间几次输入支付宝账号和密码。隔天，小美发现账户里的 8 000 多元余额被人以支付红包的形式盗空。

警方提示：要警惕收到的陌生邮件、文档、链接，不要轻易点击，防止木马病毒。如遇疑难问题，一定要找官方客服了解咨询，或拨打 110 求助。

案例 4：QQ 上谈钱

小飞通过某网站 QQ 咨询杂志文章，通过一番商谈，对方要求小飞先通过手机银行将钱转到对方指定账户，小飞按照要求把 20 000 元转入对方账户，之后对方一直声称让其等消息，才发现被骗。

警方提示：仅通过 QQ 或者电话联系的虚拟服务往往是诈骗，需要你先掏钱的往往是诈骗。一旦被骗，投诉无门。

案例 5：电话诈骗

张某接到一个自称是电信局工作人员的电话，称张某涉嫌诈骗，要张某配合调查。对方还将电话转给了自称是市公安局警官的李某，称要清查张某名下的资产，需张某按照要求操作将钱转到对方指定的银行。告知对方电子口令后张某的钱被转走近 50 万元，后发现被骗。

警方提示：骗子往往冒充电信局、公安局、银行等单位工作人员，实施新型电信诈骗手段，要警惕犯罪分子使用"任意显号"软件等技术，随机拨打手机、固定电话或者发送手机短信，显示国家机关的热线号码或者总机号码进行诈骗。

（1）网络购物类。①退款诈骗：犯罪分子冒充淘宝等公司客服拨打电话或者发送短信，谎称受害人拍下的货品缺货，需要退款，要求购买者提供银行卡号、密码等信息，实施诈骗。

②购物退税诈骗：犯罪分子事先获取到事主购买房产、汽车等信息后，以税收政策调整，可办理退税为由，诱骗事主到 ATM 机上实施转账操作，将卡内存款转入骗子指定账户。

③网络购物诈骗：犯罪分子开设虚假购物网站或淘宝店铺，一旦事主下单购买商品，便称系统故障，订单出现问题，需要重新激活。随后，通过 QQ 等聊天

软件发送虚假激活网址，受害人填写好淘宝账号、银行卡号、密码及验证码后，卡上金额即被划走。

④低价购物诈骗：犯罪分子通过互联网、手机短信发布二手车、二手电脑、海关没收的物品等转让信息，一旦事主与其联系，即以"缴纳定金""交易税手续费"等名义骗取钱财。

（2）刷单兼职类。骗子往往以"轻松高薪"做诱饵，声称在刷单后 5～10 分钟即可返还本金和至少 5% 的佣金，动动手指挣大钱，承诺佣金和垫资成正比。接着骗子会提供所谓的公司备案信息给受害人查询，或发送合同让受害人签字；伪造后台交易记录打消受害者疑虑、骗取信任。先施以小利，让受害人练习刷单，购买低价商品，购买成功后会迅速将本金和佣金返还，让刷单者放松警惕。与此同时，客服会试探询问刷单者银行卡或支付宝等有多少流动现金，以便精准诈骗。

最后一步就是让受害人购买虚拟物品减少付款流程，提供的链接商品为电话费、充值卡等虚拟商品，一次刷单任务包含多重陷阱，制造一个虚假的发单系统，称完成一次任务即可返还本金和佣金。然而一次任务包含多个订单，所有订单完成才能返款本金和佣金。最终以系统卡单为由，要求受害人重新支付某些订单，受害者一旦意识到受骗，骗子便立马将其拉黑并消失。

（3）中奖信息类。这种骗子会利用各种渠道，如在手机短信，社区消息，聊天软件上冒充官方给用户发消息、电子邮件等等。这种中奖诈骗，基本上都是先要求你付奖品的个人所得税，或者电话联系进行咨询。一定要利用可以利用的渠道去验证电话号码，就算电话联系以后，也要注意是不是需要你先付钱才能把奖品给你，如果是这样基本上是骗子。

（4）虚假客服电话类。首先陌生的号码不要轻信，要利用各种工具验证信息的可信度，去搜索引擎上看看有没有其他人遇到类似问题。仅通过 QQ 或者电话联系的虚拟服务往往是诈骗，需要你先掏钱的也往往是诈骗。

（5）股票投资类。其一是利用各种渠道吹嘘自己看股票很准，入会推荐股票，保证赚钱之类的。其二就是代买股票之类的，还有些平台打着"内幕消息，轻松获利"的旗号可以"先试用，后付费"，吸引了大量刚进入市场不久的投资者。这些诱惑都不能轻信。

（6）冒充银行等金融机构官方网站。为有效防范账户信息泄露，查阅地址栏是检验网站真伪的有效手段。在网上消费支付时，应该随时查看浏览器中显示的支付页面地址。如果地址栏中显示的地址不正常，或支付页面没有地址显示，那就一定是虚假网站。一定不要在虚假网站相关页面上输入账户信息。如果不小心输入了相关账户信息，应尽快通过各银行客户服务电话、营业网点或网上银行办理修改密码或紧急挂失，以确保账户资金安全。

4. 防范新型智能诈骗方法

（1）通知亲人不要轻信陌生人的电话和手机短信，也许会有人以你在外发生意外为由，将你的亲人骗出，或以你的名义骗取财物。

（2）犯罪分子使用"任意显号"软件、互联网电话等技术，冒充电信局、公安局等单位工作人员随机拨打手机、固定电话，显示国家机关的热线号码、总机号码，骗取受害人汇转资金。因"任意显号"软件不支持回拨，可通过回拨的方式及时予以核实确认。

（3）犯罪分子通过建立炒股交流群和相关网站或者通过媒体广告、电话（短信）推销等形式，精心策划陷阱，以委托理财，收取服务费、咨询费、顾问费、会员费等名义，骗取股民的大量钱财。当你投资时，首先要查询此类机构和人员的业务资格；其次要小心授权，不要盲目支付会员费或授权他人代理账户管理及交易事项；另外，可亲自去投资公司现场了解情况，有效地避免财物损失。

（4）如他人问及个人隐私，请务必谨慎。根据我国法律规定，公安、检察院、法院等机关在侦办案件时，不会通过电话询问群众家中存款账户、密码等隐私情况，如果涉及案件必须查询时，办案人员必须出具工作证件及有关法律文书，到相关金融机构查询或者与可能涉案的群众当面进行交流。

（5）为有效防范账户信息泄露，查阅地址栏是检验网站真伪的有效手段。在网上消费支付时，应该随时查看浏览器中显示的支付页面地址。如果地址栏中显示的地址不正常，或支付页面没有地址显示，那就一定是虚假网站，不要在相关页面上输入账户信息。如果不小心输入了相关账户信息，应尽快通过各银行客户服务电话、营业网点或网上银行办理修改密码或紧急挂失，以确保账户资金安全。

（6）当收到陌生人转来的二维码时，不要轻易扫描识别。很多二维码就是诈骗分子利用软件生成的付款码，一定要识别清楚，提高警惕。

虽然新型诈骗方式依靠科技手段让人真假难辨，但只要在面对骗局的时候能够冷静，克服内心贪念，谨慎理性分析实况，那就一定能够将骗局戳穿，避免遭受损失。

三、"传销"的前世与今生

传销，是指组织者或者经营者发展人员，通过对被发展人员直接或者间接发展的人员数量或者销售业绩为依据计算和给付报酬，或者要求被发展人员以交纳一定费用为条件取得加入资格等方式牟取非法利益，扰乱经济秩序，影响社会稳定的行为。

1998 年 4 月 21 日，我国宣布不再允许任何形式的传销经营活动。20 余年来，传销的主要模式一次次转型，由最初的拉人头、骗人入伙、限制人身自由，发展成以互联网金融概念为噱头，宣称快速致富、一夜致富，迷惑性更强，模式趋于复杂化，加入传销者不乏一些高学历、高智商的人。国家有关部门虽然一直在打击，但传销蔓延之势依然强劲，不得不令我们反思。

1. 传销的"前世"

传销本为直销的一种具体形式，20 世纪 20 年代起源于美国，20 世纪 90 年代初期传入我国后就开始了迅猛的无序发展。由于当时没有相关法律法规对其进行规制，在高额利润的刺激下，各种不规范的直销企业、非法传销组织纷纷涌现，一时泥沙俱下。一些不法分子打着传销的招牌，招摇撞骗，怂恿被游说的对象交纳高额入会费或认购价格高昂的假冒伪劣商品，加入传销队伍。在整个传销网络中，真正受益的只是那些处在传销"金字塔"网络顶端的极少数人，绝大部分传销人员不仅没有挣到什么钱，到最后反而血本无归，有的还倾家荡产、妻离子散。

1998 年国务院发布《关于禁止传销经营活动的通知》后，传销行为在中国面临全面禁止，所有传销均为非法。2001 年，最高人民法院做出批复，禁止传销后仍然从事传销或者变相传销活动，扰乱市场秩序，情节严重的，以非法经营罪定罪处罚，同时构成刑法规定的其他犯罪的，依照处罚较重的规定定罪处罚，传销正式进入刑事视域。2009 年刑法修正案（七）规定了组织领导欺诈传销罪，传销行为在刑事视域中开始了正式单独入罪的历程。

2. 现阶段传销活动的特点

（1）往往以从事商品、服务推销等经营活动为名，囤货诈钱。利用人们急于"发财致富"的心理，编造各种名目的"经营项目"。如"网络倍增""消费联盟"等，有的甚至打广告，拉名人做宣传，诱骗他人参加，其与一般的直销活动有明显区别，没有经营许可证、无店铺经营、无退货保障、无退出自由。

（2）要求参加者以缴纳费用或者购买商品、服务等方式获得加入资格，又称"入门费"。所谓"商品"和"服务"，有的具有真实内容，但价值很低，有的仅仅是名义上的。无论以何种形式存在，其本质是只有在"购买"了一定数量或者金额的"商品"或者"服务"后，才能取得进一步发展其他成员加入传销组织并按照一定比例抽取报酬的资格。

（3）按照一定顺序组成层级，直接或者间接以发展人员的数量作为计酬或者返利的依据。在组织结构上都是按照加入的顺序、发展人员的多少、"业绩"大小等因素组成"金字塔"形层级结构。这种机制诱使传销的参加者不断挖空心思，欺朋骗友地"发展"他人参加，使传销组织像滚雪球一样越滚越大。组织者利用后参加者所交付的部分费用支付先参加者的报酬以维持运作。

3. 传销活动最本质的特征

传销活动最本质的特征就是诈骗性。非法传销公司或者非法传销人员往往会炮制快速赚钱发财故事，以及长时间有节奏的掌声和口号，甚至用现代声光电多媒体等技术手段来"故意"营造一种超出"常识"的氛围，以高额回报为诱饵，对参加者进行精神乃至人身控制，诱骗甚至迫使其成员不断发展新成员（下线），以敛取成员缴纳的入门费。传销活动的参加者既是这种诈骗活动的受害者，又是使这种诈骗机制发挥作用的违法者。随着移动互联网、网络购物、跨境电商等网络概念和营销方式的发展，出现了一些新型传销活动。一些传销公司变换说法，金融传销、网络传销、"旅游"传销、"国家工程"传销、"假冒直销企业"传销、"假慈善"传销、"养老"传销，掩盖其传销本质，诱人上钩。

总之，识别传销主要看三个特征：一是入门费，加入是否需要认购商品或交纳费用。二是拉人头，是否需要发展他人成为自己的下线，并对发展的人员以其直接或间接滚动发展的人员数量为依据给付报酬。三是计酬方式，是否以直接或间接发展人员的销售业绩为依据计算报酬。

4. 大学生易落入传销陷阱的原因

一些落网的传销头目在接受审讯时供述，他们之所以把黑手伸向学生，主要是因为大中专学生刚刚离开父母的监管，自立的意识较强，而其社会接触面又不广，思想单纯，容易轻信他人，缺乏社会经验和识别陷阱的能力，更容易上当受骗。概括起来主要有以下几方面原因：

（1）大学生社会接触面不广，但对生活期望值过高，很容易被"洗脑"，上当受骗。

（2）参与传销的大学生多数来自农村或贫困地区，他们急于让自己和父母脱贫，从而对传销的一夜暴富神话产生期望。

（3）传销组织的"洗脑"方法切合大学生的心理需求，其谎言迎合了社会阅历浅、叛逆心理强的大学生的完美幻想。

（4）个别同学理想信念有所缺失，仅凭有无短期效益来衡量一件事情是否有益。

（5）一些同学被传销组织提出的平等、互爱等口号所迷惑，对传销集体产生心理依赖。

5. 如何有效抵制传销

近几年来，由于高校毕业生就业出现一些问题，一些传销组织抓住毕业生急于就业的心理，想方设法将毕业生作为拉拢欺骗对象。因此，高校毕业生找工作误入传销组织的案件呈上升趋势，每年都有部分高校的毕业生被诱骗入传销组织并被控制失去人身自由，最后需要学校和地方联动去解救。抵制传销进校园，远离传销组织，重点需要做好以下几方面。

（1）不要相信天上会掉馅饼。传销公司最常用的话是"让你在消费的同时赚钱"，这其实是谎言，消费就是消费，赚钱就是赚钱。消费不可能为消费者本人创造利润。

（2）不轻信他人介绍工作，不要感情用事。对熟人、朋友、同学甚至亲戚来电来信介绍工作，不要随意相信。要通过各种正规渠道进行调查核实，确定其所介绍的单位性质和招聘情况后，方可去应聘。因为传销组织有一个惯用的伎俩，就是利用熟人、朋友、同学甚至亲戚的关系把人骗进传销组织，令人防不胜防。

（3）就业要走正规渠道。寻找就业机会要通过学校举办的校园招聘会、政府举办的人才市场招聘会和正规的招聘网站，这样才不会受骗进入传销组织。

（4）求职应聘时认真审验合同。我国劳动合同法规定，公司与个人发生劳资关系必须签订合同，合同是保证双方平等互利的必要工具。求职时，正规公司都会主动与求职者签订劳动合同。如果用人单位丝毫不谈合同，甚至拒绝签订合同，那么该公司就有违法嫌疑，就应特别警惕防范。

（5）网上应聘需谨慎。传销组织经常在网上发布虚假职位信息，以优厚的待遇引诱求职者去应聘，还安排一对一的专人去车站接送。面对这种情况，要多渠道考证后再做决定，绝不可盲目去应聘。

四、认识"校园贷"的真面目

"校园贷"本是为大学生弥补资金短缺，提供获取资金的平台，却不料被不法分子利用，成为其赚取高额利息的渠道。近年来，许多大学生被不良"校园贷"坑惨，陷入泥淖，甚至以付出鲜活生命为代价。

从这些接二连三因"校园贷"引发的恶性事件可见，"校园贷"不仅严重影响学生正常学习生活，扰乱学校正常秩序，还严重危害大学生身心健康，更有甚者危及生命，更是严重破坏家庭幸福，造成恶劣社会影响。教育部等部门2017年联合下发《关于进一步加强校园贷规范管理工作的通知》，明确要求未经银行业监管部门批准设立的机构不得进入校园为大学生提供信贷服务。校园贷得到遏制，但出现回租贷、求职贷、培训贷、创业贷等诸多"新马甲"。为何还是不断有大学生跳入"校园贷"的灰色陷阱？是接受高等教育的他们不明白"校园贷"的陷阱，还是金融管理部门的监管缺失？答案不绝对。

对于"校园贷"引发的悲剧，究其原因还是大学生的不良消费观念、及时行乐的享乐主义、淡薄的法律意识以及被网络"校园贷"低息无抵押的美丽外衣所迷惑等，这才是导致在校大学生债台高筑、深陷泥淖的关键。

典型案例 ▶

案例 1

某高校学生小方，因想购买一台笔记本电脑，在同学小谢的极力推荐下，他到学校周边的某网络贷款公司申请借款。合同上虽写明借款金额 6 000 元，但需扣除 800 元手续费，小方拿到手的只有 5 200 元。贷款公司虽声称利息全国最低，但在合同中的不起眼位置以小号字体注明了借款后产生的手续费、管理费，加上复杂的利息计算方式，小方欠债的窟窿不断增大。他不断地通过向新的平台借款来偿还之前的欠款，先后在十几个平台上借过钱，滚成 10 多万元的巨额债务。小方每天面对讨债公司穷尽方法的折腾，自己及家人都苦不堪言，无奈报警……

案例 2

2019 年 5 月，深圳市南山区人民检察院以诈骗罪对被告人张某等 8 人提起公诉，以诈骗罪、寻衅滋事罪对被告人彭某佳、杨某鑫等 3 人提起公诉。被告人张某、彭某佳曾经分别是"分期乐"和"永旺分期"借贷平台的高校业务员，他们在开展业务过程中接触到一些有借款需求的在校大学生，通过审查个人资料、家庭信息等，掌握了一批以深圳户口、家庭条件优越、有超前消费习惯、自控能力差等为特点的在校大学生资源。为了谋取非法利益，张某纠集董某铭等人合作开展专门针对在校大学生的无抵押高息短期借款业务，由董某铭等人负责出资，张某负责物色客户（借款人）、出面签订合同和催收债务，所得的利润六四分成，风险共担。借款模式以 1 周或 5 日为借款周期，利息 15%~30%，逾期费每天收取 500~1 000 元。

被不良网贷公司招为代理，是"校园贷"隐藏的另一陷阱。据办理过此类案件的检察官介绍，"校园贷"案件的犯罪嫌疑人先通过招收在校生成为公司的代理，或与在校生相互合作，利用在校生在校园内广泛发布广告并向其周围的同学进行宣传，使其他的在校生基于信任到犯罪嫌疑人处进行借贷。因此，法律意识、防范意识淡薄的在校生除了成为"校园贷"的受害者，也可能成为"校园贷"的帮凶，甚至走上犯罪的道路。

朋 辈 提 醒

同学 A：上了大学，看着身边的同学一个个光鲜亮丽，有钱的同学更是左手 iPhone、右手 iPad，久而久之，就会出现攀比心理，可是自己手上没有钱，又不能跟家里要，就只能寻找网络平台贷款，主要是它手续简单不要抵押，一张身份证、一张学生证，加上几个亲友同学的联系电话基本搞定，而且利息低、额度不限，能很快解决问题，基本不会去想它的合规性。

同学 B：在学校，总会有急用钱又不能跟家里要的时候，在这个时候，如果有同学或认识的学长学姐给自己推荐一个贷款平台，基本不会去考虑有没有其他后果。

同学 C："校园贷"的手续比较简单，在办理贷款的时候基本不会想到自己会还不了，而且就算意识到自己上当受骗，也基本不会也不愿意和家人、老师说，因为不好意思。但是通过学校的教育讲座，了解了"校园贷"平台的整个催款程序，包含了"十部曲"：①发逾期短信；②单独发短信；③单独打电话；④联系贷款者室友；⑤联系父母；⑥再次警告本人；⑦发送律师函；⑧给学校发通知；⑨在学校公共场合张贴大字报；⑩群发短信。一旦借了还不上，身边所有人都会被拉下水。

因此，培育大学生树立正确的消费观、金钱观和法律观，是广大青年学生远离"校园贷"伤害，提高自我修养和自我保护能力的有力保障。有什么样的消费观就有什么样的消费行为。大学生们一方面要培养科学的消费观；另一方面应自觉抵制攀比消费、盲目消费的不良风气，立足实际，养成量入为出、适度消费的健康习惯。消费观摆正了，就不容易陷入"校园贷"的陷阱；消费观摆正了，大学生们也就能共同努力营造适度消费、理性消费的社会氛围。大学生还需具备一定的理财头脑，掌握基本的金融知识，不能养成贷款依赖性，要注重增强风险控制意识和法律意识。当学生有正常的消费需求时，可以做到注意识别公司的合法性及合同的合理性，懂得选择正规贷款平台，事先了解具体条款情况；在借贷之后做到严格遵守合同，按时还款，才能真正避免上当受骗。

五、诈骗犯罪的识别防范和应对

1.诈骗案件发生的主要原因

近几年来，社会治安形势中比较突出的就是诈骗案件多发，诈骗类型名目繁多，手法层出不穷，成为影响社会稳定和人民群众安全感的一大隐患。这其中的客观原因有社会关系的复杂性、价值观的多样性、人财物的流动性、信息传播的便捷性，在一定程度上加大了社会管理的难度，四通八达的交通以及通信网络的普及，更是给当前治安管理工作带来严峻考验。

虽然诈骗行为的形式是多种多样的，但是把握一些共同的特征进行针对性的防范，是可以避免使自己误入歧途、落入圈套的。通常，下面几种不良心理意识易被诈骗分子利用：虚荣心理，不作分析的同情、怜悯心理，贪占小便宜的心理，轻率、轻信、麻痹、缺乏责任感，好逸恶劳、想入非非、贪求美色等不良意识，易受暗示、易受诱惑的心理特点，等等。

（1）思想单纯，分辨能力差。很多同学从小学、中学到大学都有"十年寒窗"的经历，与社会接触较少，思想单纯；对一些人或者事缺乏应有的分辨能力，更缺乏刨根问底的习惯，对于事物的分析往往停留在表象上，或根本就不去分析，因而使诈骗分子有了可乘之机。

（2）同情心作祟。帮助有困难的人，这是我国的优良传统，是值得我们继承和发扬的。但如果不假思索去"帮"一个不相识或相识不久的人，这是很危险的。然而遗憾的是，我们有不少同学就是凭着这种幼稚、不作分析的同情、怜悯之心，一遇上那些自称急需帮助的"落难者"，往往就会被他们的花言巧语所蒙蔽，继而"慷慨解囊"，自以为做了一件好事，殊不知自己已落入骗子设下的圈套。

（3）有求于人，粗心大意。每个人免不了有求他人相助的事，但关键是要了解对方的人品和身份。有些同学在有求于人而有人愿"帮忙"时，往往是急不可待，完全放松了警惕；对于对方提出的要求，常常是唯命是从，很"积极自觉"地满足对方的要求进而铸成大错。

（4）贪小便宜，急功近利。贪心是受害者最大的心理缺点。很多诈骗分子之所以屡骗屡成，很大程度上也正是利用了人们的这种不良心态。受害者往往是为诈骗分子开出的"好处""利益"所深深吸引，自以为可以用最小的代价，获得最大的利益和好处，对于诈骗分子的所作所为不加深思和分析，不做深入的调查研究，最后落得个"捡了芝麻，丢了西瓜"的下场。

2. 培养正确的心态，强化防范意识

（1）培养独立思考的能力，不盲从轻信。俗话说："害人之心不可有，防人之心不可无。"当然，"防人"并不是要搞得人心惶惶，关键是要有这种意识，对于任何人，尤其是陌生人，不要因为对方说了什么好话，许诺了什么好处就轻信、盲从。遇人遇事，应有清醒的认识和独立的思考，要懂得调查和思考，在此基础上做出正确的反应。

（2）理智分析，不感情用事。诈骗分子的最终目的是骗取钱财，并且是在尽可能短的时间内骗走。因此，对于表面上讲"感情""哥们义气"的诈骗分子，特别是新认识的"朋友""老乡"和遭受不幸的"落难者"，若对你提出钱财方面的要求，切不可被感情所蒙蔽，不要一味"跟着感觉走"而缺乏理智，要学会"听、观、辨"，即听其言、观其色、辨其行，要懂得用理智去分析问题，以避免不应有的损失。

（3）注意"能人"，不期待捷径。对过于自夸"本事"或"能耐"的人，或者过于热情地希望"帮助"你解决困难的人，要特别注意。那些自称名流、能人的诈骗分子为了能更快地取得你的信任，以达到其不可告人的目的，大多都会主动地在你面前炫耀"本事"，说自己是如何了得，取得了什么成就，而且他正在运用他的"本事""能耐"为你解决困难或满足你的请求。当你遇到这种人时，你应当格外注意，因为你面前的那个"能人"很可能是一个十足的骗子，当他骗取了你的信任之后，你的结局就是上当受骗。

（4）保持冷静，不贪便宜。对飞来的"横财"和"好处"，特别是别人所许诺的利益，要深思和调查。要知道，天上是不会掉下馅饼的，克服贪小便宜的心理，就不会对突然而来的"好处"欣喜若狂，失去正确的判断力。对于这些"横财"和"好处"，最好的防范是三思而后行。

总之，诈骗分子行骗的过程可分为两个阶段：一是情感培养、博得信任，二是骗取对方财物。对于行骗者和受害者来说，第一阶段都是最重要的，也是行骗者行为表现得最为突出的阶段。虽然行骗手段多种多样，但只要我们树立较强的

反诈骗意识，克服内心的一些不良心理，保持应有的清醒做到"三思而后行，三查而后行"，在绝大多数情况下是可以避免上当受骗的。大学其实就是一个小社会，形形色色的人都会出现在你的周围，人和人之间需要有基本的信任，但是没有原则、不加选择盲目地信任你刚刚接触的每一个人，那只是对自己生命和财产的不负责任。遇到可疑人、可疑事，一定要自己做出正确的判断，让诈骗远离我们！

思考题

1. 目前，社会上的一些网络贷款所谓的"便利性"和"低门槛"存在哪些风险？

2. 简述易被诈骗分子利用的不良心理意识。

3. 案例分析：请阅读以下案例并分析，我们可以发现并总结的教训有哪些？

　　小新在淘宝店买了一件衣服。隔天，一个自称淘宝客服的人加他 QQ，以订单异常为由，发了一个链接让他登录办理退款。小新点击链接并按要求输入了账号、姓名、密码、验证码等信息，随后账户里的 2 000 多元就不翼而飞了。

4. 根据自己的学习和了解，梳理骗子实施刷单诈骗的流程。

主题三 ▶

抢劫、抢夺犯罪的防范与处理

主题拓展

视频资源

学习目标

（一）思政目标

牢固树立防范意识，有效保护个人财产。

（二）知识目标

了解和认识抢劫、抢夺犯罪的类型、特点和规律。

（三）能力目标

掌握遭遇抢劫、抢夺犯罪侵害时的有效应对手段和方法。

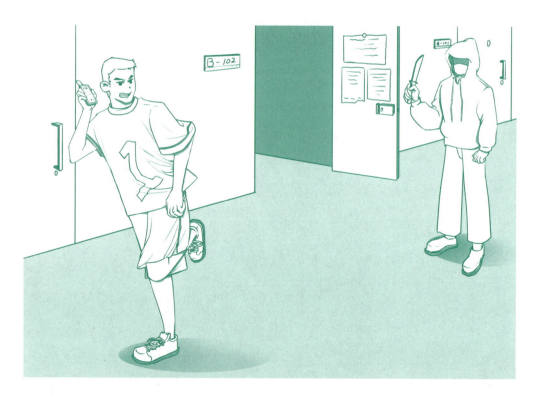

思考题

1. 请简述 ATM 取款的安全注意事项。

2. 面对突如其来的袭击和穷凶极恶的歹徒，关键是先要迅速建设好心理防线。请简述如何建设心理防线。

《模块四　场｜景｜训｜练》

知识点：防范诈骗

场景 1：推销者推门进入宿舍。

同学 A：你找谁?

推销者：同学，你好。你是刚刚来报到的大一新生吧，宿舍都整理好了吗?家长还在吗?

同学 A：他们已经走了，你是助理辅导员吗?

推销者：不是，我是之前住在这个宿舍的，现在已经毕业了，这次过来办事，就来故地重游一下。

同学 A：哦，那你是学长。

推销者：作为学长，咱们又住过同一间宿舍，缘分啊! 有件好事跟你说吧。我今天是过来给学校的文具店送货，还剩了这些文具，我也不想再带回去了。我便宜点，都成本价卖给你。

同学 A：这些我几年都用不完。

推销者：你自己用一些，其他的你卖给你的同学啊，我给你成本价，你只要卖得不比学校文具店的贵，他们都会找你买的。我是着急要走了，不然我就留下来自己卖。

同学 A：那你这些要多少钱?

推销者：你看还有这么多。我就不仔细算了，你给个整数 400 元。你看看，你再去卖，至少能赚三四百。

同学 A：行吧。

……

同学 A：怎么都是纸啊。我是不是上当了？

提示：这是经常会发生在新生入校期间的一个典型案例。新生开学应先适应大学的生活，不要忙于寻找兼职工作。面对"各类校园代理招聘""热心中介帮忙介绍兼职"等情况，一定要谨慎对待。要先查看对方的资质，对于应聘过程中索要身份证、交押金保证金的，立即拒绝。正确的应对方法如下：

同学 A：谢谢学长，我不需要。学校有规定，非学生公寓的人不能随意进出宿舍。所以你还是赶紧离开吧。不然我告诉宿舍管理员，就不好意思了。

推销者离开后。

同学 A：我还是要告诉宿舍管理员，留意这个人是不是真的离开了。并发消息到群里提醒一下其他同学，避免上当。

场景 2：接到客服电话

同学 B 接手机：喂，你好。

淘宝客服：亲，你好。你是不是刚刚在淘宝上下单买了东西？我是千千小店的客服 CC，刚刚那个付款出现了异常，我现在要把钱退给你。你的手机号是多少？我要和你确认一下。

同学 B：哦，这样啊。我的手机号是 138 XXXX XXXX。

淘宝客服：好的，我一会儿发条信息到你手机上，你按照指引操作就可以了，谢谢亲。

同学 B 收到信息后，自言自语：收到信息了，我先点进去。咦，还要输身份证号、银行卡号以及密码。嗯，还要短信验证码。OK 了！

哎呀，怎么我账户的钱被转走了？！这是骗子啊！

提示：带有链接的短信，很可能是骗人的，尤其要注意网址的后缀，假网址的后缀往往是异常的，千万不要点进去，更不要输入个人信息。另外务必保护好银行卡号、密码、身份证号等信息，当对方试图索取密码、手机校验码等信息时，十有八九是骗子，一定要提高警惕，

千万不要透露个人信息。正确的应对方法如下：

同学 B：如果付款有问题，请你通过阿里旺旺和我沟通，然后挂断电话。

手机依然收到了短信。

同学 B 自言自语：这种链接网址都不正常，还要输入这么多个人信息，肯定有问题，直接删除。

场景 3：同学 C 在网上和对方聊 QQ。

同学 C：你好，听说你这里提供做兼职的机会，是吗？

代理：是的是的。你先填一下表，便于我们了解你的基本情况。

同学 C：已经填好了。你看一下。

5 分钟后。

代理：同学，你好。你的申请表已经通过了。

提示：近几年，"刷单"被居心叵测的人加以利用，用来骗钱害人，案件频发。刷单诈骗中，88% 的骗子通过微信或 QQ 与受害者沟通交流，诱导受害者进行转账等，其次是兼职网站。现在，微信群成为骗子喜欢去的地方。他们到处寻找人多的微信群，进去之后拼命发广告，张开口袋等待"猎物上门"。还有一种是先给你小额的返利，骗取信任，然后等你支付大额钱财后，就把你拉黑了。

同学 C 在上网，看到这种刷单招聘信息时，果断地说：网上刷单要么是帮店家做虚假数据，要么就是骗局。这种兼职千万不能做！

模块五 消防安全

青林一灰烬，云气无处所。

——［唐］杜甫

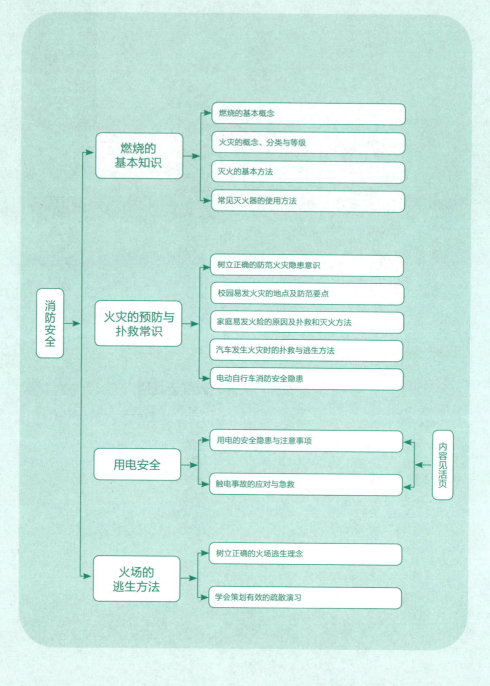

案例导读

烧烤店违规操作导致煤气爆炸

2023年，某烧烤店操作间液化石油气（液化气罐）泄漏引发爆炸，经过紧急扑救，21时20分许现场明火扑灭。

警方在第一时间介入了调查。据官方通报的情况，在爆炸前一小时，店内的员工闻到有煤气泄漏，发现是液化气罐减压阀坏了，于是上报后厨。但后厨主管仅去购买更换用的减压阀，并未停止营业，也未疏散顾客。事故就发生在更换阀门的过程中，爆炸从一楼冲到二楼，引燃了天然气，最终酿成了惨剧。

该事故造成38人伤亡，其中31人经抢救无效死亡，7人受伤（情况分为危重1人、中度烧伤2人、轻症2人、玻璃划伤2人）。短短几分钟时间，31条鲜活的生命就这样消逝在滚滚浓烟之中。许多家庭瞬间坠入痛苦的深渊，伤亡数据让人目不忍视。

思考：

1. 你认为酿成这场惨剧的主要原因是什么？
2. 你觉得如何做可以避免这场惨剧的发生？

"生命"是一个鲜活的词语，"幸福"是一种美妙的境界，"安全"是一个古老的话题。生命只有在安全中才能永葆活力，幸福只有在安全中才能永具魅力。

在人类发展的历史长河中，火带来文明进步、光明和温暖。但是失去控制的火，就会给我们造成灾难，火灾严重威胁我们的生命和财产安全。火灾典型案例非常多，血淋淋的教训，触目惊心。让我一直记忆犹新的案例是发生在2003年11月24日凌晨，莫斯科时间2:50，俄罗斯人民友谊大学六号学生楼失火，大火从203号宿舍烧起。这场大火是俄罗斯十年来最严重的一场火灾。消防局出动了50辆消防车、30辆救护车。直到凌晨5:45，大火才被扑灭。经调查，失火原因是电线短路。这场火灾造成41名学生被烧死，100多人受伤，其中遇难的中国留学生有11名。

我国高校数量多，人员密集，致灾因素复杂，历来是消防安全管理的重点单位。近几年来，随着高校规模的扩大，高校火灾也频频发生，给在校学习生活的同学和老师们带来了很大的危险。根据相关报告得出，全国上上下下有几千所高校，几乎没有高校没发生过火灾险情，除了烧毁教学楼、实验室、宿舍等基础设施外，大都伴有人身伤亡。火灾事件，不仅给所在学校造成物质损失，还可能会酿成人员伤亡的惨剧。所以学生和老师都要做好安全防火的工作。

在这一模块里，我们主要通过学习来了解燃烧的基本知识，宿舍及家庭的安全用电知识，掌握火灾的预防与扑救常识，改变火场逃生中的错误理念，重点是通过火灾隐患查找与初起火灾扑救、触电事故的应对与急救、火场逃生以及组织疏散演练活动等实操训练，切实提高在实际生活、学习和工作环境中的检查并消除火灾隐患的能力、扑救初期火灾能力、组织人员疏散逃生能力、消防宣传教育培训能力，也就是我们常常听到的"消防四个能力"！

消防安全教育，是最早开展的普及性安全教育，需要牢记的安全常识多，需要熟练掌握的实操技能也非常多，希望同学们在学习的过程中，时时环顾自己的生活、学习和工作的实际环境，养成善于发现问题、积极解决问题的良好消防安全习惯。

视频资源

燃烧的基本知识

学习目标

（一）思政目标

树立"生命至上、居安思危"的科学消防安全观念。

（二）知识目标

1. 理解火灾防范的基本知识。

2. 熟记灭火器使用和操作的基本原理及日常生活中的灭火常识。

（三）能力目标

1. 掌握日常生活中的基本灭火方法。

2. 熟练规范使用常见灭火器。

人类用火的历史与同火灾做斗争的历史是相伴相生的，因为人们在用火的同时，不断总结火灾发生的规律，尽可能地减少火灾对人类造成的危害。专家研究表明，火灾中的死亡者，一半以上是可以通过正确方法逃生获救的。也就是说，如果我们不幸遭遇了熊熊烈焰和滚滚浓烟，一定要冷静机智地运用灭火自救和逃生知识拯救自己。

一、燃烧的基本概念

1. 什么是燃烧

我们看到的，听别人说的，对火灾的第一描述都是：着火了。其实，它更科学的说法叫作燃烧。

燃烧，即着火，是燃烧物与氧化剂作用发生的放热反应，通常伴有火焰、发光和发烟现象，即燃烧是一种剧烈发光放热的化学反应。从这个定义中我们可以看出，燃烧具有三个特征，即化学反应、放热、发光。

2. 燃烧的发生条件

燃烧 = 可燃物 + 助燃物 + 着火源（温度），三个条件缺一不可，只有同时具备，才可能发生燃烧现象。

（1）可燃物。即可以与空气中氧气或其他氧化剂发生作用，引起燃烧化学反应的物质。

（2）助燃物。又称氧化剂，即能与可燃物发生化学反应，协助燃烧的物质，在这个地球上，通常就是指氧气。

（3）着火源（温度）。即点燃火的能源，它是可燃物与氧化剂发生燃烧反应的能量来源，常见的是热能。

无论缺少哪一个条件，燃烧都不能发生。因此在防火和灭火的过程中，我们只要破坏了其中一个条件，就可以使燃烧不发生或者是熄灭。灭火的主要措施就是控制可燃物、减少氧化剂、降低着火点，以及针对链式反应的化学抑制。

3. 日常生活中燃烧的表现形式

（1）着火。日常生活中最常见的燃烧现象。可燃物质开始持续燃烧所需的最低温度叫作该物质的着火点，就是该物质的燃点。物质的燃点越低，越容易着火。

（2）闪燃。即可燃液体挥发的蒸气与空气混合达到一定浓度，遇明火，发生一闪即逝的燃烧，或者将可燃固体加热到一定温度后，遇明火会发生一闪即灭的闪燃现象。

（3）自燃。可燃物因受热或自身发热并蓄热所产生的自行燃烧现象。

（4）爆炸。物质急剧氧化或分解反应产生温度、压力分别增加或同时增加，释放出巨大能量，或是气体、蒸汽在瞬间发生剧热膨胀等现象。

4. 不同燃烧类型及特点

如果我们按可燃物形态分类，燃烧可以分为气体燃烧、液体燃烧和固体燃烧三类，它们各自又有什么特点呢？

（1）气体燃烧。气体燃烧作用的热量反应为氧化和分解，易燃烧，速度快。

（2）液体燃烧。液体蒸发出蒸汽进行燃烧。燃烧速率与可燃液体的蒸汽压、闪点、沸点和蒸发速度有关。发生闪燃时的物体最低温度称为闪点。当可燃液体温度高于闪点时，随时都有被点燃的危险。

☰ 典型案例 ▶

四川凉山州森林火灾

2019 年 3 月 30 日 17:00，四川省凉山州木里县发生森林火灾。31 日下午，四川森林消防总队凉山州支队指战员和地方扑火队员共 689 人展开扑救。在扑火行动中，受风力风向突变影响，突发林火爆燃，现场的扑火人员紧急避险。截至 4 月 1 日 18:30，包括 27 名森林消防队员和 3 名地方干部群众，共 30 名救火人员遇难。

法国巴黎圣母院火灾

当地时间 2019 年 4 月 15 日下午，法国巴黎圣母院发生火灾，整座建筑损毁严重。着火位置位于圣母院顶部塔楼，大火迅速将圣母院塔楼的尖顶吞噬，很快，尖顶如被拦腰折断一般倒下，这是巴黎圣母院遭遇到的有史以来最严重的一次火灾。整个教堂顶部的木质结构被全部摧毁，留下石质的残垣断壁供人凭吊。

（3）固体燃烧。必须通过受热、蒸发、热分解等过程解析出的可燃气体浓度达到燃烧的极限，才能持续不断地发生燃烧。

二、火灾的概念、分类与等级

1. 火灾的概念

当燃烧在时间和空间上失去控制，带来的灾害性事故就是火灾。各种灾害中，火灾是最经常、最普遍的威胁公众安全和社会发展的主要灾害之一。人类能够对火进行利用和控制，是文明进步的一个重要标志。认识了燃烧之后，就应该培养对火灾的防范意识了。火与人类生活密切相关，给我们的日常生活带来了极大的便利。可如果利用不好，它会将我们所拥有的一切毁于一旦。因此，我们在用火的同时，要不断总结火灾发生的规律，尽可能地减少火灾对人类造成的危害。

2. 火灾的分类

根据可燃物的类型和燃烧的特性，火灾可分为 A、B、C、D、E、F 六类。

A 类火灾：指固体物质火灾。这种物质通常具有有机物性质，一般在燃烧时能产生灼热的余烬。如木材、煤、棉、毛、纸张等引起的火灾。

B 类火灾：指液体或可溶化的固体物质火灾。如汽油、煤油、柴油、甲醇、乙醇、沥青、石蜡等引起的火灾。

C 类火灾：指气体火灾。如煤气、天然气、甲烷、乙烷、丙烷、氢气等引起的火灾。

D 类火灾：指金属火灾。如钾、钠、镁、铝等引起的火灾。

E 类火灾：指带电火，物体带电燃烧的火灾。

F 类火灾：烹饪器具内的烹饪物火灾。

3. 火灾灾害的等级

火灾一旦发生，将会造成不可挽回的损失，它不仅威胁到人们的生命和财产安全，更是影响了社会经济的发展。为贯彻执行国务院 2007 年 4 月 6 日颁布的《生产安全事故报告和调查处理条例》（以下简称《条例》），按照要求做好关于火灾事故的统计和报告工作，2007 年 6 月 26 日，公安部下发了《关于调整火灾等级标准的通知》，新的火灾等级标准由原来的特大火灾、重大火灾、一般火灾 3 个等级调整为特别重大火灾、重大火灾、较大火灾和一般火灾 4 个等级。

根据《条例》规定生产安全事故等级标准，特别重大、重大、较大和一般火灾的等级标准分别为：

特别重大火灾是指造成 30 人以上死亡，或者 100 人以上重伤，或者 1 亿元以上直接财产损失的火灾；重大火灾是指造成 10 人以上 30 人以下死亡，或者 50 人以上 100 人以下重伤，或者 5 000 万元以上 1 亿元以下直接财产损失的火灾；较大火灾是指造成 3 人以上 10 人以下死亡，或者 10 人以上 50 人以下重伤，或者 1 000 万元以上 5 000 万元以下直接财产损失的火灾；一般火灾是指造成 3 人以下死亡，或者 10 人以下重伤，或者 1 000 万元以下直接财产损失的火灾。

三、灭火的基本方法

在熊熊燃烧的大火面前，专业消防救援人员确实是消灭火灾事故的第一人。但在现代社会，人人具备一些火灾应急处理技能是十分必要的，今天我们就来了解室内火灾的应急处理。

众所周知，燃烧必须同时具备三个条件：可燃物、助燃物、着火源。只要阻断其中一个条件或者使其不发生相互作用，就不会产生燃烧。基于这个原理，人们在灭火实践中总结出了以下 4 种基本方法：

（1）冷却法。使可燃物的温度降到燃点以下从而使燃烧停止。

（2）隔离法。将着火的地方或物体与其周围的可燃物隔离或隔开，燃烧就会因为缺少可燃物而停止。如，关闭电源开关，易燃气体、液体阀门，拆除与着火物相毗邻的易燃建筑物并移到安全位置。

（3）窒息法。阻止空气流入燃烧区域或用不燃烧的物质冲淡空气，使燃烧物得不到足够的氧气而熄灭。该方法适用于扑灭较封闭场所的火灾。

（4）抑制法。使用化学灭火剂参与燃烧的连锁反应，使燃烧过程中产生的活性游离基消失，形成稳定分子，从而使燃烧反应停止。

以上方法在运用中，可根据实际情况，采用一种或多种方法并用，达到迅速灭火的目的。

四、常见灭火器的使用方法

灭火器是一种可以人为移动的轻便灭火器具。其种类繁多，适用范围也有所不同，只有正确选择灭火器的类型，才能有效地扑灭不同种类的火灾，达到预期的效果。

按其移动方式分为手提式和推车式；

按驱动灭火剂的动力来源可分为储气瓶式、储压式、化学反应式；

按所充装灭火剂可分为泡沫、干粉、卤代烷、二氧化碳、酸碱、清水等。

下面介绍日常生活中常见的灭火器及其使用方法。

1. 干粉类灭火器

干粉类灭火器分为碳酸氢钠和磷酸铵盐两种。灭火时，通过喷出粉雾与火焰接触、混合时发生的物理、化学作用灭火。一是产生化学抑制和副催化作用，使燃烧链反应中止而灭火；二是干粉的粉末落在可燃烧物表面，发生化学反应，形成覆盖层隔绝氧气达到窒息灭火的目的。灭火时将灭火器移到现场，拔掉保险销，一手握住喷管，一手握住压把，在距离火焰 1.5~2 米处，压下压把，对准火苗根部喷射，喷管左右摇摆，使干粉覆盖整个燃烧区。

2. 二氧化碳灭火器

二氧化碳灭火器的灭火剂是液态的二氧化碳，主要依靠窒息和冷却作用灭火。灭火时将灭火器移到火场，拔出保险销，站在距离燃烧物 2 米处，一手握住喇叭筒根部的手柄，一手压下压把，对着火源根部喷射。对于没有喷射管的二氧化碳灭火器，应先把喇叭筒根部上扳 70°～90°，使用时不能直接用手抓住喇叭筒外壁和金属连接管，防止手被冻伤。在室内窄小空间使用时，灭火后应迅速离开，以防窒息。

3. 泡沫型灭火器

化学泡沫灭火器主要是通过筒内酸性溶液与碱性溶液混合发生化学反应，将生成的泡沫压出喷嘴进行灭火。适用于扑救一般 B 类火灾，如油制品、油脂等火灾，也适用于 A 类火灾，但不能扑救 B 类火灾中的水溶性可燃、易燃液体的火灾，如醇、酯、醚、酮等物质火灾，也不能扑救带电设备及 C 类和 D 类火灾。可手提筒体上部的提环，迅速奔赴火场。这时应注意不得使灭火器过分倾斜，更不可横拿或颠倒，以免两种药剂混合而提前喷出。当距离着火点 10 米左右，即可将筒体颠倒过来，一只手紧握提环，另一只手扶住筒体的底圈，将射流对准燃烧物。切忌直接对准液面喷射，以免由于射流的冲击，反而将燃烧的液体冲散或冲出容器，扩大燃烧范围。使用时，灭火器应始终保持倒置状态，否则会中断喷射。

4.水基型（水雾）灭火器

水基型（水雾）灭火器为物理性灭火器。灭火剂主要由碳氢表面活性剂、氟碳表面活性剂、阻燃剂和助剂组成。灭火剂对 A 类火灾具有渗透的作用，如木材、布匹等，灭火剂可以渗透可燃物内部，即便火势较大未能全部扑灭，其药剂喷射的部位也可以有效地阻断火源，控制火灾的蔓延速度；对 B 类火灾具有隔离的作用，如汽油等挥发性化学液体，药剂可在其表面形成长时间的水膜，即便水膜受外界因素的破坏，其独特的流动性可以迅速愈合，使火焰窒息。该类灭火器具备其他灭火器无法媲美的阻燃性。水基型灭火器不受室内、室外、大风等环境的影响，灭火剂可以最大限度作用于燃烧物表面。其使用方法和干粉灭火器基本一致。使用时先拔出保险销，按下压把，喷剂立即喷出，将喷嘴对准火焰根部横扫，迅速将火焰扑灭。使用时应垂直操作，切勿横卧或倒置。在灭火时应果断、迅速。灭油火时，不要直接冲击油面，以免油液激溅引起火势蔓延，应找东西覆盖油面再用灭火器灭火。

由于灭火器的组成成分不一样，适用的火灾种类也不一样，需留意观察，区分使用。

思考题

1.物质燃烧必须具备哪三个条件？由此可以发现，在火灾防范和扑救过程中的有效做法有哪些？

2.简述引发火灾的常见原因。

主题二 ▶▶

火灾的预防与扑救常识

视频资源

学习目标

（一）思政目标

培养严谨、细致的态度和规范操作的安全素养。

（二）知识目标

1.掌握预防校园易发火灾的基本常识、要点和措施。

2.掌握防范、扑救初起火灾的知识与方法。

3.了解电动自行车的消防安全隐患。

（三）能力目标

1掌握防范家庭易发火险的方法和措施。

2.掌握防范、扑救汽车火灾的规范措施和杜绝电动自行车消防隐患的方法。

3.能排查并整改生活、工作、学习环境中的消防隐患，能用简单工具和方法扑救初起火灾。

一、树立正确的防范火灾隐患意识

2016 年 8 月 17 日凌晨，某大学 13 号公寓一楼宿舍留校学生在宿舍点燃了蚊香后外出上网，因蚊香点燃了周边可燃物导致整间宿舍全部烧毁，整栋宿舍楼 300 多人在浓烟中疏散、安全撤离，所幸没有人员受伤。

火灾等安全事故，往往萌生于日常被忽视的隐患、潜藏于不负责任的细节。有数据显示，90% 以上森林草原火灾是由上坟烧纸、吸烟、烧秸秆以及燃放烟花爆竹等人为原因引发的，可以说人为疏忽与安全思想麻痹是最大的隐患，隐患最终酿成事故。

（一）校园学习生活环境中的隐患

1. 教室火灾隐患

（1）教室的门不畅通或只开一扇门。

（2）大功率照明灯或电热器具取暖靠近易燃物。

（3）违反操作规程使用电子教具。

（4）线路老化或超负荷。

（5）不按照安全规定存放易燃物品。

（6）在教室内吸烟、乱丢烟头。

2. 实验室的火灾隐患

（1）实验室易燃易爆物品保存不当或打碎洒落。

三 典型案例 ▶

高校实验室爆燃事故

2018 年 12 月 26 日，在北京交通大学市政与环境工程实验室发生了一起爆燃事故，事故造成现场 3 名学生死亡。经北京市公安局、北京市消防总队等部门组成的事故调查组调查，事故直接原因是在使用搅拌机对镁粉和磷酸进行搅拌、二者反应过程中，料斗内产生的氢气，被搅拌机转轴处金属摩擦、碰撞产生的火花点燃爆炸，继而引发镁粉、粉尘云爆炸。

（2）实验过程中违反操作规程。

（3）实验过程缺少专人指导。

（4）实验项目缺少防火措施。

（5）实验试剂混存。

3. 图书馆的火灾隐患

（1）电线、电器设备发生短路。

（2）火柴、打火机等意外点燃。

（3）吸烟、乱扔烟头。

（4）疏散通道不畅。

4. 宿舍的火灾隐患

（1）使用劣质电器。

（2）违章使用大功率电器。

（3）私接乱拉电线。

（4）卧床吸烟。

（5）在蚊帐内点蜡烛看书。

（6）擅自使用煤油炉、液化气灶具、酒精炉等器具。

（7）焚烧杂物。

（8）台灯靠近枕头、被褥。

（9）手机充电器放在床上充电，或长时间充电。

三 典型案例 ▶

女生宿舍的违规电器多，成为消防安全隐患

国内某高校女生宿舍发生火灾，着火后楼内到处弥漫着浓烟，楼层能见度更是不足 10 米。火灾发生时大部分学生都在楼内，所幸消防员及时赶到将学生紧急疏散，才没有造成人员伤亡。经查，事故原因为接线板短路造成的火灾。事发后，校方在该宿舍楼进行检查，发现 1300 余件违规使用的电器，其中最易引发火灾的"热得快"有 30 件。

5. 礼堂、报告厅的火灾隐患

（1）电线老化。

（2）乱丢烟头。

（3）大功率照明灯靠近易燃装饰物。

（4）违章使用明火。

（5）安全门、疏散通道堵塞。

（6）场馆内严重超过额定人数。

（二）火灾隐患特征

1. 隐蔽性

隐患是潜藏的祸患，它在一定的时间、空间和条件下，以近乎静止不变的状态存在，往往难以察觉，随着时间的推移，客观条件的成熟，隐患逐渐形成灾害。

2. 危险性

隐患是事故的先兆，而事故则是隐患存在和发展的必然结果。火灾严重威胁人的生命安全，无数血的教训都反复证明了这一点。

3. 突发性

任何事物都存在从量变到质变、渐变到突变的过程。隐患同样如此。

4. 随意性

大部分隐患的产生、发展，以至于造成祸害，直接取决于人的意识淡薄和知识缺乏。意识淡薄和责任心缺失都会引发日常工作中的随意性。

5. 重复性

火灾事故发生后，如果没有严格地做好事故原因调查和隐患整改，火灾事故必然会卷土重来。同一隐患重复酿成事故，关键的问题是事故发生后有没有认真复盘，吸取教训，以更科学的、合理的管理措施，先进的技术手段来防止事故重复发生。

6. 季节性

有些隐患带着明显的季节性特点。例如，夏季高温，雷电多，容易使可燃、易燃物因温度过高或雷击而引发火灾。冬季气温低、干燥，取暖导致用电用火增多，容易因用电用火不慎引发火灾，而且由于人们活动减少，不能及时发现初期火灾，冬季大风极易引起火势蔓延。

7. 因果性

隐患是因、火灾是果，隐患是火灾的前奏，火灾就是隐患酿成的严重后果。及时地发现和消除隐患，就能从源头上避免火灾事故的发生。

8. 时效性

防火检查的目的是发现和消除火灾隐患。但消除火灾隐患还必须讲究时效性，采取切实可行的防范措施，确保及时消除隐患。

（三）树立正确的防范火灾隐患意识

一是正确放置各类家用电器；二是规范设置各类电气线路；三是加强厨房内的液化气、天然气等管理；四是家中楼梯口、阳台是否堆放杂物；五是加强防火教育，增强消防安全意识。

同学们要增强防范火灾隐患意识和自我安全防护意识。当发现有消防隐患的场所应立即离开，到人群密集的室内场所要学会观察疏散通道和疏散标志，始终把安全放在第一位。不管是面对生活空间、学习环境还是工作流程，都应始终树立安全意识，共同守护好环境安全。

二、校园易发火灾的地点及防范要点

高校是国家、社会和家庭高度关注的地方，一旦发生重大火灾，易造成重大人员伤亡、损失，其影响无法估量。近年来，随着学校的建设和发展，校园的公共场所逐年增加，大学生经常出入的场所，如教室、工业中心、食堂、图书馆、体育馆、报告厅、社团活动中心等，都是人员密度较大的公共场所。这些场所有的是装修可燃材料多，有的是易燃易爆危险品多，有的是用电量大、高热量设备多，都是校园的重点防火部位。

如何预防校园火灾呢？总的来说，主要分为三个方面：

1. 学生宿舍的火灾预防

高校学生用电安全意识普遍淡薄，经常有些学生不遵守用电安全规定，随便拖拉电线，或者在宿舍内违章使用电炉、热得快、电吹风、电热杯等大功率电器。

除此之外，宿舍内用电设施、用电设备老化等，极易引发火灾事故。预防宿舍火灾的具体做法包括：

（1）不躺在床上吸烟，不乱扔烟头。

（2）不在宿舍内使用电炉、电热杯、电饭煲、热得快等大功率电器；不使用电热设备及煤气炉、酒精灯等明火。

（3）禁止在宿舍内、走廊、卫生间等宿舍区域内私自拉接电源。

（4）不在宿舍点蜡烛看书；不在宿舍使用明火焚烧物品和燃放烟花爆竹。

（5）不要将台灯靠近枕头、被褥和蚊帐，做到人走灯熄，随手关掉电器、电源开关。

（6）室内不存放易燃易爆品，不使用劣质电器。

（7）定期检查室内电器、线路，发现损坏或老化等情况，应及时报告宿舍管理人员，严禁私自更换、维修。

2.校园公共场所火灾预防

（1）严格遵守公共场所消防管理规定，自觉维护公共场所的秩序。

（2）切勿携带易燃易爆危险品进入公共场所和乘坐校车等公共交通工具。

（3）在公共场所不吸烟，不随手丢弃烟头、火种，不使用明火照明。

（4）爱护消防设备和器材，不损坏或挪用、不圈占和埋压。

（5）不随便触弄公共场所的各类开关和电器设备，更不能触摸电线。

（6）保证安全通道、楼梯和出入口的畅通。

3.实验（训）室的火灾预防

（1）熟悉实（训）内容，掌握步骤，严格按规程操作。

（2）服从老师指导，严守纪律，禁止玩耍打闹，不做与实验（训）无关的事。

（3）严格遵守实验（训）室用电制度，特别注意电热器具的正确使用和保管，正在使用的电热器具不得接近可燃物，用后要及时断电。

（4）掌握实验（训）室内化学物品的特性，严禁将化学性质相抵触的物品混装、混放，剩余药品必须按规定处理，严禁带走或倒入下水道。

（5）实验（训）室前后，都要认真检查电源、管线、火源、辅助仪器等情况，检查完毕后关闭电源、火源、气源和水源。

三、家庭易发火险的原因及扑救和灭火方法

（一）火灾风险高发的主要原因

1. 电器本身质量问题引发的火灾

现代家庭电器品种繁多，在使用过程中会因本身的质量问题或保护措施不完善而发生漏电、短路等现象，使电器内部电压突然升高、电流突然增大而导致燃烧或爆炸。

2. 线路老化、裸露、接头松动、私拉乱接所引起的火灾

不要让电器长时间通电，比如不能让电视机经常处于带电状态，应当在关闭后及时拔出电源插头，以免引起电气火灾。

3. 用电不慎引起家庭的火灾

使用产生高热的电器用具，如电熨斗、电炒锅等，容易因为部件失灵、可燃物距电器用具太近及隔热保护装置受损导致可燃物着火燃烧，不产生高热的电器用具，如电视、音响、洗衣机等，内部的电子电路若发生故障而使变压器超负荷运行，易出现发热起火；常用的发热型照明灯具被安装在可燃物附近或不利于热量散发的部位，也会引起火灾。

4. 厨房用火不慎引起的火灾

厨房面积较小，物品密集，用火次数频繁。如用油炸食物时，油过多溢出或锅不稳使油溢出，遇明火燃烧；炒菜时，人离开导致食物被烤焦，并最终被引燃。

5. 液化气使用不慎引发的火灾

当液化气罐离灶太近且与灶之间无隔离物时还有可能引燃液化气罐罐口，还有液化气泄漏所引发的燃烧或爆炸。

6. 吸烟不慎引发的火灾

在床上、沙发上吸烟时，人在烟未灭之前睡着，则容易使烟头落在床上或沙发上，最终导致火灾及人员伤亡，尤其是酒醉后吸烟更易引发火灾。

7. 取暖不慎引起的火灾

很多人喜欢用电热毯取暖，电热丝由于长时间发热或不合格产品带来的不安全因素，被褥被引燃发生火灾，往往会造成人员伤亡。

8.其他原因引起的火灾

还有儿童在家中玩火、玩蜡烛等，也极易引燃家中其他物品造成火灾。

≡ 典型案例 ▶

2018年1月27日，在安徽宿州市萧县一住户家中，奶奶看到孙子在床上睡着了就临时离开一会，哪知忘了关取暖器，电热丝由于长时间发热导致被褥被引燃，造成家庭火灾，6月龄大的孙子被严重烧伤。

2018年8月23日凌晨1:22，110接群众报警称广东省深圳市某小区住宅楼一楼着火，有人被困。公安、消防等单位迅速派出警力和消防救援人员到场全力扑救，至凌晨1:38，火被扑灭。经查，火灾系因停放该楼一楼楼梯间一辆电动车充电过程中线路短路引起，有一对母女在此次火灾中死亡，其中死亡的女婴只有7个月大。

2022年12月22日2:06，广东省深圳市一小区高层住宅发生火情，指挥中心接报后立即调派消防救援力量，共15辆消防车、74名消防救援人员到场处置，于3:11完成全部搜救。消防救援人员现场营救被困人员5人，其中3人经抢救无效死亡，另外2人生命体征平稳。初步判断火灾原因为使用电吹风烘干衣服。

（二）家庭起火扑救注意事项

就算只有万分之一的可能性，也不能心存侥幸。是不是所有的家庭火灾都会酿成这样的悲剧？其实不然，专家研究表明，火灾中的死亡者，一半以上是可以通过正确方法逃生获救的。可见，掌握和使用正确的灭火方法，懂得正确的逃生方法是多么重要，家庭火灾发生时我们具体应该怎么做呢？

1.当火势无法控制时，及时报警

《中华人民共和国消防法》第四十四条规定：任何人发现火灾都应该立即报警。报警还要做到以下几点：

（1）立即拨打110报警电话。

（2）详细反映火警内容，讲清楚发生火灾的单位或家庭的详细地址、起火

部位，是何种物质着火，有无危险品，火势情况，并留下姓名和电话。

（3）报警后立即派人到路口接应消防车。

（4）向周围单元、家庭、人员发出预警和求助。

2. 火灾发生后，应立即组织扑救

本着"救人第一""先控制，后消灭""先重点，后一般"三大原则，扑救时还要做到：

（1）就地取材，使用火场附近的灭火器进行灭火，利用初起火灾特点，争取最佳的灭火时间，将火灾消灭在初起阶段。

（2）若有多人参与扑救，应组织分工扑救，分头抢险灭火。

（3）如有老弱病残人员和贵重物资，首先要疏散到安全地带。

（4）听从指挥，不莽撞行事，要特别注意自身的安全。

3. 火灾初起时，组织疏散

要马上采取措施疏散在场群众，坚持救人第一原则。

（1）疏散过程中注意起火区域是否有呼救声音，窗户、阳台、天台等是否有求救信号和求救人员。一旦发现要及时通知消防人员进行抢救，切忌莽撞行事。

（2）不要乘坐电梯疏散。

（三）不同类型的家庭火灾具体灭火方法

1. 炒菜油锅着火

可直接盖上锅盖，使火焰因缺少氧气而熄灭；可将蔬菜倒入锅内降低温度灭火。切忌用水浇，以防燃油溅出，引燃其他可燃物。

2. 家用电器着火

首先要关闭电源开关，用干粉或二氧化碳灭火器、湿毛毯、湿衣服将火扑灭。电视机着火应从侧面扑救，以防显像管爆裂伤人。

3. 煤气、液化气灶着火

能关闭阀门的要先关闭阀门，然后用浸湿的毛毯、被褥等捂压，还可将干粉、苏打粉撒向火焰根部，有干粉灭火器最好。火焰扑灭后要迅速关闭阀门，小心被阀门烫伤。

4. 汽油、煤油、酒精等易燃液体着火

切勿用水扑救。可用灭火器、细沙或湿毛毯、被褥等捂盖灭火。

5. 衣物、织物及小件物等着火

可迅速将起火物拿到室外或卫生间等较为安全的地方，用水浇灭。

6. 身上衣物起火

千万不要胡乱奔跑，可就地打滚压灭身上的火苗，也可让他人帮助用毛毯、被褥灭火。切忌使用二氧化碳灭火器，以防冻伤。

注意：在扑灭房间内火灾时，不要急于开启门窗，以防空气对流加大火势。

四、汽车发生火灾时的扑救与逃生方法

1. 当汽车发动机发生火灾时

驾驶员应迅速停车，让乘车人员打开车门自己下车，然后切断电源，取下随车灭火器，对准着火部位的火焰正面猛喷，扑灭火焰。

2. 发现汽车车厢货物发生火灾时

驾驶员应将汽车驶离重点要害地域及人员集中场所后停下，并迅速向消防队报警。同时，驾驶员应及时取下随车灭火器扑救火灾。当火一时扑灭不了时，应劝围观群众远离现场，以免发生爆炸事故，造成无辜群众伤亡，使灾害扩大。

3. 当汽车在加油过程中发生火灾时

驾驶员不要惊慌，要立即停止加油，迅速将车开出加油站（库），用随车灭火器或加油站的灭火器以及衣服等将油箱上的火焰扑灭。如果地面有流散的燃料时，应用库区灭火器或沙土将地面火扑灭。

4. 当汽车在修理中发生火灾时

修理人员应迅速上车或钻出地沟，迅速切断电源，用灭火器或其他灭火器材扑灭火焰。

5. 当汽车被撞倒后发生火灾时

由于撞倒车辆零部件损坏，乘车人员伤亡比较严重，首要任务是设法救人。如果车门没有损坏，应打开车门让乘车人员逃出。以上两种方法也可同时进行。此外，驾驶员可利用扩张器、切割器、千斤顶、消防斧等工具配合消防队救人灭火。

6. 当在停车场发生火灾时

一般应视着火车辆位置，采取扑救措施和疏散措施。如果着火汽车在停车场中间，应在扑救火灾的同时，组织人员疏散周围停放的车辆。如果着火汽车在停车场的一边时，应在扑救火灾的同时，组织疏散与火相邻的车辆。当公共汽车发生火灾时，由于车上人多，要特别冷静果断，首先应考虑救人和报警，视着火的具体部位而确定逃生和扑救方法。

7. 如着火的部位在公共汽车的发动机部位时

驾驶员应开启所有车门，令乘客从车门处下车，再组织扑救火灾。如果着火部位在汽车中间，驾驶员开启车门后，乘客应从两头车门处下车，驾驶员和乘车人员再扑救火灾控制火势。如果车上线路被烧坏，车门开启不了，乘客可从就近的窗户下车。如果火焰封住了车门，而车窗因人多又不易下去，可用衣物蒙住头从车门处冲出去。

8. 当驾驶员和乘车人员衣服被火烧着时

如时间允许，可以迅速脱下衣服，用脚将衣服的火踩灭；如果来不及，乘客之间可以用衣物拍打或用衣物覆盖火苗以灭火，或就地打滚滚灭衣服上的火焰。

《 知识拓展 》

夏季高温，这些小物品不能放在车上

夏季室外温度在30℃以上，车辆经过暴晒后，车内温度会高达六七十摄氏度。

1. 打火机。普通打火机主要成分是液态丁烷，易燃易爆。高浓度的丁烷，在常温下，20℃就会爆炸。环境温度一旦超过55℃，打火机体积就会膨胀。

2. 香水。因为香水瓶的空间比较封闭，容易在高温下膨胀，造成隐患，再加上盛放香水的玻璃瓶子，它的形状可以把照射进车里的太阳光聚集在一点上，从而引起起火。

3.透明的玻璃瓶。凡是玻璃这样透明的物体，都是会反射太阳光的，如果它将阳光聚集在一点上，就会在这一点产生高温，发生燃烧现象。

4.封闭的罐装的液体或饮料。碳酸饮料本来就有气，稍微摇一摇瓶子就已经胀起来了，再热胀冷缩，就更加容易爆了。

5.充电宝。充电宝是不能在高温环境中使用的，否则会出现危险。

6.电子产品。手机等电子产品内部含有精密的电路板，长时间处于车内的高温环境中很容易损坏。电池则更危险，高温环境下电池很可能会发生鼓包，甚至爆炸。因此，电子产品尤其不能放在太阳直射的中控台顶部以及后排和玻璃窗之间的置物架上。

7.老花眼镜。老花镜属于凸透镜，容易将光线聚在一起，如被太阳直射，且长时间聚光，很容易使焦点温度快速升高，再加上老花镜放在易燃的防滑垫上，就易发生防滑垫和汽车被点着的情况。

8.CD碟片。光盘是由光学塑料"聚碳酸酯"外加一层铝薄膜制作而成的，在铝膜上会再刷一层保护漆。聚碳酸酯中含有大量双酚A和苯，在车内温度高达60℃以上时很容易扩散到空气中。

9.塑料玩具。塑料玩具都采用PVC聚氯乙烯材料制成，这种材质的优点是可塑性强、价格便宜，缺点为不耐热，最高只能承受81℃，遇到高温容易产生有害物质。

五、电动自行车消防安全隐患

电动自行车是指以蓄电池作为辅助能源，在普通自行车的基础上，安装了电机、控制器、蓄电池、转把闸把等操纵部件和显示仪表系统的交通工具。在2018年3月15日中央电视台"3·15"晚会上曝光了电动自行车电池过充会有非常大的安全隐患。同年5月16日，国家市场监督管理总局、国家标准化管理委员会批准发布的新修订的《电动自行车安全技术规范》，其中，最高车速由20千米/时调整为25千米/时，整车质量（含电池）由40千克调整为55千克，电机功率由240瓦调整为400瓦，并对脚踏骑行功能进行了强制性规定。

电动自行车在交通出行方面具有极大的便捷性，近年来大量普及，但有些人不知道电动自行车会有一定的安全隐患，往往为图方便，违规将电动自行车放到室内充电，由于线路短路等原因造成的火灾层出不穷，给人民生命财产安全造成了极大威胁。

《 知识拓展 》

全国首部电动自行车消防安全管理专门性法规

2023年1月1日起，《呼和浩特市电动自行车消防安全管理条例》（以下简称《条例》）开始施行。这也是全国首部电动自行车消防安全管理专门性法规。该《条例》共包含总则、消防安全保障、消防安全管理、法律责任、附则五方面三十一条内容，从法律层面压实电动自行车消防安全的组织领导责任、监督管理责任和单位个人主体责任，强化快递、外卖等使用电动自行车从事经营活动企业以及电动自行车互联网租赁企业的责任。

广东省实施《中华人民共和国消防法》办法（2022修订）

2022年7月1日起正式施行的《广东省实施〈中华人民共和国消防法〉办法》明确规定：携带电动车及电池进入室内充电和进入电梯轿厢的，被责令改正后拒不改正的单位将被处 1 000 元至 5 000 元罚款，个人将被处 500 元至 1 000 元罚款。

《高层民用建筑消防安全管理规定》

第三十七条：禁止在高层民用建筑公共门厅、疏散走道、楼梯间、安全出口停放电动自行车或者为电动自行车充电。

鼓励在高层住宅小区内设置电动自行车集中存放和充电的场所。电动自行车存放、充电场所应当独立设置，并与高层民用建筑保持安全距离；确需设置在高层民用建筑内的，应当与该建筑的其他部分进行防火分隔。

电动自行车存放、充电场所应当配备必要的消防器材，充电设施应当具备充满自动断电功能。

第四十七条第七款规定：在高层民用建筑的公共门厅、疏散走道、楼梯间、安全出口停放电动自行车或者为电动自行车充电，由消防救援机构责令改正。拒不改正的，对经营性单位和个人处 2 000 元以上 10 000 元以下罚款，对非经营性单位和个人处 500 元以上 1 000 元以下罚款。

1. 电动自行车发生火灾的原因

（1）电动自行车火灾多发生于夜间，特别是夜间集中充电时间。

（2）电动自行车自身线路老化、电池短路、充电器不匹配、过度充电都可能造成起火，比较而言，电动自行车充电时风险最大。

（3）不同型号的电动自行车需要配置相应的充电器，且不能混用，劣质充电器、不匹配的充电器都是火灾隐患。

（4）充电行为不安全，也是引发火灾的重要原因：蓄电池超时限过度充电，私拉乱接临时电线，电源线易受损引发火灾；在公共楼梯间、楼道、安全出口等人员疏散区域充电，起火后会阻塞安全通道。

2. 电动车安全使用注意事项

（1）一定要选购正规合格的电动自行车和配件。不得擅自改装电池、加装音响、照明等，以免线路负荷过大引发火灾。

（2）定期检查电动自行车，定期更换电瓶，建议每半年至 1 年到维修点做一次检查，电瓶的使用年限为 1.5~2.5 年，要定期更换。

（3）电动自行车要在规定的区域停放，电动自行车及蓄电池要做到不进楼、不入户。

（4）严禁在公共门厅、疏散走道、楼梯间、安全出口和家中停放电动自行车或给其充电，更不能将电池拆卸带回家充电。

（5）严禁从室内将电线插排连接到室外给电动自行车充电。

（6）在指定充电场所为电动自行车充电时，远离易燃易爆物品。

（7）严格控制电动自行车充电时间，不要整夜充电或长期充电不拔。

3. 楼道里电动自行车起火的逃生措施

（1）电动自行车引发火灾的可怕后果。数据显示，有 80% 的电动自行车火灾是在充电时发生的，其中超过一半发生在夜间充电过程中，而90%的电动自行车起火致人伤亡案例，发生在门厅、过道以及楼梯间。电动自行车火灾发生后产生大量有毒有害烟气，容易造成人员伤亡（图5-1）。

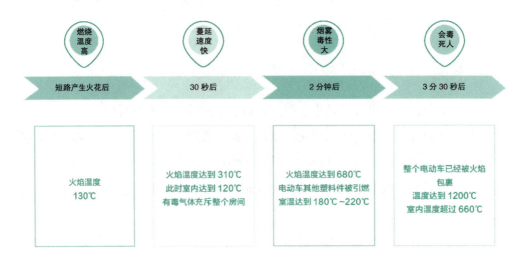

图 5-1　电动自行车燃烧过程

（2）遭遇电动自行车起火后的应急自救措施：① 遇到楼道起火、浓烟覆盖的情况，在家的居民不要盲目开房门，冲进楼道。② 若屋内有水源，要立刻将门、窗和各种可燃物浇湿，用湿毛巾堵住门缝等缝隙，以阻止或减缓火势和烟雾的蔓延，为自己争取到等待救援的时间，同时在靠近外窗阳台的地方呼叫求救。③ 每个家庭应配备一些简单实用的消防器材，比如灭火器、防烟面具、高空缓降器、逃生绳及手电筒等和独立式火灾报警器之类的预警装置。

思考题

1. 请联系你的生活实际，简单列举你生活环境中的消防安全隐患。

2. 学生宿舍楼的顶楼某间宿舍因焚烧杂物引起火灾，需要立即报警。你如何用简短语言打这个报警电话？请注意不要遗漏细节。

3. 灭火的基本方法中，请简述隔离法与窒息法的区别。

4. 简述二氧化碳灭火器的使用方法和注意事项。

视频资源　　主题拓展

学习目标

（一）思政目标

树立科学的用电安全观念，提升用电安全意识。

（二）知识目标

1. 熟悉用电的安全隐患，熟知安全用电的知识与方法。

2. 熟记触电事故的应对与急救常识。

（三）能力目标

掌握触电事故的应对措施。

思考题

1. 怎么理解电给生活带来便利也带来了危险？

2. 简述潮湿阴雨天气条件下，在家中用电安全的注意事项。

视频资源

《主题四

火场的逃生方法

学习目标

（一）思政目标

树立正确的火场逃生理念。

（二）知识目标

1. 熟知火场逃生的基本知识和自救方法。

2. 熟记火场疏散演习的规范逃生步骤。

（二）能力目标

1. 掌握火场逃生的科学应对措施。

2. 学会策划有效的火场疏散演习活动。

一、树立正确的火场逃生理念

有关专家研究得出这样的科学结论：在历次火灾中的死亡者，如果掌握了正确的逃生自救方法，至少有一半以上的遇难人员是可以化险为夷的。因此，学习和掌握逃生自救的常识意义重大。

1. 火灾逃生中的典型错误行为

（1）原路脱险。大多数人总是习惯沿着进来的出入口和楼道进行逃生。当发现此路被火封死时，才被迫去寻找其他出入口，却已失去最佳逃生时间。

（2）向光朝亮。人们喜欢向着有光、明亮的方向逃生。而在火场中，电源被切断或已造成短路、跳闸的情况下，光亮之地正是火魔肆虐之处。

（3）直身乱跑，大声呼喊。燃烧会产生大量的有毒有害气体和烟雾，直立狂跑或大喊大叫，会增大烟气和有毒气体的吸入量，对生命安全造成威胁。

（4）盲目追随。当人们身陷火场时，容易因惊慌失措而不能冷静判断，看到有人跑动时，第一反应就是不假思索地紧随其后，以至于误入险地。

（5）贪恋财物。有人在火场中最担心的是财物，有时会因抢救财物贻误逃生时机而葬身火海。记住：人的生命才是最宝贵的。

（6）方向错误。很多人是向上逃生的，认为跑到天台容易被救，其实不然。由于火是向上燃烧的，火在猛烈阶段，其向上燃烧的速度比人向上逃生的速度还快，火焰在你还没有到达屋顶时就已追上你。

（7）搭乘电梯。在高层建筑发生火灾时，电气线路随时会被切断，造成电梯停在楼层中间，不易营救。另外，电梯井的"烟囱效应"使烟气大量涌入，易造成中毒窒息等伤亡事故。

（8）冒险跳楼。由于人们缺乏逃生自救常识，一旦被火困住，很容易失去理智，盲目采取跳楼等冒险行为而惨死楼下。

2. 树立正确的逃生理念

（1）熟悉环境，牢记出口。对自己工作、学习或居住所在的建筑物的结构及疏散通道、出口要做到了如指掌。入住酒店，商场购物，进入娱乐场所时，务必留心疏散通道、楼梯位置和安全出口，清楚自己所处方位，关键时刻则不会迷失方向，能快速逃离。

（2）通道出口，保持畅通。通道、楼梯、安全出口是火灾发生时最重要的逃生之路，任何时候都应保持畅通无阻，切不可堆放杂物或设闸上锁。

（3）保持冷静，迅速撤离。身处火灾现场，要保持冷静的头脑，迅速判断出危险地点，确定逃生路线，尽快撤离险地。

（4）低姿匍匐，掩住口鼻。火灾事故中80%的人是因吸入过量有毒有害气体而死。在烟雾弥漫的情况下，应采取低姿或者匍匐方式，并用湿毛巾、湿衣服等掩住口鼻。

（5）不贪财物，不入险地。不要把宝贵的逃生时间浪费在寻找财物和贵重物品上。已逃离险境的人员，切莫重返危险之地。

（6）利用通道，善用空间。现代建筑都是按规范设计建造的，都会有两条以上的疏散楼梯、通道、安全出口，如果是高层楼宇，还会在一定的楼层设置避难区，要根据实际情况选择进入相对安全的楼梯通道，也可利用阳台、窗台、天台屋顶等攀爬到周围的安全地点，或沿着水管等建筑外部凸出物爬下脱险。当然，这样的逃生需要有较好的身体素质或经过演练、训练。

（7）火场被围，借助器材。现代公共建筑内部设有高空缓降器或安全绳、软梯、救生梯等。被困人员可以通过这些设施安全逃生。如无器材，可利用周围物品自制绳索逃离火场。

（8）暂时避难，靠近水源。在被火围困的情况下，可利用冲凉房、卫生间等有水源的地方暂时避难，并主动与外界联系，以便尽早获救，或暂避一时，伺机再逃。

（9）信号显著，寻求救助。被困人员如无电话，白天可向窗外晃动色彩明显的衣物或投掷物品，晚上可用手电筒或有光亮的物品在窗口闪动，也可敲击金属物品发出声响，引起救援者的注意。

（10）非不得已，跳楼求生。这是万不得已、不跳必死才能采取的逃生方法。跳楼之前也要尽可能地采取一些救护措施，如有消防人员准备好的救生气垫，或将床垫、沙发垫抛在选择好的着地点作为缓冲物，并尽量降低身体与地面的垂直距离，做好准备以后再跳。

（11）逃生预演，临危不乱。积极参加应急逃生预演，一旦发生火灾则会遇惊不险，顺利逃生。

3.火场逃生注意事项

（1）第一时间报警。不能因为惊慌失措而忘记报警。早报警、损失少，报警晚，后果不堪设想。

（2）争分夺秒扑灭初起火灾。运用身边的灭火器或其他工具，在火情尚未发展扩大时，把损失降至最低。

（3）随手关闭经过的门窗。逃生时，随手关闭经过的每一扇门窗，防止因门窗敞开而形成的空气对流，导致烟火沿疏散行走路线快速蔓延。

（4）逆风撤离。应根据火灾发生时的风向来确定逃生方向，迅速逃到火场的上风处躲避火焰和烟气，同时也能获得更多的逃生时间。

（5）注意收听相关信息。如果是宾馆、饭店发生火灾，应注意听广播通知、广播会报告着火的楼层、部位，以及安全疏散的路线、方法等。

（6）疏散要有序。遇到不顾他人死活的行为和无序拥挤现象，要坚决制止，只有有序快速疏散，才能最大限度地减少伤亡。

二、学会策划有效的疏散演习

2010 年 1 月 1 日施行的《高等学校消防安全管理规定》第五条规定：学校应当开展消防安全教育和培训，加强消防演练，提高师生员工的消防安全意识和自救逃生技能。因此，学校每年应至少组织一次消防疏散演练活动。

如何策划一场有效的疏散演练活动呢？

（一）明确演练目的、方案适用范围与疏散原则

1.明确疏散演练活动的目的

（1）让同学们熟悉自己学习、生活的环境，熟悉紧急情况下的撤离路线，以及熟悉疏散流程和紧急避险的注意事项。

（2）通过演练，检验我们对疏散知识的掌握和实际运用。

2.明确疏散方案适用范围

通过演练做好宣传教育，让大家知晓，除了火灾事故外，地震、空袭、爆炸等灾害以及其他不可预知预测的危及公共安全的突发事件等发生时，都应该要紧

急疏散。

明确疏散活动的基本原则"以人为本，安全第一"应该是首要原则，然后还有"快速反应，减少损失""责任明确，落实细节"。要以维护学生和教职工的生命安全为本；尽可能减轻伤亡和减少国家财产损失；参演人员都要明确各自责任，落实演练细节。

明确了目的、适用范围、基本原则，可以使我们的疏散演练活动更有针对性，也更科学有效。

（二）梳理演练流程、明确注意事项

1. 梳理疏散演练流程

设定事故点、疏散路线、集合地点，以及人员分工。为了避免大量人员拥堵在楼梯间里，楼内疏散的顺序很重要。一般情景和地震情景的楼层疏散顺序是一楼最先疏散，其次二楼，依次往上直至顶楼。火灾情景中，由于着火楼层最危险，需要优先疏散，其次因为火往上烧的特性，要优先依次疏散着火层以上的楼层，然后再依次疏散着火层以下的楼层。

每个人都要通过演练明确自己的职责。比如正在上课的教室：一旦警铃响了，正在上课的老师立即转为教室疏散负责人，开始指挥学生们准备疏散。班干部或者学生骨干这时就应该站出来，协助老师，履行疏散过程中维持秩序、到集合地点清点人数等职责。

人员分工中，有个角色很重要，要重点演练，这就是疏散引导员。疏散引导员有两个岗位：一是楼梯引导员，他的作用是观察下一楼层的疏散情况，及时将"可以疏散"的信号发送给楼梯口处的楼层引导员；通过喊话，维持楼梯内的疏散秩序，稳定疏散人员情绪，及时处理紧急情况。二是与他相配合的楼层引导员：指挥该楼层的人员进行有序疏散，稳定疏散人员情绪。随所在楼层疏散的最后一个人一起离开，离开前要向上一层楼梯的引导员发送疏散信号。他们站的位置也是有讲究的。楼层引导员站在楼梯口，紧贴墙壁，避免身体挡住疏散出口。楼梯引导员站在楼梯转角的角落，既便于观察楼梯间的情况，又可保护好自己。

2.明确疏散演练活动注意事项

（1）列出疏散活动的具体要求和演练中各角色的职责，提前做好宣传教育工作。

（2）疏散的具体要求应包含以下四点：其一，疏散的总体要求是"安全、有序、迅速"，而首先要保证的是"安全、有序"。参与人员在疏散过程中，特别在楼梯拐角处等危险地点，不准相互推、拉、挤。其二，整个演练过程中应保持紧张、严肃，不准喧哗、嬉闹。其三，整个演练过程中，各岗位工作人员要严格履行职责，确保学生人身安全、财物安全不受损失。其四，整个演练过程中，老师和学生在使用同一条疏散通道时，学生先走。

（3）通知学校的保卫处、校医院以及后勤部门，做好现场的秩序维护和应急工作。万一在演练活动中真的发生意外了，可以立即得到处理。

（4）在疏散活动正式开始前，广发通知，避免其他在场的非参演人员误会而发生意外。

我们来梳理一下策划疏散演练活动的步骤、要点：

A.明确疏散演练活动的目的、适用范围、基本原则。

B.明确疏散演练活动的具体时间、楼宇区域、参与对象。

C.设定突发事件的类型和具体发生地点，以便于有针对性地设置其他应急救援演练环节。

D.梳理演练活动的流程，包括时间节点、疏散路线、集合地点、人员角色分工、疏散活动的具体要求。有条件的，可以进行预演，实地考察疏散路线，反复推敲演练方案。

E.将疏散演练方案通知到每一个参演人员以及校内相关部门。

沉浸式训练

场景1设定：学生宿舍

1.手机

床上枕头边一直插着充电的手机。充电器是一个变压和整流的器件，它插在线路板上以后，就通上了电，那么它要消耗一定的电流，并一直处在工作状态！如果充电器放在插线板上长期不拔，它会持续发热，从而加速器件和材料的老化，这样的话容易产生短路或者高压击穿，从而引发火灾隐患。

同时注意：山寨充电器多使用再生塑料，抗摔性差，内部零件质量不稳定，而且没有智能装置，不管手机是否充满，都会处于充电的工作状态，持续发热，加上原材料本身质量不过硬，很容易产生短路或者高压击穿，从而引发火灾。

2. 台灯

台灯靠近枕头、被褥和蚊帐等易燃物。不要将台灯靠近枕头、被褥和蚊帐等易燃物，保持安全距离，不用可燃物直接遮挡白炽灯泡。

3. 蚊香

宿舍长时间点燃蚊香。因蚊香火头很小，容易让人误以为不会引起火灾。然而事实上点燃的蚊香焰心温度可能有200℃左右，一旦遇到棉布、纸张、木材等易燃物品很容易引起火灾。因此，点蚊香时一定要放在金属支架上或金属盘内，并且与桌、椅、床、蚊帐等可燃物保持一定的距离。如果室内有易燃液体（汽油、酒精等）或可燃气体时，不宜在室内点蚊香。点蚊香时，应该放在不易被人碰倒的地方，睡觉前最好检查一下点燃的蚊香，确保安全后，再去睡觉。

4. 电吹风

在宿舍内违章使用大功率电器，如电吹风，使供电线路过载发热，加速线路老化而引发火灾。即便在家使用电吹风时，也一定不能遮盖出风口，以免引发火灾。因为电吹风主要是由前部的电热丝和后部的小风扇组成，其外壳一般都是塑料材质。当出风口被遮盖时，严重影响吹风机散热，过高的温度极易导致塑料外壳和覆盖物燃烧。

5. 香烟

一支香烟通常燃烧的时间为4~15分钟，扔下的烟头根据它的长短延烧时间也在1~4分钟。燃烧烟头的表面温度为250℃~300℃，中心温度达700℃~800℃之间。而大多数可燃物的自燃点均低于这个温度，由此可见烟头的危害性很大。据科研部门试验，一个未熄灭的烟头在自然通风的条件下，被扔进5~10厘米深的锯末堆中，经过75~90分钟的阴燃，会出现火焰；被扔在同样深度的刨花里，经过60~100分钟的阴燃，有75%的可能会酿成火灾。

6. 插线板

书桌下插满插头的插线板，且不把插头从电源插座上拔掉，极易造成安全隐患。将插座插满、插座接入功率过大、长时间不关闭电源等一些不良习惯往往会造成难以估量的损失。插座超负荷，先是导线变软、产生火花，还有些异味，如果接线板以及它的导线周围再有一些易燃物，那么就很容易引起火灾。

7. 杂物

门口角落堆满杂物。堆放的杂物都是些易燃物，一旦遇到火星、烟头或电线短路，一点就着。而且将杂物堆放在门口属于堵塞逃生通道，非常危险。

8. 打火机

窗台上随意摆放的打火机。打火机不能置于高温下，如果在高温下暴晒过，使用时会有突然窜出火苗的危险。打火机也不能摔，遭到剧烈碰撞，极易因汽油迅速膨胀而引起爆炸。打火机除了不能放在易晒到阳光的窗台上，还不能靠近火源或者高温处，更不能放在车内，否则容易因气温高引起爆炸。

9. 其他电热器具

地上摆着电炉、热得快、电热杯、电炒锅、电饭锅等电热器具。高校的建筑物、供电线路、供电设备，都是按照实际使用情况设计的，在宿舍内违章使用大功率电器，如电炉、电饭锅、电吹风、电热杯、热得快等，使供电线路过载发热，加速线路老化而引发火灾。

场景 2 设定：初起火灾扑救

1. 发现火情，冷静镇定

发现起火时，首先要保持沉着，理智分析火情。如果燃烧面积不大，可考虑自行扑灭；如果火情发展较快，要迅速逃离现场，寻求外界帮助。

2. 灭火要争分夺秒，善用工具

熟练使用灭火器和室内消防栓。当刚发生火灾时，应使用手边的工具奋力将小火控制、扑灭，最好是就近取得灭火器。另外，黄沙、用水淋湿的棉被、毛毯、衣服等也可用作扑灭小火的工具。

3. 利用手机，及时报警

报警时要说清起火单位及具体位置，要说清着火物品和火势大小，是否有人被围困，还要说清自己的名字和电话号码。

4. 电气火灾，断电第一

一般电气线路、电器设备引发的火灾，首先必须要切断电源，然后才考虑扑救措施。切不可带电时用水扑救。

5. 房间着火，门窗慎开

如果封闭的房间着火，应立即盛水浇灭火焰，不能打开门窗。因为门窗一开，室内和室外的对流风会助长火势蔓延。

6. 救人第一，撤退求援

如果火势蔓延，参加灭火的人员应迅速撤离，等待公安、消防队前来救援。首要任务就是保障自己和周围人的安全。救人与救火可同时进行，以救火保证救人的展开，通过灭火，从而更好地救人脱险。

◤ 思考题

1. 在音乐厅观看演出时，突然消防警铃大作，请简述正确的处理步骤。

2. 一辆满载乘客的公共汽车在加油站突然车尾部冒出浓烟。如果你是司机，你该怎么做？如果你是乘客，你该怎么做？

模块六

出行安全

泾溪石险人兢慎，终岁不闻倾覆人，
却是平流无石处，时时闻说有沉沦。

——［唐］杜荀鹤《泾溪》

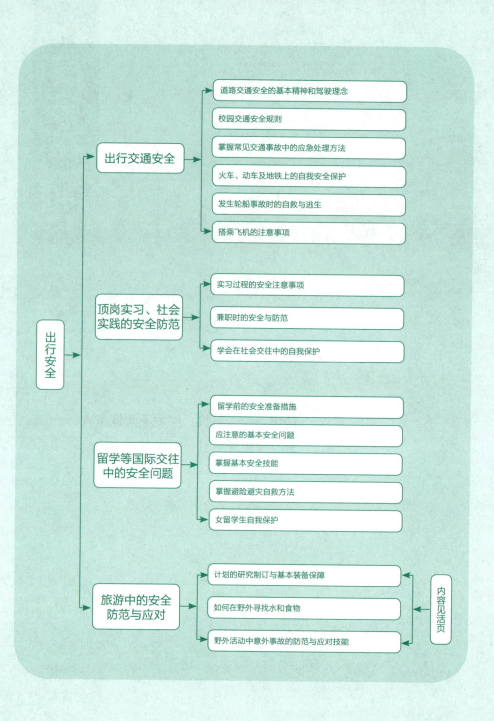

出行安全

出行交通安全
- 道路交通安全的基本精神和驾驶理念
- 校园交通安全规则
- 掌握常见交通事故中的应急处理方法
- 火车、动车及地铁上的自我安全保护
- 发生轮船事故时的自救与逃生
- 搭乘飞机的注意事项

顶岗实习、社会实践的安全防范
- 实习过程的安全注意事项
- 兼职时的安全与防范
- 学会在社会交往中的自我保护

留学等国际交往中的安全问题
- 留学前的安全准备措施
- 应注意的基本安全问题
- 掌握基本安全技能
- 掌握避险避灾自救方法
- 女留学生自我保护

旅游中的安全防范与应对
- 计划的研究制订与基本装备保障
- 如何在野外寻找水和食物
- 野外活动中意外事故的防范与应对技能

内容见活页

案例导读

"5·16"南山3死6伤车祸肇事司机被批捕！面临10年以上重判

深圳市人民检察院情况通报：2019年5月16日19:15，犯罪嫌疑人刘某楠驾驶车牌号为粤B·J8Q62沃尔沃小型越野客车，沿南山区南山大道北往南方向行驶至创业路口时，驾驶车辆向登良路口加速直行，以64千米/时的车速行驶了450余米（该路段限速60千米/时），撞向路口南侧在路中间安全岛等候信号灯通行的人群后，又与相对方向静止等候信号灯通行的两辆车相撞，造成3人死亡、1人重伤、5人轻伤的严重后果。

犯罪嫌疑人刘某楠于2017年10月19日留学期间取得美国驾驶执照，回国后，刘某楠于2018年5月9日申领了国内的驾驶证。2018年12月，刘某楠被两家医院确诊患有癫痫。在明知其患有严重妨碍驾驶安全疾病不能驾驶机动车的情况下，犯罪嫌疑人刘某楠违反《机动车驾驶证申领和使用规定》相关规定，没有主动向驾驶证核发地车辆管理所申请注销自己的驾驶证，并多次违反规定驾驶车辆。5月16日案发后，在刘某楠随身物品及驾驶的机动车内，均查获治疗癫痫的药品，经调查，事故原因排除酒驾、毒驾及车辆安全问题。

深圳市人民检察院经审查认为，犯罪嫌疑人刘某楠的行为已涉嫌以危险方法危害公共安全罪，且造成了严重后果，符合逮捕条件，因而依法对其批准逮捕。刘某楠依法可能被判处十年以上有期徒刑、无期徒刑或者死刑。

深圳公安也同步发布了情况通报，并强调公安局车管部门已依法对刘某楠的驾驶证予以注销。

思考：

1. 拥有驾驶证是否就能确保驾驶安全？

2. 如何才能保证真正的安全驾驶？

在生活中，你想要得到别人的尊重，那么你首先要学会尊重别人，这样才可以跟他人和睦地相处。出行也是一样，需要你注意并约束自己的行为，只有你发扬出自己良好的素质，才能做到出行时既安全又愉快。

文明出行的内涵非常丰富，既需要具备语言方面的文明礼貌，在遇到问题时，用文明的语言进行交流，也要具备规则意识，在使用各种交通工具时，必须遵守安全规则。例如坐飞机的时候，要学会遵守乘机规则，要排队进入飞机，不携带违禁物品上飞机，同时要及时关闭自己的手机和电脑，要系好安全带，听从飞机工作人员的安全指示。还需要随时保持约束行为的自觉性。例如，集体闯红灯过马路问题，在一些城市中仍然普遍存在，需要我们在出行的时候，互相影响改变过来。作为行人，我们要根据交通指示灯以及标志和标线来过马路，千万不要乱穿马路，保护自己的安全很重要。

在这一模块的学习中，我们围绕"平安出行，交通安全"的主题，从出行交通安全，顶岗实习、社会实践的安全防范，留学等国际交往中的安全问题以及旅游中的安全防范与应对等四个方面展开，先学习道路交通安全的基本精神，树立尊重生命的驾驶理念，了解校园交通安全规则、火车动车及地铁上的自我安全保护、发生轮船事故时的自救与逃生、搭乘飞机的注意事项，再学习如何确保实习过程的安全和兼职时的安全与防范，对外交往与留学中的注意事项和留学前的安全准备措施，以及出游计划的研究制订与基本装备保障、如何在野外寻找水和食物等，重点是通过留学过程中的安全防范、社会交往中自我保护、常见交通事故中的应急处理方法以及野外活动中意外事故的防范与应对等实操训练，检验文明出行安全习惯的养成情况。

文明出行应从点点滴滴做起，无论是大事情，还是小事情，我们都要文明当先！

视频资源

学习目标

（一）思政目标

树立"遵守规则、安全第一"的交通安全理念。

（二）知识目标

1. 熟悉校园交通安全规则和常见交通事故中的应急处理知识。

2. 熟记常用交通工具的自我安全保护知识。

（三）能力目标

1. 能在使用常用交通工具时有效保障自身安全，能处理简单的交通事故。

2. 熟练运用常用交通工具发生事故时的应急自救方法。

一、道路交通安全的基本精神和驾驶理念

汽车是社会文明的产物。经济发展，人们生活水平提高，买车开车的人也越来越多。现在很多大学生都有驾照，一些家庭条件较好的大学生开车来上学的现象也屡见不鲜。作为现代文明进步标志的汽车，应该有文明的人、文明的行为与之配套。但由于我国正进入汽车时代的初始阶段，驾驶员们的理念与习惯还有待于加强。因此马路上常常出现一些与文明格格不入的不文明现象。看看近年来的典型案例，触目惊心，振聋发聩！每一天都有大大小小的交通事故发生，而且无论是在中国还是其他国家都会继续发生。这些事故的后果是极其严重的，生命在车轮的碾压下瞬间消失，立刻上演家破人亡的人间悲剧，其消极影响至少对当事人的家庭而言是巨大而深远的。没有什么比生命更宝贵的了，然而交通事故却不可避免地要夺取那些鲜活的生命。

1.城市道路交通安全的影响因素

（1）人为因素。在城市道路交通安全中，人是十分重要的因素，交通是通过人的出行产生的。在道路交通安全事故中，人为因素造成的安全事故比较多，最主要的就是驾驶员不规范驾驶引发的安全事故。近年来，私家车数量猛增，大量新手司机上路，由于新手驾驶经验明显不足，遇到紧急情况时容易因操控不当而导致交通事故。

（2）车辆因素。在道路交通中，车辆是十分重要的组成部分，也是引发交通安全事故的主角。当前，车辆数量的不断增加加重了城市道路拥堵的情况，严重影响了交通安全。此外，在城市道路中，有很多车况差、不符合标准的车辆，还有些运营司机为了挣钱多拉快跑，不及时检修车辆，使车辆存在严重的安全隐患。

（3）外界环境因素。在城市道路中，除了人为和车辆因素，交通安全还受到了外界环境的影响，例如，城市的地形、天气等因素；遇到大风、大雾、降雨、降雪等天气，路面湿滑，车辆行驶时容易出现打滑等情况；大雾天气能见度比较差，容易发生车辆追尾事故。

此外，还有社会环境的影响，例如，城市交通安全设施不完善导致城市交通严重拥堵，使得交通事故频发。

《 法 律 知 识 》

交通安全相关法律法规

《中华人民共和国道路交通安全法》是 2003 年 10 月 28 日公布的关于道路交通安全的法律，于 2007 年与 2011 年两次修订。分总则、车辆和驾驶人、道路通行条件、道路通行规定、交通事故处理、执法监督、法律责任、附则 8 章 124 条。

《中华人民共和国道路交通安全法实施条例》是国务院根据《中华人民共和国道路交通安全法》制定的，自 2004 年 5 月 1 日起施行，共计 8 章 115 条。2017 年 10 月 7 日进行了修改。

《道路交通事故处理程序规定》是为了规范道路交通事故处理程序，保障公安机关交通管理部门依法履行职责，保护道路交通事故当事人的合法权益，根据《中华人民共和国道路交通安全法》及其实施条例等有关法律、法规而制定。该规定共 12 章 114 条，经 2017 年 6 月 15 日公安部部长办公会议通过，2017 年 7 月 22 日发布，自 2018 年 5 月 1 日起施行。2008 年 8 月 17 日发布的《道路交通事故处理程序规定》（公安部令第 104 号）同时废止。

《机动车交通事故责任强制保险条例》是为保障机动车道路交通事故受害人依法得到赔偿，促进道路交通安全而制定。

《最高人民法院关于审理交通肇事刑事案件具体应用法律若干问题的解释》是在 2000 年 11 月 10 日最高人民法院审判委员会第 1 136 次会议通过的解释，目的是依法惩处交通肇事犯罪活动。

2. 我国道路交通法律的基本原则

（1）依法管理的原则。主要表现为：依法行政，依法办事；控制执法的随意性，防止滥用执法权力；对违法执法行为承担法律责任。

（2）以人为本原则。以人为出发点，以尊重生命的驾驶理念为重要抓手，降低交通事故的发生率。对参与交通的相对弱势一方（即行人）的通行安全予以突出保护，强调机动车行经人行横道，应当减速行驶；遇有行人通过时，停车让行；在事故处理中给予特殊保护，着重体现以人为本的精神。

（3）方便群众的原则。道路交通安全法对道路交通通行的新规定，处处体现了便民原则。例如：将提高通行效率、保障道路有序畅通作为道路交通管理和参与交通的基本准则予以确立。将右侧通行、各行其道、按交通信号通行、优先通行作为通行的基本原则，对机动车驾驶人的文明意识、法制意识提出了更高的要求，对各种道路交通行为做了明确规定。

在规定各行其道的基本通行规则的同时，特别写明保证专用车道的使用和通行优先，有利于公共交通的发展，尽快形成以大容量的公共汽车为主，其他车辆为辅的交通结构，增加道路的通行能力。

规范遇交通阻塞时的通行行为，即机动车遇有交通阻塞时，应当依次在本车道内停车等候。

3. 交通事故屡屡发生的原因

对于肇事者来说，其对事故的发生大多是主观上过失，谁也不希望车毁人亡的结果出现。在平时的行车过程中，大多数司机也会留心到一些交通安全事项。但为什么这样的事故却屡屡发生呢？原因在于如下几点：

（1）汽车运输本身存在一定的风险，车辆载人和从事客运在客观上更有发生交通事故而导致伤亡的危险。

（2）车辆驾驶者不遵守交通法规，忽视交通安全。

（3）驾驶技术存在问题，无证驾驶者或者新手们大多如此。

（4）驾驶车辆不符合行驶标准，多数"黑的"是由报废车辆翻新的，就存在这个问题。

（5）酒后驾车，疲劳驾车。

（6）超速，超载，强行超车。

不难看出来，后五种原因都是主观因素，是驾车者安全意识缺失的表现。安全意识的缺失，其深层次的问题是没有牢固树立尊重生命的意识，并不是说出事故的司机们就不珍惜别人的生命、不珍惜自己的生命，而应该说这种"珍惜"心理常常会让位于经济利益和侥幸心理，而在这不经意间，事故就降临到了身边。

典型案例 ▶

长沙某高校教师在校园驾车发生事故

长沙市公安局交通警察支队通报，2022 年 9 月 7 日 12:00，某学院的一名教师，在该学院校内驾车行驶过程中，因为操作不当，与停放在路边的小车及行人碰撞，造成了 2 人受伤、3 车受损。伤者已经送往医院治疗，均无生命危险。经检测，已排除肇事司机毒驾、酒驾嫌疑，相关情况正在进一步调查中。

这个事件给各个学校敲响了警钟，校园内的交通安全，需要合理规划行车路线，做到人车分流。开车进入校园的驾驶者，也一定要谨慎驾驶，不要慌乱。

发生交通事故，法律制裁有着不可替代的非常重要的警示作用，但属于事后的惩罚教育，财产的损失可以挽回一些甚至全部，但生命和身体健康完整的损失本身则是无法弥补的了。要弥补这样令人扼腕的损失，尽量避免交通事故，树立尊重生命的意识十分必要。可以预见，一旦具有了强烈的尊重生命的意识，我们不仅本能地珍惜自己的生命，我们也会十分理性地珍惜别人的生命，牢固树立尊重生命的意识，要让这种意识在人们的头脑中落地生根，使人们的日常行为主动地、自然地受这种意识的指引和评判，使它成为一种自主的东西。我们做每件事情就会三思而后行，我们的任何行为就会受到自主意识的控制。自主意识的控制是有效的控制，比被动接受交通法规的约束更有效。

有了这种意识，我们就会乐于遵守交通规则，把自己的行为真正约束在法律规则的范围内；有了这种意识，我们就清醒地知道"超速、超载、强行超车"是十分危险的；有了这种意识，我们就会文明行车，注意礼让，不会抢道占道，开"霸王车"；有了这种意识，我们就不会酒后驾车，更不会冒险无证上路；有了这种意识，我们就会对自己的行为负责任，不会起逃逸之念，不会存卸责之心。总之，有了这种意识，我们就在思想上站在对他人、对自己的生命极端负责的高度来驾驶车辆，预防事故，自然可以防患于未然。

二、校园交通安全规则

校园在严格意义上来说，已不再是安全的港湾。肇事者的一句"我爸是李刚"，使得一起发生在高校校园内的车祸事故格外引人注目：2010年10月16日晚，河北大学宿舍区一家超市门口，两名正在滑轮滑的女生被一辆时速超过80千米的轿车撞倒，造成一死一伤，被撞者均为大一新生。

大学生交通安全是指大学生在校园内和校园外的道路行走、乘坐交通工具时的人身安全。只要有行人、车辆、道路这三个交通安全要素存在，就有交通安全问题，也许只是一个小小的意外，就会造成严重后果，断送美好的前程，甚至生命。本应宁静而被喻为"象牙塔"的大学校园里，为何交通事故频频发生呢？

社会发展，大学开放，这导致校内公务车、私家车、外来车急剧增多，学生们却还以为校园很安全，思想上不重视交通安全。校园道路通常比较窄，区域划分、道路规划并不正规，校内的交叉路口大多没有红绿灯，也没有专职交通管理员，人车穿插的高峰地点和时间段都是有规律可循的，例如上下课时间容易在教学楼附近路段形成人流高峰，与车辆混合，危险系数倍增。

1. 校园交通里常见的危险行为

（1）在校园步行。

很多同学往往不走在人行道上，穿着轮滑鞋、踩着滑板在马路上的行为也常常发生。戴着耳机（尤其是降噪耳机）走在路边听音乐，边玩手机或边看书边走路。

在路边进行球类活动。同学们精力旺盛、活泼好动，即使在路上行走也喜欢蹦蹦跳跳、嬉戏打闹，甚至在路边进行球类活动，增大了事故的发生概率。

在校园行走和在校外应该是一样的，要遵守交通规则。漫不经心、不以为意是很多事故发生的根本原因。

（2）在校园内骑自行车。

骑车带人、逆行等违反校园规定的行为；与同学斗车速、秀车技，把校内马路当杂耍舞台；骑车拐弯不减速，也没有举手示意；对车辆车况从不检查。

在校园内骑车和在校外一样，要遵守交通规则，要定期检查自行车的状况，自行车尾部的指示灯就是一个容易被忽视但又非常重要的部件。不要骑车带人、载物，不能骑飞车，玩杂耍。尤其有的校园内有斜坡陡坡，飞车而下虽然刺激，但是极其危险。

（3）在校园内骑电动自行车。

一味追求速度，超速容易导致车辆失控。加装遮阳伞、遮阳棚等，超长的遮阳用具增大了车体面积，加大了碰撞、刮蹭概率，撑开的遮阳用具在车辆快速行驶时或大风天气里，极易导致电动自行车失衡而倾倒，还影响车辆转弯的灵活性。

抱有侥幸心理，认为会骑自行车就会骑电动自行车，不用学习更不用考试，于是很多同学在不熟悉车况、不佩戴任何护具的情况下上路。

认知错误，认为电动自行车不是机动车，即便不小心发生事故也不用承担责任或承担主要责任。

在宿舍给电动自行车电瓶充电容易引发火灾。

在校园里，电动自行车看似是一个节省力气的选择，但是由于我们的安全意识低、抱有侥幸心理，导致电动自行车成为校园交通安全的一大隐患。

2.倡导文明的校园交通安全行为

为了进一步增强安全防范意识，使交通安全各项措施进一步落实到位，校园内除了相关管理规定，还会对全体师生发出倡议，倡导具体的安全文明行为，共同维护安全有序的文明校园。

请自觉遵守交通法规，积极维护交通秩序，讲究文明，注意安全。

校内限速，机动车需按限定速度和路线行驶，避免超速、违规行驶。需谨记：快车乐一时，祸起痛一生。

在校道上通行的车辆必须遵循行人优先的原则，如遇学生上下课高峰期，机动车应主动避让，严禁强行通过。

入校车辆应停放到指定地点，杜绝乱停、乱放和占道停车。

行人在校道上请走人行通道，集中注意力，不做"低头族"，时刻留意来往车辆动向。

等候校车时要做到：在指定地点候车上车，禁止在车行道上候车或在车行道上招停车辆。等车辆完全停稳后，按先下后上的秩序排队上车。

坚决拒绝乘坐超标电动车及其他无牌无证无手续的车辆，拒绝乘坐超员超载车辆。

骑行电动车需年满 16 周岁，骑行和乘坐电动自行车一定要记得戴好头盔。

平衡车、滑板车、旱冰鞋，都属于滑行工具，不属于交通工具，禁止上路行驶。

主动配合学校做好交通安全教育宣传工作，自觉学习《中华人民共和国道路交通安全法》，掌握交通安全知识，增强交通安全观念，培养交通文明意识，提高交通安全意识和风险防范能力。

生命至上，平安无价！校园交通安全关乎我们每一个人的宝贵生命。让交通安全意识植根在我们心中，从我做起，齐心协力，共同营造一个道路畅通、环境优美、和谐文明的平安校园！

三、掌握常见交通事故中的应急处理方法

1. 交通事故的常见处置方法

（1）及时报案。有利于事故的公正处理和伤者的抢救，千万不能与肇事者"私了"。

（2）保护现场。事故现场的勘查结论是划分事故责任的依据之一，避免"有理说不清"的情况。

（3）控制肇事者。若肇事者想逃脱，一定要设法控制，若实在无法控制也要记住肇事车辆的车牌号码、颜色、车型等特征。

2. 交通事故中抢救与自救基本原则

（1）现场抢救应遵循的基本原则：先呼救、报警，再抢救；先抢救人员，后抢救财物；先抢救重伤员，后抢救轻伤员。

（2）抢救的基本顺序。

现场呼救：利用附近的电话向公安、交通、医疗救护部门呼救，或向附近单位紧急求救，也可拦截过往车辆求救。

现场抢救：遇伤员被挤压夹嵌在事故车辆内时，不要生拉硬拽，而应等待专业救援，再救出伤员。若车辆压住伤员，不要轻易开动车辆，应用顶升工具或者发动群众抬起车辆，再救出伤员。

现场急救：伤员救出后，应对其进行必要的检查和急救，再转送医院。对于脑部发生外伤的伤患，要立即进行包扎止血；对于感到头痛、头晕等有脑震荡症

状的伤患，应该就地休息，等待医院检查。在把颈椎错位、骨折的伤患人员搬出车辆之前，应该先进行颈部固定，避免损伤。

（3）发生车祸后司机的应急处理步骤。发生交通事故的车辆必须立即停车，熄火，拉紧手刹。在车祸现场不要吸烟，以免引燃油箱。同时在来车方向设置警告标志（高速路在150米以外，普通公路在50米以外）。

当事人需抢救伤者和财产，必须移动车辆时应当标明位置，并迅速报告公安机关或者执勤交警。在道路上发生交通事故，未造成人身伤亡，当事人对事实及成因无争议的，可以即行撤离现场，自行协商处理损害赔偿事宜。

3. 常见交通事故的应急处理方法

（1）行走当中汽车迎面而来时的脱险。行走时应对身边环境有清晰的认识，有车辆冲来则迅速侧身躲到路边的大树后，或者就地滚到一边。

来不及闪躲到一边时，可在刹那间挺出一边的肩膀，在闪身间与来车擦身而过。即使不能完全闪开而被撞倒的时候，做这种姿势，使肩膀先落地，伤势会轻微些。

实在躲闪无效时，就应干脆跳到汽车引擎盖上，再从汽车侧面滚下来；身体着地时，最好是臀部先着地，双手要护住头。或者干脆就地跳跃起来，像运动员那样，用力向上跳起，以这种姿势被车子撞上，可能被撞到车顶或被车子撞到一边去，也能逃过死神的魔爪，只是会受伤而已。

当一切躲避的措施都来不及做时，要采取"用手抱头"的保护措施。因为头部最容易受伤，这个保护性的动作或许就能救你一命！

（2）迎面撞车的防护。发生撞车时，驾驶员应迅速横移滑下座位，如果是单独驾车，应该立即倒向旁边的乘客座位，同时以双手抱头，以免方向盘挤压胸部受伤。

如果坐在副驾驶位，首先要抱住头部躺在座位上，或者双手握拳，用手腕护住前额，同时屈身抬膝护住腹部和胸部。

后座乘客最好的防护办法就是迅速向前伸出一只脚，顶在前面座椅的背面，并在胸前屈肘，双手张开，保护头面部，背部后挺，压在座椅上。这样可以缓冲身体前冲的速度，从而减轻受伤害的程度。

车辆相撞时切忌喊叫，应该紧闭嘴唇，咬紧牙齿，以免相撞时咬伤舌头。

汽车相撞发生火灾的可能性极大，所以撞击一停止，应尽快设法离开汽车。

（3）车尾撞击的防护。汽车驾驶常有突发事故，坐车的人需养成习惯，把头部轻轻地靠在头垫上，这样，突然发生冲撞时，可以用背部顺应来自后面的撞击，减轻伤害。

如果从后视镜及早地发现后头车辆冲撞上来时，应该马上卧倒在座位上，用双手护住头部和胸部。

（4）紧急刹车的防护。车辆突然刹车，应迅速用手保护好头部和胸部，以避免伤害。

坐在车子后排座位时，可以将轻便衣服放在靠背上，这样可避免在急刹车时，头部与玻璃或车体直接相撞。

行车过程中，坐车者不要堵住车门，更不能靠在车门上，以防止刹车时无意间碰到门锁，将车门打开，从行驶的车上掉下。

打瞌睡时，头不要靠在车窗玻璃上，防止发生事故时被玻璃划伤。

（5）刹车失灵时的逃生自救。如果行车途中刹车失灵，应立即换挡并启用手刹。必须同时做到几件事：脚从加油踏板上抬起，打开警示灯，快速连续踩动脚刹（它可能仍连着），换低挡，拉手刹刹车制动。不要猛拉手刹，应由轻缓逐渐用力，直至停车。

如果来不及做完以上整套动作，可以先从加油踏板上抬脚，再换低挡，抓手刹刹车制动。除非确信车辆不会失去控制，否则不要用全力。小心地驶离车道，将车停在你能走离公路的地方，最好是边坡，或者松软的土坡。

如果车速始终无法控制，比如遇到了陡下坡，为了减速，可以不断冲撞路边的护栏或护墙。还可利用前面的车辆帮你停车——在距离许可的条件下靠近它，使用警示灯、按喇叭、闪亮前灯等手段，使前面的司机接收到你的求助信号。这也需要前车司机具有丰富的驾驶经验和稳定的心理素质。

（6）机动车行驶中爆胎的应急处理。在驾车行驶过程中，一旦出现了轮胎爆胎，将使汽车的行驶极不稳定。特别是前轮出现爆胎时，方向盘被强力拉向发生爆胎的一侧，很可能导致重大的交通事故。

万一车辆在行驶过程中发生了爆胎，首先驾驶员应紧紧地握住方向盘，尽力使汽车直线向前行驶，这是应急处理的第一个原则。发生爆胎时千万不要因为慌张或害怕，双手放开方向盘，也不要因为丧失信心而不做任何努力。其次要放松油门踏板，恰当地踏动刹车踏板，逐渐降低汽车行驶速度，使汽车停下来。如果紧急地踏下刹车踏板，很可能会造成交通事故。最后是必须把汽车停在安全的位置上。在交通繁忙的道路上，把汽车停在路边十分危险。为此，应该把汽车驶离干线道路，进入车少的岔道，才能确保安全。同时应把红色三角停车板放在车辆后面的道路上，然后更换备胎。为了确保安全，应该尽快作业。如果转向系统或悬挂系统有故障，最好请专业修理人员进行检查和调整。

（7）车辆倾覆时的逃生自救。正确系安全带是发生翻车事故后安全逃生的基础。系安全带时，背部与腰部尽量贴紧座椅，调整座椅前后位置，保证腿部有一定的弯曲，否则在发生正面碰撞事故时腿部很容易受伤。安全带下部应系在胯骨位置，如系在腹部则可能导致撞击时内脏受伤。上部置于肩、颈部中间大约锁骨位置，如果过于靠肩膀外侧，在发生事故时安全带会很容易从肩外滑脱。如果发生翻车事故，这时最重要的是要将车辆熄火，以保证不会发生燃烧、爆炸等危险。熄火后再进行如下步骤，以确保安全逃生：

双手撑住车顶，抬起双脚用力蹬住仪表台，将身体牢牢撑在座椅中。

单手将安全带解开，并向车门方向尽量收拢，以避免逃生时造成缠绕。

双手撑好，双脚松开，身体向副驾驶座车顶倒下，形成蹲的姿态。如果副驾驶位置有乘客，则副驾驶位置上的人员要先出车外，因驾驶位置有方向盘，会影响逃生速度。

如果车门无法开启，应打碎侧面车窗逃生。由于车窗韧性很好，应使用尖锐物品敲击，并注意击打玻璃上角。

逃出车辆前一定要先观察道路状况，防止与其他车辆再次发生事故。

（8）汽车落水时的脱险法。汽车落水时不会立即下沉，可把握下沉前的一分半钟从车门或车窗处及时逃生。即使汽车沉下水底，也有办法逃生，因为车厢注满水可能需半小时。车厢注水的时间视车窗是否打开、车身是否密封及水深程度而定。汽车下沉越深，水压越大，注水速度也就越快。

一旦落水，不能惊慌失措，双手抓紧扶手或椅背，让身体后仰，紧贴着靠背，避免随着车体翻滚，避免汽车在翻滚入水之前，车内人员被撞击昏迷，以致入水后无法自救而死亡。

坠落过程中，应紧闭嘴唇，咬紧牙齿，以防咬伤舌头。

汽车是有一定闭水性能的，汽车入水后，不要急于打开车窗和车门，而应该关闭车门和所有车窗，阻止水涌进。争取时间关上车窗和通风管道，以保留车厢内的空气。

如有时间，开亮前灯和车厢照明灯，既能看清四周，也方便救援人员搜索。

逐渐下沉中，车身孔隙不断进水，到内外压力相等时，车厢内水位才不再上升。这段时间要保持镇定，耐心等待。内外压力不等时，欲强行打开车门反而会造成混乱，减少逃生机会。

当水位不再上升时，做一个深呼吸，然后打开车门或车窗跳出。外衣需要先脱下，假如车门打不开，可用修车工具或在手上缠上衣服后打碎车窗玻璃。

假如车里不止一人，应手牵着手一起出来，要确定没有留下任何人。

四、火车、动车及地铁上的自我安全保护

火车、动车和地铁，它们都是在独立的铁路轨道上行驶的车辆，通常由多节车厢组成，是人类的重要交通工具之一。可是，火车、动车和地铁这些现代交通工具在带给人类巨大便利的同时，由于人员在特定环境中的聚集，也潜藏着巨大的风险。因此，我们需要了解搭乘这些交通工具时的自我安全保护知识。

（一）乘坐火车、动车或高铁时的注意事项和应急措施

1.在列车上的安全注意事项

（1）保护好行李等随身携带的物品。出门的行李最好相对集中，路途中常用物品和贵重物品分开存放，贵重物品随身携带，不要放在行李箱内。进站过安检时，看到箱包完全进入安检机器进口后再前行，防止有不法分子浑水摸鱼，从传送带上偷拿财物。乘坐硬座时，上车后尽量把行李放在自己座位侧面的行李架上，便于观察。在车厢里安放行李时，把行李放在自己容易留意到的位置。乘坐硬座

注意打瞌睡时贵重物品的保管；乘坐卧铺时，睡觉前把贵重物品放在身边。

（2）保护好钱包及贵重物品。进出站和上下车时，小心钱包和贵重物品。提前备好零钱，做到财不外露。

（3）谨防诈骗与盗窃。不轻易把手机借给别人，或给人翻看，以防被实施诈骗或盗窃。防人之心不可无，车上要提高警惕，注意不要食用陌生人的食物。车上遇到困难及时向列车乘务员寻求帮助。出站时，不轻易和别人搭讪，在指定地点乘坐公交、地铁或出租车，找正规旅馆或酒店住宿。

2. 列车事故中的应急措施

火车在运行中可能会有与其他火车相撞或者火车出轨的事件发生，这时火车会进行紧急刹车，车身会剧烈晃动，车厢会向一边倾倒。此时就需要根据自己所处位置采取不同的预防和自救措施。

（1）在座位上时。如果是脸朝行车方向坐的人要马上抱头屈肘伏到前面的坐垫上，护住脸部，或者马上抱住头部朝侧面躺下；而背朝行车方向坐的人，应该马上用双手护住后脑部，同时屈身抬膝护住胸、腹部。如果座位不靠近门窗，应留在原位，抓住牢固的物体或者靠坐在座位上，低下头，下巴紧贴胸前，以防头部受伤；若座位接近门窗，就应尽快离开，迅速抓住车内的牢固物体。

（2）在走道时。应该面朝着行车方向，两手护住后脑部，屈身蹲下。如果车内不拥挤，应该双脚朝着行车方向，两手护住后脑部，屈身躺在地板上，用膝盖护住腹部，用脚蹬住椅子或车壁，同时提防被人踩到。

（3)在卫生间时。赶快背靠行车方向的车壁，坐到地板上，双手抱头，膝盖弯曲，屈肘抬膝护住腹部。事故发生后，如果无法打开车门，就应把窗户推上去或砸碎窗玻璃，然后脚朝外爬出来。时刻注意碎玻璃，同时还要小心动车或高铁的路轨可能会有电。如果车厢看起来也不会再倾斜或者翻滚，待在车厢里等待救援是最安全的。确定需要跳车避险时，应注意对面来车并采取正确的跳车方法。跳下后，要迅速撤离，不可在火车周围徘徊。离开火车后，应设法通知救援人员。

此外，如果你所乘坐的火车发生火灾事故，要沉着、冷静、准确判断，切忌慌乱，千万不能盲目跳车，立即通知列车员停车灭火避难。如果起火车厢内的火势不大，此时不要开启车厢门窗，以免大量新鲜空气进入后，加速火势扩大；手动操作门板侧面拉手把隔断门拉出，将相邻的两节车厢隔断，避免浓烟呛到其他车厢的旅客；利用列车上灭火器材进行扑救，并有秩序地从车厢前后门疏散到相邻的车厢。当车厢内浓烟弥漫时，被困人员应采取低姿行走的方式逃离到车厢外或相邻的车厢。在每节车厢中会有四个紧急逃生窗，旁边配备了安全锤。一旦出现意外情况，可使用安全锤敲击紧急逃生窗的四个角，从而进行快速疏散。

（二）乘坐地铁时的注意事项和应急措施

1. 在地铁上的安全注意事项

（1）不要睡着，应一直保持清醒。

（2）不要选择空车厢，而应选择人多的车厢。

（3）不要与喝醉酒的人以及行为举止粗鲁的人乘坐一个车厢。如果觉得自己可能遇上麻烦，在停车时换一个车厢。

（4）不要在车厢里暴露自己的贵重物品。

（5）不要在站台人流稀少的地方等车。

（6）不要倚靠在车门上，应尽量往车厢中部走，一旦发生撞车事故，车厢两头和车门附近是危险地带。

（7）发生事故后，一切行动听指挥，因为路轨通有电流，必须在乘务员宣布已经切断电源后方可撤离。

2. 乘坐地铁发生火灾时的应急措施

（1）要保持冷静，听从工作人员指挥，选用距离地面最近的安全出口迅速、有序撤离。

（2）当火灾发生在行进中的列车上时，首先要按响车厢内的紧急报警按钮，同时拨打 119 报警。如果火势不大，可以取出车厢内的灭火器进行自救灭火。如果火势蔓延迅速，无法灭火自救时，应尽快逃到其他车厢。千万不要砸碎玻璃从车窗下到轨道内部，以防轨道带电伤人。

（3）当列车迫停于站台时，应选择正确的逃生路线，当车门不能正常打开时，应触动车门和屏蔽门应急按钮，按照疏散标志指引逃生。逃生时将衣服、手绢等物品弄湿，捂住口鼻，身体成匍匐状或弯腰前进，防止中毒、窒息。

（4）如果地铁发生爆炸事件，一是发现可疑物品，应立即报告工作人员，远离它。二是列车在行进中发生爆炸，切勿惊慌，应迅速报警并转移到安全的车厢。三是如果列车停在隧道中，应在确保铁轨断电的情况下，听从工作人员指引，从隧道转移。或等列车到达站台后，乘客按照疏散指示标志或听从现场工作人员的指挥，安全撤离。撤离时利用毛巾、衣物捂住口鼻，屏息弯腰前进，防止烟雾中毒或窒息。

（5）如果乘坐地铁时遇到毒气，一是判断毒源，朝着远离毒源方向逃跑，到空气流通处或者毒源上风口处躲避。二是听从工作人员指引按照有关注意事项，就可以很顺利地疏散到安全区域。三是到达安全地点后，迅速用流动水清洗身体裸露部分。

此外，火车、动车和地铁都是我们出行使用率极高的交通工具，与社会公众安全密切相关。我们平时还可以多留意站台、站厅内的紧急疏散标志所在位置，学习车厢内紧急情况下打开车门的说明，做到心中有数，防患于未然，让身边更安全！

五、发生轮船事故时的自救与逃生

轮船作为海上交通工具，促成了人类生活的改变，造成世界各国相互依存的关系。今天，现代化的轮船，其中有客轮、货轮和邮轮，正在从事着各种关系到人类命运的全球性商业航运。今天我们所讲的轮船，主要是指以搭载人为主要目的的船只，包括客船、渡轮、游艇及邮轮等。

1. 乘坐轮船的安全注意事项

当前，越来越多的人选择邮轮旅游的出行方式，乘船出行，安全第一。务必要具有安全意识，遵守安全规则，采用安全措施，具体包括以下五点：

（1）行李的准备。乘船时不得随身携带易燃品、易爆品、易腐蚀品等一切违禁品。登船之前积极配合对人体和行李的安全检查。另外所带行李的重量也须符合有关规定，不要超标。

（2）上船与下船要遵守秩序。上船按照先后次序，有可能的话，可以早点到达上船点，避开登船高峰期。下船也要提前做好准备工作，与其他乘客相互礼让，

典型案例

韩国"世越号"客轮沉没，乘客错过最佳逃生机会

2014年4月16日上午9时左右，一艘载有476名乘客的"世越号"客轮在韩国西南海域航行。因海面大雾导致能见度降低，在经过水流湍急的"孟骨水道"时船体发生了严重摇晃。在这种情况下驾驶船员选择调整了航向角度，然而"世越号"才刚开始调转方向，就遇上了迎面而来的海浪，瞬间整艘船被撞歪斜船身开始剧烈的晃动，并隐约伴随金属折断的声音。船舱内，一名学生看着窗外的海水逐渐上升，慌张地对身边的朋友说："怎么回事？船好像遇到问题了！"他的朋友回应道："我不知道，我们应该去找老师问问。"此时，船上的广播响起："船只发生了小碰撞，请大家待在各自房间休息，不要随意走动！"事实上，随着船只的倾斜，轮船底层装载的货物因为没有被正确固定，此刻也开始滑动（事后调查发现货物严重超载），这令轮船的稳定情况进一步恶化。虽然学生们惊恐不安，但他们还是遵从了广播里的要求。9点30分左右，救援直升机抵达事发现场，但由于船上乘客大多未能疏散至甲板，直升机无法施救。时间一点一滴过去，船舱内的学生们终于开始意识到，如果他们继续按照广播指示留在原地，他们可能会被困在船里。这时，船已经严重倾斜，水开始涌入船舱。一些勇敢的学生开始设法逃生，但由于船体严重倾斜，许多人在逃生过程中不幸失去了生命。

这则造成大量人员死亡的惨痛沉船事故给我们留下了极为深刻的教训和启示。在感受到船体行驶异常同时广播有通知紧急情况提示相关信息的时候，要引起高度警觉和重视，及时关注周边环境动态，判断船舶是否有发生危险情况的可能性。在"世越号"和海浪碰撞之初，客轮上的部分学生也明显感觉到了危险并产生了报告老师的想法，但显然他们没有预料到后续客轮因货物超重而发生侧翻沉没的严重风险，导致大部分学生只能听从广播里对于他们原地待命的指引要求。在那种船体出现行驶危急情况的时候，除了参考广播的指引，乘客有必要随着实际情况的变化做出灵活选择。

依次而下。

（3）上船后注意学习安全知识。上船后的第一件事情就是听船上的工作人员向所有人介绍邮轮安全与逃生设备，此时一定要注意学习并掌握相关知识，立即检查并整理保存好安全设备。然后一定要参加邮轮上举行的疏散演练，熟悉从自己房间到安全甲板的最佳路线。

（4）切忌落单。室外活动，由于邮轮长时间在海上航行，所以尽可能结伴而

《 知识拓展 》

人在水中生存的时间

一般来说，人落水后，如果是泡在15℃~20℃的水中，可能生存12小时；如果水温在10℃~15℃，多数人可能生存6小时；如果水温在5℃~10℃，仅有一半的人生存时间能超过1小时；如果水温在2℃~-5℃，大部分人坚持不到1小时；如果水温在2℃以下，一般人只能坚持几分钟。当然，人的身体素质不同，在水中坚持的时间也不同，同时还要考虑心理因素，恐惧往往会缩短人在水中的坚持时间。

行，并且避免过多的单独行动，尤其是在风浪大作或夜深人静时，如果独自在甲板上徘徊，不慎失足落水，后果不堪设想。

（5）及时求助。遇到任何问题，应及时向船上的工作人员咨询。

2. 轮船遇险时的自救措施

（1）轮船遇险后的一般自救措施。乘客需要保持冷静，听从工作人员的指挥，迅速穿上救生衣，如果还有时间，应尽可能地多穿保暖衣物，能穿防水的衣服则更好，戴上手套、围巾，穿好鞋袜；穿戴妥当之后，再在外面穿救生衣。因为不论什么季节，多穿衣服都是必要的，落水后可使身体表面与衣服之间有一层较暖的水，而衣服又能阻止这层暖水与周围较冷海水的对流与交换从而达到保暖效果。快速到达指定的疏散甲板后，不要惊慌，更不要乱跑，以免影响客船的稳定性和抗风浪能力。

全力抢救但仍无法使船舶免于沉没，这种情况下只能弃船，弃船命令由船长发布，各客舱的旅客应听从船上工作人员的指挥，迅速到指定的救生艇甲板集合，有秩序地登艇。

（2）弃船跳水时的注意事项。在弃船时，如若无法直接登上救生艇或救生筏离开大船，就不得不选择跳水，然后游泳离开。弃船跳水的注意事项如下：

①跳水前应尽量选择较低的位置；

②查看水面，要注意避开水面上的漂浮物；

③切忌直接跳入艇内或筏顶及筏的入口处，以免身体受伤或损坏艇、筏；

④应从船的上风舷跳下，如船左右倾斜时应从船首或船尾跳下。

落水后要保持镇静、清醒，坚定获救信心。冬季落水后，不要把衣服脱掉，以免冻伤。如果穿救生衣或持有救生圈在水中，应采取团身屈腿的姿势以减少体热散失。

除非离岸较近，或是为了靠近船舶及其他施救者，以及躲避危险漩涡等，一般不要无目的地游动，以保存体力。

如果水性不好，只能保护自己而没有能力救助其他人时，应尽量不要从他人面前游过，以免被没有水性的游客抓住不放，而耽误你的自救。

要设法发出声响（例如吹救生衣上配备的哨笛）和显示视觉信号（例如摇动色彩鲜艳的衣物），以便岸上的人或其他船只发现。

（3）轮船发生火灾的自救措施。客船发生火灾时，盲目地跟着已失去控制的人乱跑是不行的，一味等待他人救援也会贻误逃生时间，积极的办法是赶快自救或互救逃生。

当船舱着火时，船舱人员可利用尾舱通向上甲板的出入口逃生。船上工作人员会引导船上乘客向客船的前部、尾部和露天甲板疏散，必要时可利用救生绳、救生梯等救生器材向水中或向前来救援的船只上逃生，也可穿上救生衣跳进水中逃生。如果火势蔓延封住走道时，来不及逃生者可关闭房门，不让烟气、火焰侵入。情况紧急时，也可跳入水中。

当客船前部某一楼层着火，还未蔓延到机舱时，应采取紧急靠岸或自行搁浅措施，让船体处于相对稳定状态。被火围困人员应迅速往主甲板、露天甲板疏散，然后借助救生器材向水中和来救援的船只上逃生。

当客船上某一客舱着火时，舱内人员在逃出后应随手将舱门关上，以防火势蔓延，并提醒相邻客舱内的旅客赶快疏散。若火势已蹿出且封住内走道时，相邻房间的旅客应关闭靠内走廊房门，从通向左右船舷的舱门逃生。

当船上大火将直通露天的梯道封锁致使着火层以上楼层的人员无法向下疏散时，被困人员可以疏散到顶层，然后向下放绳缆，沿绳缆向下逃生。

六、搭乘飞机的注意事项

飞机已成为现代社会出行不可缺少的交通工具，尤其在长距离国际和国内出行中选择飞机作为主要交通工具的人占了绝大多数。与其他运输方式相比，飞机最大的特点是快捷、舒适、安全。

1. 搭乘飞机前应做好准备

（1）提前足够的时间到达机场，以便办理值机和行李托运等事宜，一定要考虑大多数航空公司截止办理值机手续的时间为起飞前 30~45 分钟。

（2）登机前，旅客及其随身携带的一切行李物品，必须接受机场安全部门的安全检查，否则不准登机。这是为了防止枪支、弹药、易燃、易爆、易腐蚀、放射性物品以及其他危害民航安全的危险品被带进机场和机舱，以便维护飞机和乘客的安全。

2. 登机后的注意事项

（1）飞机起飞前，应系好安全带，起飞时禁止旅客在客舱内随意走动。

（2）熟记空中乘务员所做的飞行安全示范。乘客上飞机后应当细心聆听乘务员讲解的飞行安全须知，熟悉紧急出口的位置及其他安全避险措施，以避免遇到紧急情况时手足无措。

（3）大件行李勿随身携带上飞机。机舱内头顶的行李架只可以放手提行李。

（4）在飞机起飞和降落的时候，大家一定要听从乘务员的安排，系好安全带、收起小桌板、调直座椅靠背，打开遮光板等。起飞前一定要认真听乘务员的讲解和演示，仔细观看安全须知录像。

（5）乘坐国内班机，机舱内一律不允许吸烟；乘坐国际班机，只能在指定吸烟处吸烟，烟头必须掐灭后放进烟盒内，禁止在班机内的厕所里吸烟。

（6）禁止使用具有发射功能的电子设备，如调频收音机。禁止使用不具备飞行模式的移动电话等设备，使用便携式电子设备时需打开飞行模式，如禁止在飞行上打电话，在飞行过程中手机只能使用飞行模式。超过规定尺寸的便携式电脑、PAD 等大型便携式电子设备仅可在飞机巡航阶段使用，飞机滑行、起飞、下降、着陆等关键阶段禁止使用。

（7）飞行中遇有强的上升气流，飞机产生颠簸时，乘客应坐在座椅上，不得解开安全带，更不能在客舱内走动。

3. 飞机发生故障时的应急措施

飞机起飞后的 6 分钟和着陆前的 7 分钟内，最容易发生意外事故，国际上称为"可怕的 13 分钟"。飞机失事十分突然，乘客应懂得飞机失事的各种预兆，如机身颠簸、飞机急剧下降、舱内出现烟雾、舱外出现黑烟、在高空飞行时发出巨响等。意外发生时，机上乘客应该保持冷静，听从乘务员的指挥。应急求生方法如下：

（1）留意靠近自己座位的太平门及开启方法，万一失事，要能在浓烟中找到出口，会开门。

（2）取下眼镜、假牙，脱下高跟鞋，取下口袋里的尖锐物品（如钢笔），以防碰撞伤害身体。

（3）如机舱内有浓雾，用湿毛巾捂住口鼻，尽可能弯腰靠近太平门。

（4）若机舱"破裂减压"，要立即戴上氧气面罩，并且必须戴严，否则呼吸道肺泡内的氧气会被"吸出"体外。在飞机坠毁不可避免时，要跑向飞机尾部。

（5）若飞机在海洋上空失事，要立即换上救生衣，抓住救生物品，抬高下颌，努力吸气，积极游泳。

（6）机舱门一开，充气救生梯会自动膨胀，乘客可跳到梯上用坐着的姿势滑到地面。滑到地面后，尽可能快速地远离飞机，不要返回机上取行李。

（7）如果自己和别人受伤，应通知乘务员。等待救援时，设法和其他乘客交谈，保持求生意志。

4. 在飞机上法律禁止的行为

乘坐飞机就必须要遵守安检规定，在飞机起飞前，也都必须要阅读安全须知，因为有些不起眼的小物件、小举动可能带来意想不到的危险。飞机上的安全规定归根结底是为了确保旅客安全、航空器安全和空防安全。

（1）客舱禁止吸烟，包括电子烟。飞机上不能抽卷烟，不仅是因为点燃卷烟

《法律知识》

在飞机上闹事有什么后果？

时常在新闻中看到有人在飞机上拒绝管束，恣意妄为，这样的行为会受到处罚吗？

《中华人民共和国民用航空安全保卫条例》

第二十三条　机长在执行职务时，可以行使下列权力：

（二）在航空器飞行中，对扰乱航空器内秩序，干扰机组人员正常工作而不听劝阻的人，采取必要的管束措施。

第二十五条　航空器内禁止下列行为：在禁烟区内吸烟；抢占座位、行李舱；打架、酗酒、寻衅滋事；盗窃、故意损坏或者擅自移动救生物品和设备；危及飞行安全和扰乱航空器内秩序的其他行为。违反以上规定的，由民航公安机关依照《中华人民共和国治安管理处罚条例》有关规定予以处罚。

《中华人民共和国治安管理处罚条例》

第二十三条　有下列行为之一的，处警告或者二百元以下罚款；情节较重的，处五日以上十日以下拘留，可以并处五百元以下罚款。

扰乱公共汽车、电车、火车、船舶、航空器或者其他公共交通工具上的秩序的；

（四）非法拦截或者强登、扒乘机动车、船舶、航空器以及其他交通工具，影响交通工具正常行驶的。

第三十四条　盗窃、损坏、擅自移动使用中的航空设施，或者强行进入航空器驾驶舱的，处十日以上十五日以下拘留。在使用中的航空器上使用可能影响导航系统正常功能的器具、工具，不听劝阻的，处五日以下拘留或者五百元以下罚款。

《中华人民共和国刑法》

第一百二十三条　对飞行中的航空器上的人员使用暴力，危及飞行安全，尚未造成严重后果的，处五年以下有期徒刑或者拘役；造成严重后果的，处五年以上有期徒刑。

使用的明火有可能引发火灾，而且抽烟产生的烟雾万一引起烟感器报警，会让旅客恐慌，如果盲目躲避还会造成飞机失衡，产生难以挽回的严重后果。而电子烟是一种模仿卷烟的电子产品，通过雾化等手段，将尼古丁等变成蒸汽后，让用户吸食的一种产品。电子烟的器具还存在电池爆炸、烟液渗漏、高温烫伤等安全风险。《中国民用航空局公安局关于维护民用航空秩序保障航空运输安全的通告》（以下简称《通告》）将吸烟（含电子香烟）明确列为航空器内禁止的行为之一。

（2）充电宝可带但不可用。因为活泼的锂金属摩擦、碰撞便有可能让充电宝变成"充电爆"。充电宝在地面起火处理起来相对容易，但如果是在狭小的客舱中，很容易引起旅客恐慌。因此，为确保民航安全，我国民航局曾多次下发相关公告。2014年8月，民航局发布《关于民航旅客携带"充电宝"乘机规定的公告》（以下简称《公告》），首次专门强调了民航旅客携带充电宝乘机的相关规定以及风险。《公告》表明，今后旅客在乘坐飞机时，仅可携带额定能量在160Wh以内的充电宝；未标明额定能量，同时也未能通过标注的其他参数计算得出额定能量的充电宝一律禁止携带；严令禁止托运充电宝，不得在飞行过程中使用充电宝给电子设备充电。

（3）不要随意触碰应急舱门。如果坐在应急舱门旁的位置，起飞前空姐都会到位置旁与旅客做单独的讲解。因为应急舱门看着只是普通的舱门，但在关键时刻是旅客的生命之门。守护好这扇门，最简单的办法就是在非紧急情况下管住自己的手，防止舱门开启。擅自打开应急舱门严重影响机场和飞机的安全运行，属于违法行为。《民用航空安全保卫条例》第25条第1款第4项规定："航空器内禁止故意损坏或者擅自移动救生物品和设备。"《中华人民共和国治安管理处罚法》第34条规定："盗窃、损坏、擅自移动使用中的航空设施，或者强行进入航空器驾驶舱的，处10日以上15日以下拘留。"同时，机舱里凡是有红色应急标志的按钮一定不能随意碰触，应急舱门更不能乱碰、乱拉、乱开启，拿不准可以咨询乘务员，以免造成危险。

2018年国家发展改革委、民航局等部门联合发布了《关于在一定期限内适当限制特定严重失信人乘坐民用航空器推动社会信用体系建设的意见》（以下简称《意见》），其中，有以下行为的旅客，可能在1年之内被限制乘坐飞机：编造、故意传播涉及民航空防安全虚假恐怖信息的；使用伪造、变造或冒用他人乘机身份证件、乘机凭证的；堵塞、强占、冲击值机柜台、安检通道、登机口（通道）的；随身携带或托运国家法律、法规规定的危险品、违禁品和管制物品的；在随身携带或托运行李中故意藏匿国家规定以外属于民航禁止、限制运输物品的；强行登占、拦截航空器，强行闯入或冲击航空器驾驶舱、跑道和机坪的；妨碍或煽动他人妨碍机组、安检、值机等民航工作人员履行职责，实施或威胁实施人身攻击的；强占座位、行李架，打架斗殴、寻衅滋事，故意损坏、盗窃、擅自开启航空器或航空设施设备等扰乱客舱秩序的；在航空器内使用明火、吸烟、违规使用电子设备，不听劝阻的；在航空器内盗窃他人物品的。《意见》指出，因严重影响民航飞行安全和生产安全的特定严重失信人限制乘坐民用航空器的，有效期为1年，自公示期满之日起计算，1年期满自动移除。

在选择飞机作为出行交通工具时，只有注意细节，遵守规定，以确保乘机时更加安全，才可以帮助你更好更安全地乘坐飞机，无论你去哪里都能安全到达。

思考题

1. 如何理解并做到"树立尊重生命的交通理念"？

2. 请列举实际生活中，你所发现的校园交通安全隐患（三个以上）。

3. 简述汽车在行驶过程中爆胎的应急处理办法。

4. 船舶在水面上突然发生严重事故，只能弃船时，如无法直接登上逃生艇离开大船，就不得不跳水游泳离开。怎样安全地跳水离船呢？

主题二 ▶

顶岗实习、社会实践的安全防范

视 频 资 源

学习目标

（一）思政目标

树立正确的社会交往安全理念。

（二）知识目标

1. 理解实习过程的安全注意事项。

2. 熟知兼职时的安全与风险防范知识。

（三）能力目标

1. 掌握实习期间的人身安全防护措施。

2. 熟练开展社会交往过程中的自我安全保护。

朋 辈 提 醒

同学 A 讲述：实习中的我觉得最重要的就是做好心理准备。我之前对实习岗位充满了向往，没有想过困难之类的。真正到了实习工作岗位，同事给我一本员工手册就去忙了，我一开始很难适应，又不敢问，后来慢慢发现适应能力和沟通能力真的很重要。同事不会像学校老师一样耐心地反复地告诉你。只有自己主动去问，大胆去问，不懂就问，才能掌握工作和学习的主动权。

同学 B 讲述：我在实习过程中，印象最深的就是同事对安全规程的严格执行。在确定了实习单位后，我人还没有到，先收到了工作岗位安全操作规程的电子版，要求熟读。然后在实习过程中，同事们每天上岗前严格检查，过程中的不断安全确认，下班前重新检查，签字后才离开。听他们说，之前有个实习生因为没有严格执行操作规程，导致身体受伤，公司赔偿少，更重要的是人的身体受伤，对以后的正常生活和继续发展都会造成很大影响。所以，我也每天告诉自己，一定要按程序操作，我觉得这是一个好习惯。

同学 C 讲述：实习一定要有防骗意识和维权意识。最好是通过学校确定实习单位，并且在老师的指导下与企业签订实习协议，以确保自己的权益。看新闻会知道有暑期实习生被骗，成为廉价劳动力甚至免费劳动力，不光得不到真正的锻炼，出了危险还没有任何保障可言。所以我不建议大家自己通过网络盲目地寻找实习机会，如果有了面试机会，也要多想些办法，多方求证核实企业的真实性和合法性，避免上当受骗。远离不签协议、不按规定提供相关法律和劳动保障的实习单位。

同学 D 讲述：除了在实习单位上班的时候要注意安全，我觉得还有很多时候，安全都是第一位的。比如去实习单位的路上，就要注意交通安全。如果实习单位在外地，除了交通安全之外，住宿安全，下班之后的休息、文娱活动，结交新朋友等方面，都需要有高度的安全意识。实习是我们离开学校的最后一步，也是我们走上工作岗位，锻炼自己，独立面对和处理问题的新开始。

一、实习过程的安全注意事项

实习是学生在真实的企业生产环境下进行职业技能综合训练的活动。学生把所学专业知识、专业技能运用到企业生产、管理中，锻炼实践操作能力，提高工作能力。在实习过程中，同学们是作为工厂或公司的员工被看待和被管理，无论工作强度、范围、责任、要求都高于以往在学校的学习过程。面临的风险隐患相对增加，稍有不慎，极易发生安全事故。

参加实习，首先要牢固树立"安全第一"的意识。积极参加学校组织的实习安全教育教学活动，认真学习"实习安全守则""实习协议"等相关内容，深入解读实习安全问题的相关法律法规。认真参加岗前培训，熟知安全隐患，严格遵守规章制度及操作规程，听从指挥，服从管理，正确使用防护用品，积极掌握安全生产知识，努力提高安全生产技能水平。珍爱生命、加强防范。坚决服从指导教师和实习单位的管理安排，努力提高职业素养与岗位技能；杜绝一切危险、违法活动。不进入具有安全隐患的场所，避免与流窜人员来往，谨防网络诈骗，网络交友等。另外，还要熟悉各行业相关职业病的基本常识，要掌握相应的安全防护措施及事故应急处理方法。

二、兼职时的安全与防范

在校大学生兼职是指尚处于在校学习的大学生，利用自己的课余时间，通过为雇主提供劳动，获取报酬并提高自身能力的行为。大学生们选择兼职，一方面是为了增加自己的经济收入，另一方面也是想尽早接触社会，锻炼自己，积累经验。大学生虽然都已成年，但涉世不深，没有丰富的阅历和社会经验，一旦发生纠纷或危险，很难保障自己的合法权益不受到侵害，或者是不能有效地将侵害损失降低。

朋 辈 提 醒

同学 A 讲述：一到假期，我就会做兼职，把下个学期的生活费赚出来。大一的时候没有经验，遇到一家中介，交了 200 元之后，一直没有介绍工作给我，后来再通知我继续交费的时候，我觉得不对劲就另外找其他兼职了。

第二个学期学校有相关的安全教育，我推测，我之前应该是遭遇了黑中介，还好我没有继续被骗钱。

同学B讲述：前几天，我在学校外面看到一则招聘广告，是附近的一家卡拉OK招聘，说是时间灵活，待遇优厚，大学生优先录用。我想着自己晚上空闲时间多，还挺动心的。后来想到兼职安全的主题班会上有讲过，娱乐场所的高薪招聘存在陷阱，还是算了。宿舍其他同学也看到了招聘信息，也想过去试试，回来和我们一说，被我说服了，都不考虑去这些不安全的场所做兼职了。

同学C讲述：我去年在一家便利店做兼职，我一直以为兼职是不用签任何协议的，所以也没有和他们签协议。今年参加学校的安全专题讲座，才知道兼职工作也要签协议，才能有效保护自己的权益。可是我找他们签协议，居然被拒绝了。然后我就果断地换了兼职工作。虽然便利店离学校近，很方便，但是不能有效保障自己权益的事情，还是不做的好。

同学D讲述：今年放暑假前，我接到高中一同学的电话，说他在上海做兼职，福利好待遇也高，邀请我过去，说定好车票告诉他，他来车站接我，我们一起赚钱。但是当我问他具体的工作内容是什么的时候，他只跟我说是销售，可具体销售的是什么产品、公司在什么地方这些具体的东西都没有告诉我。电话挂断后，我心想不对，哪有这么好的事，我就忍不住给同学妈妈电话，问他在上海是做什么工作。阿姨在电话那边断断续续地，也没说清楚，就说到其他两个玩得好的同学也一起。于是我联系另外两个同学，电话都无法接通，接下来几天我一直电话、微信联系他们也都没有回复，最后我再联系我的同学时，电话就无法接通了。又过了几天，在同学微信群里才了解到，我这个同学其实是被高薪酬、高福利的诱惑骗进了某传销组织中。所以，在选择兼职岗位时，一定要谨慎，不要被表面现象蒙骗，赚钱的方式有很多，千万不要陷入传销组织。

除了上述提到的黑中介、娱乐场所高薪招聘、用工不签协议、传销组织这些兼职陷阱外，还有工作中抵押证件或者交纳高额保证金、网上招聘刷单骗局、代理销售伪劣商品等等。学生兼职过程中存在种种不安全因素，培养安全意识，掌握必要的防范措施，才能有效避免损失和事故的发生。

三、学会在社会交往中的自我保护

社会交往，是指在一定的历史条件下，个体之间相互往来，进行物质、精神交流的社会活动。从不同的角度，把社会交往划分为：个体交往与群体交往，直接交往与间接交往，竞争、合作、冲突、调适等。人与人的交往，会涉及很多因素，存在安全的不确定性。戴尔·卡耐基曾说过："一个人事业上的成功，只有 15% 是由于他的专业技术，另外的 85% 要靠人际关系、处世技巧。"请记住人际交往的十字准则：平等、尊重、互利、信任、宽容。

面对变化的环境和其他人，掌握交往的要领，在坚持自我原则和底线的前提下，包容他人，乐于助人，学会合作，才能真正地适应社会、适应时代。现代社会的成功者一定是全面发展的人和善于与他人沟通、合作、共处的人。

思考题

1. 简述实习过程中易发生危险和伤害事故的原因。

2. 在收到兼职公司的面试通知后，从安全的角度考虑，你应该做的准备工作有哪些？

视频资源

主题三
留学等国际交往中的安全问题

学习目标

（一）思政目标

确立科学的国际交往安全观念。

（二）知识目标

1. 熟知留学前的安全准备事项和措施。

2. 了解留学期间应注意的基本安全问题。

（三）能力目标

1. 掌握留学期间应注意的基本安全问题应对方法和技能。

2. 熟练运用国际交往活动中的基本安全技能和避灾避险自救举措。

3. 能识别涉外交往中的陷阱。

随着中国的经济发展和国际交往的日益广泛，中国学生到海外学习的人数逐年增多，有关留学生在国外学习生活时发生安全事故的报道也屡现报端。青年学生性格率真、思想活跃、好奇心强，同时具有幼稚、冲动、叛逆等不成熟的性格特征，因此，在留学过程中很可能由于对国外情况不了解而埋下安全隐患；另外，在国外留学生活中，也同样会遇到许多如交通安全、消防安全、食品安全、自然灾害等传统的安全问题，这些都需要引起留学生本人、留学生父母以及正在从事国际对外交往人员的高度重视。

学生在做留学规划时，首先应该对即将前往的国家做较为深入的了解，包括这个国家的自然环境、社会环境和文化、习俗、宗教、法律等相关情况，并有针对性地提前做好相关准备；在异国他乡遇上突发事件后，能够沉着应对，妥善处理。例如，有的国家多台风、龙卷风或冰雪侵袭；有的国家地震、海啸频发；有的国家民族种族众多，生活习俗差异大；有的国家正爆发局地战争或处于战乱中……提前做好准备，就能掌握主动权，采取有效措施，避免很多危险事件发生，保障留学期间及对外交往中自身的生命安全，确保学习、工作如期完成。

一、留学前的安全准备措施

1. 事先对留学目的地进行全面的了解

对目的地进行深入细致的了解是在留学出发前必须做的准备工作，可以做到防患于未然。对留学目的地的了解一定要全面细致，既要了解留学国家相关政策、法律法规、交通规则，也要了解当地自然环境、气候特点、风土人情。学生在选择留学目的地的时候，除了考虑自身兴趣、专业优势、个人发展的需要，还应把国家稳定和社会治安的因素考虑进去。总体而言，一般经济发达国家的社会相对比较稳定，但也同其他任何国家一样，有着阳光无法照到的黑暗死角。准备留学的学生可以通过咨询具备专业资质的留学服务机构，了解留学国家的法律制度、风俗习惯、文化背景和消费水平；还可以登录权威部门网站对留学国家和地区的多发疾病、食品安全、社会治安等安全问题有一个全面的了解；平时也可以留意留学国家的新闻报道，向已经在该国留学生活的同学朋友收集信息，为自己的留学生活储备必要的知识。比如在去美国之前，学生可从美国国务院、美国疾病预防控制中心、美国食品安全委员会，甚至当地新闻网站上，获取相关政策、规定、了解当地的天气特征、流行病、医疗保障等重要情况。为确保自己的安全，还要时刻谨记一些安全原则，例如不要独自一人出行或旅游，不要进入人群复杂地区，尤其是一些枪支泛滥的地区。

2. 遵守所在国的交通法规和风俗习惯

（1）严格遵守所在国家的交通法规。许多国家的交通规则和驾驶习惯与国内存在很大区别，学生应事先对留学国的交通状况进行了解，避免因不知道、不适应而发生交通事故。例如，英国的机动车都是靠左行驶的，当你穿越路口时，要特别留意地面上"注意左边"和"注意右边"的提示；澳大利亚以私家车交通为主，除少数大城市，大部分地区的公共交通极不发达，需要步行或骑自行车；新西兰多山区，道路崎岖，平时要注意限速要求，确保出行安全。

（2）充分尊重他人的宗教信仰与民族习惯。对于他人的宗教信仰、民族禁忌，要以尊重文化差异为前提，不宜妄作评论，以免引起不必要的误会、冲突、矛盾。中西方的文化差异是确实存在的，因此留学生在与当地人交往的过程中要特别注意秉持开放包容、求同存异的良好心态，避免产生冲突和隔阂。

在国外，有宗教信仰是一件很普遍的事，欧美国家大多信仰基督教，有些外籍华人信仰佛教，印度人信仰的是印度教，马来西亚人大部分信仰的是伊斯兰教。在宗教信仰方面，我们尤其要注意避免冲突。例如，信奉印度教的人因宗教原因是不吃牛肉的，而信奉伊斯兰教的穆斯林是不吃猪肉的。留学生在国外如果与信奉印度教或伊斯兰教的人一起在宿舍生活，切忌把牛肉、猪肉放在冰箱里，这样容易引起相关同学的反感，引起尖锐的矛盾冲突。

3. 充分尊重和理解他人的文化传统与生活方式

充分了解一个陌生国度的文化传统与生活习惯，才能使自己更好地融入其中。中西方在生活方式、文化传统、经济观念等许多方面，都存在着明显的差异。一些学生走出国门后不能习惯国外的思维方式，由此容易产生抵触情绪。因此在出发之前应充分搜集留学国的资料，了解那里的风土人情以及人文环境，有条件的还可以接受一定的跨文化交流训练。对于准备出国的学生来说，如果已经充分锻炼了自理、自立及沟通能力，就能为出国学习夯实基础。

了解并且适应留学国家的生活习惯应该避免两个误区：一个是唯我独尊的"盲目仇外"，另一个是失去立场主张的"盲目媚外"。这两者都是思想极端偏见的表现。经验告诉我们，差异往往会引起他人的注意或者是好奇，但如果我们能够把差异转化为一种沟通的动力，利用好奇来加强沟通，那么我们就可以交到很多朋友，学习到很多有趣的东西。正确的出国学习态度应该是谦虚好学、不卑不亢、以礼相待，同时也要学会保护自己，维护自己的民族自尊。夜郎自大或者是卑躬屈膝，都决不会换来他人的尊重。

4. 注重亲情沟通，呵护心理健康

留学学子的心理健康也是确保留学期间安全的一个重要方面。出国前留学生要做一个包括牙齿健康在内的全身体检，并要关注自己的心理稳定情况。几乎所有的留学生，在刚出国的一段时间内，都会面临学习压力大、语言听不懂而导致的巨大心理压力，一些心理承受能力稍差的学生可能手足无措、焦虑不安，甚至无法继续学业。留学生抵达国外后，应尽快找到一个适当的健康机构来保证自己的身心健康。由于近年出国的留学生多为独生子女，在家习惯了父母的呵护，到了留学国家后，孤独无助思乡情绪在所难免。脆弱的身心加上在海外的孤单，总是无法找到感情寄托，于是有些人交友不慎，有些人为情所困。部分感情无处发泄的留学生，喜欢在一些娱乐场所寻找欢乐，或是沉醉于飙车、购物等高消费。这时，留学生们特别需要家人的鼓励与关怀，现在网络通信发达，与父母亲属保持经常性联系通报平安，也能使心中郁闷得到及时排解。

中国留学生在海外遇到以下四个障碍极易引发心理问题：一是文化冲突带来的环境适应问题；二是孤独并缺乏心理支持，碰到问题后缺乏朋友、亲人的劝慰；三是失落感，原先优秀的学生到了国外因评价标准不同而失落；四是因找工作困难而失望、绝望，如果有经济压力就会更艰难。对于突如其来的压力，不要想得过于严重，因为这是每个留学生都要面临的问题。首先要放松心态，然后多与身边的老师和同学探讨交流，不断提高自己的语言水平。对于少数心理承受能力差的孩子，最好能进行一些心理健康辅导和必要的独立自主教育。

5. 留学前应做好各项准备工作

（1）留学生在出国前就应尽量努力提高语言水平。在国内，英语考试成绩还

不错，特别是笔试成绩好的学生，不等于在出国后就能熟练地与外国人交流，尤其是突然处于一个全英文或者其他语言的学习环境与生活环境中，心理负担往往容易放大。出国前语言水平越高，在到了目的地后因为语言问题而需要面对的阻碍就会越少。

（2）有意识地学习与人沟通。即将踏出国门的学生可能都会忽略一点，在国内教学课堂上的主角是教师，但是在国外的课堂上学生才是主角，要主动发言，主动提问，性格外向点，积极与人沟通，才能更快更好地适应国外的学习和生活。

留学生要养成不懂就问，勇于表达自己观点的好习惯。在法国大学中，很多课程没有教材，甚至讲义和提纲都不一定会提供，课堂上老师以启发式教学为主，更强调学生参与，也更注重师生之间的互动，很多课程以小组形式完成，这些与国内学校完全不同。因此，考生要有勇气大胆表达自己的观点，哪怕观点不完全正确或表述不够完善，都会得到老师的鼓励，这样自然可以提高自信和兴趣。

（3）留学生最好提前一两周到学校报到。去了解学校信息，提前适应学校环境，不要把留学生活的开始放在报到第一天。美国的大学一般安排有新生报到周，在这一周里会给新生安排各种各样的活动，指导学生怎样去报到、注册、参加各种社团组织，还有老生甚至是中国社团的学生会带新生参观学校设施，介绍借书卡怎么使用等。因此，准留学生能够提前一到两周报到最好，这样不至于第一天上课找不到教室，不知道怎么选课。

很多准留学生将注意力放在拿录取通知、获得签证上，而签证只是留学生涯迈出的第一步。在起程前往留学国之前要好好补补文化风俗课，了解一下当地的风俗民情、生活习惯和礼仪禁忌，尽快适应因文化差异带来的落差。初到国外的留学生要树立独立生活意识，锻炼生活自理能力，学会与人多沟通、多交流，才能够真正融入新环境、适应留学生活。

二、应注意的基本安全问题

国际社会生活中安全问题对留学生的身心健康和生命安全都造成了严重的影响和危害，需要引起足够的重视。留学生需要加强防范，增强自我保护意识，重视个人的安全问题和对处理突发事件能力的培养，避免给犯罪分子可乘之机。

1.公共突发事件

在国外，常见的事故多为交通事故、财物遗失、生病等，随着国际局势的变化，近年来，种族骚乱、政变、国际恐怖活动等也已成为威胁海外留学生与对外交往人员安全的重要隐患。大多数留学生缺少社会经验和工作经历，基本没有处理突发事件的实际经验。初到国外，遇上各种突发事件，如果事先没有必要的心理与思想准备，不能及时妥善处理，往往会使事情更趋恶化。尤其是公共突发事件，其本身具有突然发生的内在特性，事先难以准确预料。留学生在不同国家可能会遇到不同的安全问题。例如，暴力极端事件往往多发于中东、南亚或南美等种族冲突、政治动荡、贫富矛盾尖锐的国家和地区，或是恐怖主义矛盾冲突较多的国家与地区。在法国、英国，罢工、游行示威是工会民众争取权力和利益的重要手段，罢工、游行示威较为普遍。大规模的罢工、游行不仅会对日常生活造成严重影响，导致交通不畅，日常生活规律混乱，也易滋生一些不安全因素，有时甚至成为暴力冲突事件的诱因。如遇上所在国家发生政治动荡，应及时了解时局走向，随时同国内和我国驻外使领馆保持联系畅通，确保第一时间得到及时的帮助与指导，必要时提前做好应急和撤离准备。

总体而言，凡事有偶然因素，也有前因后果，有迹可循，只要认真梳理分析，是可以未雨绸缪的，提前做好相关准备和预案，使我们在事件发生后，能够克服远离家乡祖国、孤身在外的恐慌心理，冷静应对，妥善处置。

2.法律法规的差异

法律既是人们的行为准则，也是维护自身权益的重要工具，遵守法律规则是人们必须具备的观念和素质。每个留学生都应该自觉地学习和遵守当地的法律、法规，运用法律维护自己的合法权益。由于所在国家法律法规与我国法律法规不同引发冲突争议，进而引发的司法纠纷是初到国外的学生需要高度重视的。中国留美博士翟某与教授讨论学业时意见不合，争辩时措辞不当，被对方误认为有恐吓行为，被校方起诉为"恐怖分子"，给翟某带来了意想不到的麻烦。因此，身在异乡的留学生，只有对所在国家的法律有较为清晰的了解，特别是与国内法律法规相悖的一些特殊情况（如哪些做法在国内不构成违法，而在所在国的法律却认定为违法甚至是犯罪），才能既有效地维护自己的合法权益，又避免不必要的冲突纠纷，甚至司法诉讼。

每一个国家都有自己的法律体系，这和每个国家的政治体制、历史背景密切相关。我国不仅与欧美国家在政治体制、法律体系上迥然不同，就是与亚洲各国在政治制度、法律体系、宗教信仰和民俗习惯上也有很大差别。以较多留学生选择的美国为例，根据美国联邦宪法《权利法案》的第二条规定，全美共有38个州的法律规定本州公民可以合法持有枪支。遇到私闯民宅的，住户可以开枪自卫。因此，在美国如果没有受到邀请，不要擅自进入私人领地，否则会给自己带来很大的麻烦，甚至危险。再如，在国内吵架时吵架双方可能会在这一过程中说一些相互威胁的狠话，而这种带着情绪的过激言语一般都会在事后得到大家的理解和原谅，会视情况给予提醒、批评和教育，但不会因此而报警、请求司法机关介入。但在美国则不同，这种言行会被对方当事人视为受到恐吓而报警，招致警方介入调查，甚至可能会被定罪。因为根据美国"人有免于恐惧的自由"的法律规定，当事人可以以受到恐吓为由向法院起诉。曾经有一个在美国的越南留学生，因在和室友的争执中说了句"这种情况在越南我就会干掉你"，室友立即向警方报案，这个越南留学生因为他的这句冲动言辞而被警方带走调查。

对于在海外求学的留学生来说，增强遵守法律、规则的意识是摆在每个人面前的必修课。海外学子需要改变一些在国内形成的观念、习惯、思维定式，遵守所在国的法律、规则，以适应新的环境。当自身的合法权益受到侵害时，也要坚定地用法律的武器进行维护，这样才能更好地与当地公民和平相处，更快地融入当地社会。

3. 文化、宗教、风俗习惯问题

文化是一个民族建立在自己的信仰、价值和规范体系之上的一种生活方式和观念。它不仅影响我们的言行举止，也影响到我们的评价体系。中西方的文化存在明显差异，其中包括价值观念、宗教信仰、社交礼仪、风俗习惯、个人隐私等等，这些差异不仅体现了文化的多元性，也体现了人类文化的丰富性。但是，如果在对外交往和留学工作中不了解各个国家、民族的文化传统、宗教信仰、民族习惯，就容易引发不必要的文化冲突，既未很好地尊重所在国的文化传统、民族习惯，又给自己带来不必要的冲突麻烦，甚至成为不受欢迎的人，平添事端。

文化隔阂与融合是每个留学国外和对外交往的人永远避不开的一个话题，许多人的摩擦冲突都是因为对这种文化差异性处置不当导致的。因此，留学生在与当地人交往的过程中要特别注意入乡随俗，如果与当地人产生认识上的差异，应该以尊重文化，求同存异为前提。

4.社会生活中常见的安全问题

（1）中介欺诈。中介诈骗现象在留学中介市场中并不鲜见，通常利用信息不对称，通过提前交学费、预付生活费等种种借口收钱，骗取各种费用。还有些非法中介公司与国外一些机构合伙勾结，以欺骗手段把申请留学的学生送到国外，待受骗学生到国外以后才发现所谓的国外名校其实是一些不具备办学资质或办学条件很差的社区学校、培训机构，甚至是收钱发文凭的"野鸡大学"。所谓"野鸡大学"，是指在没有得到国家权威认证机构认证的情况下，授予学生欺诈性的或毫无价值的学位的学校。在非法中介机构的宣传下，语言学校或技术培训机构，被"包装"成提供预科课程的大学"关系户"；一些不知名的大学在中介机构的精心策划下，被美化成为"国际性大学"，留学生辛苦数年最终到手的一纸文凭，却根本得不到国家教育部门的承认。

（2）人身伤害。近年来，中国留学生在海外留学期间人身受到伤害的事件频频发生，集中表现为夜间外出受袭、被绑架劫财、受到异性骚扰、交通事故等。在国外，城市中心区的犯罪率往往要比其他地区高。相对而言，留学生在市中心区被盗的概率比其他地区更高。尤其是晚上，在一些街头、地铁站更容易碰见醉酒和吸毒等滋事挑衅人员而引发的暴力危险。酒吧、歌舞厅等是另一类高风险的地方，如果经常流连在这些治安环境复杂的场所，容易受到不法分子的尾随、跟踪、袭击、勒索。特别是身处异国他乡的女留学生，单身女性更容易成为歹徒袭击的对象，安全问题应引起高度重视，避免深夜回家，不要与陌生人有过深接触，独处时尽量注意环境是否安全，这些都是自我保护的必要手段。

（3）社会不良环境的潜在威胁。据澳洲媒体报道，亚洲留学生正成为黑帮犯罪试图招募的对象，意图利用他们来从事贩毒、诈骗、抢劫等违法活动。在国外的一些地区，因为经济原因，一些留学生居住在较为贫困杂乱的街区，这些街区也是非法移民、非法打工者，或在灰色行业工作的人、具有帮派社团背景的人较为集中的地区，属于城市安全的高危地区。对于广大涉世不深、缺少社会经验的留学生来说，有着极大的安全隐患，需要高度警惕，尽量避开这些高危地区和人群。

（4）外籍在华留学生的安全问题。一般来讲，由于我国政治社会稳定，民族性格讲究以和为贵，在华留学生的安全系数高，面临的安全威胁并不严重。由于中国的经济实力不断攀升，越来越多的外国学生选择到中国发展，中国将成为亚洲最大留学目的地。因此，随着在华留学生人数的不断增加，相关的安全隐患也会增加。承担留学生教育的学校和机构应进一步加强对外籍留学生的安全教育与管理，告诫在华留学生要遵守中国的法律法规，不得有危害中国国家安全、损害社会公共利益和破坏社会公共秩序的行为，避免因法律法规和文化背景不同带来的矛盾冲突。外籍留学生遇到人身安全威胁时，要及时打电话报警，并与所在学校的相关部门取得联系。

三、掌握基本安全技能

1. 用法律手段维护自身权益

如有案件发生在自己身上，如何尽量将损失减至最低并用法律手段来保护自己的合法权益是留学生在国外要着重注意的地方。若发生突发事件，留学生应牢记一点，不要采取过激甚至是不合法的手段，而应利用当地的法律手段维护自身的合法权益。如遇突发事件，要冷静沉着，迅速报警，对事件发生经过尽量了然在心，并注意搜集各种有利证据。尤其在和警察交代事件过程中，要做到条理清晰，没有把握的话不说或少说，然后找律师。如果手机被抢，需要保险公司赔款，就必须有警方出具的证明。对于入室盗窃和被抢劫案件，要尽量保护好现场。留学生应了解所在学校的紧急联系电话和联系人、居住地附近的报警电话号码、当地使领馆的电话号码等。如果遭遇的事故较为严重，留学生应尽快与当地中国使馆联系，以请求帮助，同时报当地有关机构要求给予必要的调查或帮助。留学生还应该熟记一些当地的法律条文，知道什么是法律允许的、什么是不允许的，以免因为文化差异等不必要的原因惹来官司。

2. 加强安全意识，培养安全习惯

防患于未然是相当必要的。抵达国外后，尽早了解当地治安状况，一旦确定

住所之后，要向当地居民了解周围环境，注意是否设有安全措施，如大楼警铃、路边免费求救电话等。其实，大部分归国的留学人员都比较认可国外的生活环境和治安状况，留学生在国外遭遇危险的概率也非常微小。但是哪怕只有万分之一的概率，都要尽最大可能将危险扼杀于萌芽状态，而留学生本人安全意识的提升是杜绝危险的最根本办法。

到达国外后应尽快到银行开设个人账户，养成出门消费用卡，身上只带零钱的习惯。大部分留学生出现安全问题的根源都是"炫富"。家境比较好的留学生，在日常生活中应该注意避免过多地"露富"，尽量不要用名贵的饰物、名车等，尽量避免向他人透露过多自己家庭的经济状况，以免沦为不法之徒的作案目标，给自己带来不必要的麻烦。

在日常生活中，自我防范安全意识一定要增强，并避免过多地泄露自己的隐私，尤其是面对陌生人。更重要的是，若与人合租房屋，防人之心不可无，应尽量通过协商杜绝闲杂人等进入合租房屋。此外，根据居住地区的治安情况，留学生还应在出行、晚归等不同情况下加强个人的防范意识。集体活动时更应合法有度，避免蹦极、登山、潜水等高风险的活动。在酒吧等公共场所，不喝烈性酒，不喝未当着自己面开启的酒水和开启后离开过自己视线的酒水饮品，远离酗酒的人，防范毒品，保护自身安全。

在现实生活中交友，也需要特别注意，如果遇到陌生人搭讪、聊天，其间可能会不断地被问到个人问题，包括联系电话、做什么的，住在哪里，和谁一起住等这样的话题。留学生遇到这样的情况，一定要加倍留心，在不了解对方身份的情况下，尽量避免提供真实的个人信息。

留学生在外要有一定的交际圈。出门时要告知室友或好友，沿途可以多与人打招呼，这样不仅利于拓展交际圈，也能确保在发生意外时，人们可以尽快知道你所在的位置，帮助你脱险。留学生需要注意随时与外界取得联系。联系方式要有多种，如移动电话、固定电话、电子邮箱、传真，如果可能的话，偏远地区也可使用卫星电话。如果是与人合租的，还不妨留下合租者、房东、导师的联系方式，以备不时之需。

四、掌握避险避灾自救方法

在对外交往和国外留学期间，常见的事故通常有三类：自然灾害、大型社会事件和个人安全事故。因此，要特别重视培养自己应对突发事件的能力，掌握一些必要的避险避灾自救方法。

《 知 识 拓 展 》

留学生活安全四点注意事项

❖ 购买充足保险。

现在针对留学生的保险种类有医疗保险、紧急救助保险、旅游保险以及被绑架和勒索的赎金保险。在选择保险公司时，一定要选择在国外规模比较大、网点分布广的公司，而且最好能够在当地提供 24 小时支援服务的。

❖ 留意生活细节。

出门在外，生活细节特别要留意，像外出、夜间就寝前，应仔细检查煤气开关及所有门窗是否上锁。留学生可向宿舍监护或监护人咨询，弄清楚各种安全出口、紧急通道的准确位置，以及如何应对火灾、地震等突发情况。

❖ 记好三个紧急电话。

留学生赴海外后，应在第一时间用手机记下当地紧急求救中心、中国驻当地使馆及学校的紧急联系方式，遇突发事件就先拨这三个电话。

❖ 保管好自己的护照。

护照是证明自己身份的证件，在寻求帮助时一般需要出示，因此必须妥善保管。最好将护照的复印件保留一份在国内亲人处，以便万一遗失时可以提供备查的证据。

1.遭遇自然灾害

在国内也会遭遇地震、飓风、海啸等自然灾害，这与在国外的防范有什么不同吗？

在留学前，要根据留学国在自然灾害方面的特殊性，事先进行有针对性的防灾知识的学习。例如，美国夏季多飓风，日本是地震多发国，这些自然灾害频发的地区，都会有比较系统的安全教育。国外的院校在开学之初，都会组织学生学习有关避灾自救知识，并定期安排专门的火灾、地震等求生演习。日本大多数院校每年都有两次防灾训练，由老师带领学生去参加正规的防灾演习，了解如何逃生和自救。新西兰及澳大利亚的学校每年组织学生参与火灾、地震等求生演习。在提前了解的基础上，到了留学国家后，也一定要认真参加学校举行的演习演练，以便应对自然灾害的发生。

2. 遭遇大型社会事件暴力冲突

近年受疫情影响，美国、欧洲等国家经济下滑、失业率上升，民众失望情绪积累，社会动荡不安，导致华人在海外受暴力袭击事件频发。以美国为例，极端主义、国内恐怖主义愈演愈烈，加上长期困扰美国社会的枪支暴力、种族暴力等问题，美国国内安全状况持续恶化、社会动荡加剧。

如果遭遇大型社会事件引发的暴力冲突，该怎么办呢？

一定不能慌张，要沉着应对，互相帮助，听从赶来警察的指挥。社会事件如民众游行等有时会成为暴力冲突事件的导因，因而在这种时期要特别注意安全。

（1）不要露富，避免张扬。

（2）危险街区避免单独前往，要学会自保。

（3）贵重物品一定要自己看好。

（4）不要让陌生人进家门，谨慎交友。

为了更好地应对各种突发事件，确保自身安全，平时应熟记学校的紧急联系电话和联系人、居住地附近的报警电话号码、当地中国使领馆的电话号码等紧急联系方式，并把上述电话和自己在国外的联系方式、国外密切的同学朋友的联系方式一并告知自己的家人和亲朋好友，以便必要时得到亲朋好友和国内的必要帮助，提高对突发事件的应变能力。如果遭遇较为严重的事故，留学生应尽快与当地中国使领馆联系，以请求帮助，同时报当地有关机构要求给予必要的调查或协助。

3. 防范个人安全事故

（1）注意保护个人信息。

独自在异乡求学，在没有家人的情况下，会希望通过网络等方式结交些朋友。

网络虚拟性存在极高的安全风险，在充分利用网络进行社交时，应有必要的防范意识，切忌轻易地在网上给陌生人提供自己详细的家庭电话、住址、独自在家的情况、外出的计划等等，更不要随便与网友会面，特别是不要单独与陌生网友在不熟悉或有安全隐患的环境会面，以免发生不测。

（2）注意防范抢劫、财物遗失、交通事故等个人突发事件。

避免落单，因为很多犯罪分子都是乘机行事，和朋友在一起，就会相对安全，如果同行伙伴越多，你成为犯罪分子袭击目标的可能性就越低。

尽量白天出门，或与朋友在一起，不要独自走僻静的小巷或人少的街区，出门携带手机，如果感觉有人跟踪，立即报警。

出门前，把出行信息告知老师或朋友。

不要随便跟别人夸耀自己父母的地位、财富等，即使是好朋友也不宜谈论。

出门尽量使用银行卡、支票等支付工具，但可备一些小面额零钱，同时把护照、银行卡和支票号码进行备份，以便在遗失后可以及时、准确地挂失、报案。

五、女留学生自我保护

单身女性容易成为犯罪分子锁定的目标是世界各国犯罪的普遍现象，女留学生们更加要随时注意保障自身的人身与财产安全。陌生人搭讪要多留个心眼，避免独自深夜回家，独处时尽量留心周边环境是否安全。

1. 在住所方面

（1）如果与人合租房，必须事先约定好不得随意留宿其他人或者将钥匙交给其他朋友。

（2）到家提前准备好钥匙，不要站在门口才来找钥匙。

（3）进出电梯注意同乘者是否表情异样、不按楼层，可以站在控制钮的旁边，一旦被人攻击，立即用手按下每层楼按钮。这样做电梯就会在每个楼层停下来，同时对外大喊"失火了"。千万不要徒手跟歹徒搏斗。

（4）由朋友送回家，最好请朋友待你进了家门再离去。

（5）独自在家或者仅有几个女生在家时，不要随便让陌生人或者刚刚认识的朋友进入房间。

2.在外出方面

（1）上车前注意周遭有没有人，上车后第一个动作是按下门锁；停车熄火熄灯后，留在车内稍作观察片刻后再开车门出来。如果有车跟着，停妥后，不要马上出来，等对方车走远后再出来，以防被劫持。

（2）为防假车祸、真抢劫，遇到车祸后千万不要马上出来，最好先冷静观察，对方若是有好几人并且来者不善，最好马上开走，同时猛按喇叭，引起路人的注意。

（3）搭计程车时，注意前后的空座位，以防藏有其他人。

（4）晚上出门尽量拿件外套，将随身带着的包套住，避免被抢劫。

（5）晚归时，应走灯光明亮的街道，或是逆向行走，以便掌握路况；上楼时，先按门铃请家人下楼接，以免歹徒躲在楼梯间。

（6）一旦发现被跟踪时，可以用脚踢或用皮包拍打路边停的车，触发报警器响声，引起别人注意。

思考题

1. 在选择留学目的地时，应重点了解哪些方面的内容？

2. 在出发留学前，应做好的心理准备和能力储备分别是？

3. 在国外留学期间，网络成为重要的沟通交流工具。请谈一谈，如何科学理性利用网络？

4. 女留学生更应该注意哪些安全问题？

视 频 资 源　　　主 题 拓 展

 学习目标

（一）思政目标

树立科学的野外旅游安全观念。

（二）知识目标

了解野外旅游计划的研究制订方法和基本装备保障知识。

（三）能力目标

1. 熟练进行野外旅游计划的研究制订和基本装备保障准备。

2. 掌握野外意外事故的防范和应急自救方法。

思考题

1. 开展野外游玩与探险活动时，应该如何制订计划？

2. 在沙漠或干旱地方，没有植物，水的获得更加困难，最有效的办法是凝结取水。请简述具体步骤。

3. 在野外活动中遭遇意外，需寻求救援的话，可采取哪些方式进行信号求救？选择一种方式并描述清楚。

《模块六　场景训练》

知识点：交通安全

场景：校园里

小全：马上要上课了，你怎么还在磨磨蹭蹭的。

小安：不着急，我骑电动自行车，嗖一下就到了。

小全：校园里是限速的，骑太快了不安全。而且你怎么不拿头盔呢？

小安：放心，校内不戴头盔也没事。

小全：这绝对不行。就算在校内，骑行电动车也要遵守交通规则，前两天就有同学骑车下坡，因车速太快导致摔跤。还好他戴了头盔，不然后果不堪设想。

小安：那我赶紧拿。你这一说，我也不敢在校园里骑太快了。

点评：在大学校园里骑行电动自行车看似为出行带来了便利，但如果不遵守交通规则和校园管理规定，就会存在极大的安全隐患。尤其是有的同学还会把车推到室内停放，或者把电池拆下拿回宿舍充电，这很容易引起火灾的发生。正确使用电动自行车，戴头盔，不超速，不违规停放和充电，才能真正保障安全。目前大部分高校在校内实施电动自行车限行，就是出于保护大家出行和消防安全的考虑。

知识点：出国留学

场景：国外大学宿舍里

小安：你好，我是刚刚到这里的中国学生。

小全：你好。你怎么到开学才过来。我特意提前了一周到学校。

小安：为什么要提前过来呢?

小全：提前来了解一下学校及周边的情况。我的习惯是"未雨绸缪"，我在国内已经收集了一些资料，又提前过来了解了周边情况，这样才能保障我们尽快适应环境，确保安全。

小安：那你快和我介绍一下吧。

点评：前往国外读书，不要认为在校园中就会很安全。国外校园意外情况很多，我们不得不多上心一点，这样才能确保自身安全。一是要尽快熟悉安全环境。学校一般会对各个区域发生过的安全事故进行统计，可以尽快了解哪些区域不安全；同样每个城镇都有不安全的地区，应该争取通过各种渠道了解，做到心中有数。二是认真参加迎新培训。迎新培训一般会有学校周边安全情况的详细介绍，并有高年级师兄师姐分享切身体会。如果有疑问，可以到国际学生辅导员和校园安全办公室以及高年级同学那里了解信息。

模块七

网络安全

没有网络安全就没有国家安全，
就没有经济社会稳定运行，
广大人民群众利益也难以得到保障。

——习近平

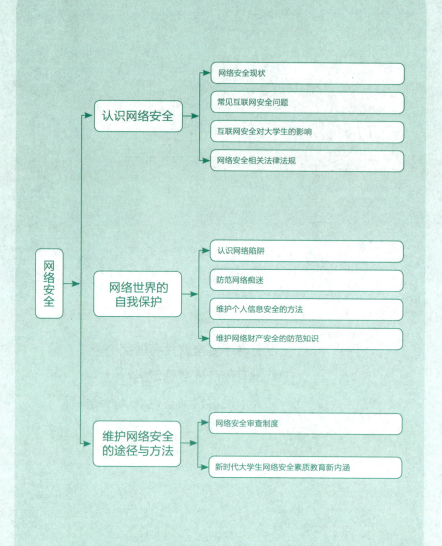

网络安全

认识网络安全
- 网络安全现状
- 常见互联网安全问题
- 互联网安全对大学生的影响
- 网络安全相关法律法规

网络世界的自我保护
- 认识网络陷阱
- 防范网络痴迷
- 维护个人信息安全的方法
- 维护网络财产安全的防范知识

维护网络安全的途径与方法
- 网络安全审查制度
- 新时代大学生网络安全素质教育新内涵

案例导读

"月光"蠕虫感染国内高校网络，中毒电脑被远程控制

2019 年 10 月，根据腾讯安全预见威胁情报中心检测分析，"月光（MoonLight）"蠕虫病毒感染呈上升趋势，该病毒主要危害教育行业。病毒会搜集受感染系统上的邮件地址，然后伪装成屏幕保护程序文件 (.scr) 发送至收件人；还会复制自身到启动目录、download/upload 目录、共享目录以及可移动磁盘，具有较强的局域网感染能力；此外，病毒会记录键盘输入信息发送至远程服务器、对中毒电脑进行远程控制、组建僵尸网络，对指定目标进行 DDoS 攻击。该蠕虫病毒已在教育网络造成较严重影响，并在当年 9 月开学季达到感染峰值。

思考：生活在网络的世界里，如何保障自身安全？

同学们，生活在现代社会的我们，都一定是一个网民。来学习如何做一个优秀的网民，第一步就是修炼我们的网络文明素养。

时代高速发展，网络不仅成为人们获取信息的来源，更成为人们发布信息的平台。建设和营造风清气正的网络空间，除国家层面对网络空间加强治理之外，还必须注重提升网民网络素养，尤其是要提升青少年网民的网络文明素养。习近平总书记高度重视网络安全工作，多次强调要加强全党全社会网络安全意识培养，发动全社会参与维护网络安全。2021 年 11 月，中央网络安全和信息化委员会印发《提升全民数字素养与技能行动纲要》（以下简称《行动纲要》），对提升全民数字素养与技能做出安排部署。网民的网络文明素养培养已成为网络空间治理工作最重要的一环，加强网民教育、提升网络素养具有深刻的社会和现实意义。

修炼我们的网络文明素养，第一就是要坚守住"七条底线"，即法律法规底线、社会主义制度底线、国家利益底线、公民合法权益底线、社会公共秩序底线、道德风尚底线、信息真实性底线。第二，要提高我

们对庞杂的网络媒介、信息进行客观评估、质疑、辨别的能力。通过客观思辨、独立思考，理性地应对社会热点事件和网络事件，不造谣、不传谣、不信谣。第三，提升个人品德修养、知识水平与法律意识，自觉遵守相关法律法规。

在这一模块里，我们将围绕"文明用网，网络安全"的主题，从认识网络安全和网络信息安全的防范两个方面展开学习，通过了解网络安全现状、网络相关的法律法规和常见互联网安全问题分类，掌握鉴别网络陷阱和维护个人信息安全的方法，并完成安全上网训练。网络文明素养是互联网时代每一个网民必须具备的基本素养，是维护社会稳定和国家安全的必修课。而对于每一位正在进行安全教育学习的青年而言，网络文明素养是适应网络时代的基本能力。在信息技术和网络高速发展的当下，网络文明素养是每一个网民必须具备的基本素质，是维护社会稳定和国家安全，保护个人隐私和生命财产安全的必备能力。

视频资源

学习目标

（一）思政目标

树立科学的网络安全观念。

（二）知识目标

1. 认识网络安全现状，知晓常见互联网安全问题。

2. 熟知安全上网的知识，以及互联网安全相关法律法规。

（三）能力目标

1. 能够识别网络上的潜在危险。

2. 熟练运用安全上网的方法和技能。

谨防计算机中毒、计算机网络犯罪

一、网络安全现状

网络正在改变着我们的生产、生活和交往方式，深刻地影响着我们的思想、观念和内心世界，也在当代大学生的学习和生活中发挥着越来越重要的作用，在这个虚拟的世界里，大学生可以尽情展示自我个性，发挥自我想象，追求自我超越，体验自我成功。但同时，网络带来的信息良莠不齐，网络的虚拟性、隐蔽性和无约束性之特征又极大地助长了学生的侥幸与放纵心理。但网络只是一个媒介，一个工具性的存在，它对人与社会的作用取决于人们如何认识它、定位它以及使用它。使用得当，它可以成为实现全球知识资源共享的必备途径，帮助我们健康成长，早日成才；使用不当，它可能成为威胁人类安全、腐蚀人的灵魂、污染社会文明的魔鬼通道而贻害无穷。

伴随着网络空间安全形势的复杂化，网络武器、网络间谍、网络水军、网络犯罪、网络政治动员等新威胁相继产生，网络空间所面临安全问题的范围由传统领域拓展至政治、经济、文化、社会、国防

《 知识拓展 》

计算机中毒的征兆

屏幕上出现不应有的特殊字符或图像，字符无规则变化或脱落、静止、滚动、雪花、跳动、小球亮点、莫名其妙的信息提示等。

主机发出尖叫、蜂鸣音或不正常的音乐等。

频繁地无故死机，随机地发生重新启动或无法正常启动、运行速度明显下降、内存空间变小、磁盘驱动器以及其他设备无缘无故地变成无效设备等现象。

磁盘标号被自动改写、出现异常文件、出现固定的坏扇区、可用磁盘空间变小、文件无故变大、失踪或被改乱、可执行文件(.exe)变得无法运行等。

打印异常、打印速度明显降低、不能打印、不能打印汉字与图形等，或者是在打印时出现乱码。

程序或数据神秘地消失，文件名不能辨认等情况。

收到来历不明的电子邮件、自动链接到陌生的网站、自动发送电子邮件等。

等诸多领域，并呈现综合性和全球性的新特点。

1. 网络安全问题

当前网络主要存在以下三方面安全问题：

（1）网络系统安全。网络系统安全主要是指计算机和网络本身存在的安全问题，也就是保障电子商务平台的可用性和安全性的问题，其内容包括计算机的物理、系统、数据库、网络设备、网络服务等安全问题。

（2）网络信息安全。信息安全问题是电子商务信息在网络的传递过程中面临的信息被窃取、信息被篡改、信息被假冒和信息被恶意破坏等问题。电子商务中对信息安全的要求就是要求信息传输的安全性、信息的完整性及交易者身份的确定性。

（3）网络交易安全。交易安全问题是指在电子商务虚拟市场交易过程中存在的交易主体真实性、资金的被盗用、合同的法律效应、交易行为被抵赖等问题。

2. 网络安全事件分类

中央网信办在印发《国家网络安全事件应急预案》中明确提出网络安全事件分为有害程序事件、网络攻击事件、信息破坏事件、信息内容安全事件、设备设施故障、灾害性事件和其他网络安全事件等。

（1）有害程序事件分为计算机病毒事件、蠕虫事件、特洛伊木马事件、僵尸网络事件、混合程序攻击事件、网页内嵌恶意代码事件和其他有害程序事件。

（2）网络攻击事件分为拒绝服务攻击事件、后门攻击事件、漏洞攻击事件、网络扫描窃听事件、网络钓鱼事件、干扰事件和其他网络攻击事件。

（3）信息破坏事件分为信息篡改事件、信息假冒事件、信息泄露事件、信息窃取事件、信息丢失事件和其他信息破坏事件。

（4）信息内容安全事件是指通过网络传播法律法规禁止信息，组织非法串联、煽动集会游行或炒作敏感问题并危害国家安全、社会稳定和公众利益的事件。

（5）设备设施故障分为软硬件自身故障、外围保障设施故障、人为破坏事故和其他设备设施故障。

（6）灾害性事件是指由自然灾害等其他突发事件导致的网络安全事件。

（7）其他事件是指不能归为以上分类的网络安全事件。

二、常见互联网安全问题

互联网安全是一门涉及计算机科学、网络技术、通信技术、密码技术、信息安全技术、应用数学、数论、信息论等多种学科的综合性学科。然而，互联网这把双刃剑，在带来便利的同时，也带来了林林总总的安全问题。今天我们主要从青年个体的角度，来了解与我们生活相关的网络安全问题。

（一）计算机病毒

计算机病毒是编制者在计算机程序中插入的破坏计算机功能或者数据的代码，能影响计算机使用，能自我复制的一组计算机指令或者程序代码。计算机病毒具有传播性、隐蔽性、感染性、潜伏性、可激发性、表现性或破坏性。计算机病毒是一个程序，一段可执行码。就像生物病毒一样，具有自我繁殖、互相传染以及激活再生等生物病毒特征。计算机病毒有独特的复制能力，它们能够快速蔓延，又常常难以根除。它们能把自身附着在各种类型的文件上，当文件被复制或从一个用户传送到另一个用户时，它们就随同文件一起蔓延开来。

（二）计算机网络犯罪

计算机网络犯罪是指在网络空间内以计算机网络为犯罪工具或者攻击对象的危害社会的行为，它具有犯罪现场和空间的虚拟性、犯罪行为的隐蔽性和犯罪手段的智能性等特点。网络犯罪不是一个具体罪名，而是某一类犯罪的总称，其基本类型有两种：针对网络的犯罪行为和网络扶持的犯罪。

1.针对计算机网络进行的犯罪行为主要类型

（1）非法入侵或者破坏国家事务、国防建设、尖端科学技术领域、企事业单位、公司、个人等计算机的信息系统、数据和应用程序。

（2）违反国家规定，擅自中断计算机网络或者通信服务，造成计算机网络或者通信系统不能正常运行。

故意制作、设置、传播计算机病毒、逻辑炸弹、蠕虫、木马等其他破坏性程序。攻击计算机系统及通信网络，致使计算机系统及通信网络遭受损害。

（3）非法向计算机网络发送垃圾数据，影响计算机网络正常运行的。

（4）非法对计算机进行扫描或安全测试。

（5）利用网络对其他电子产品进行非法的侵入或破坏。

2. 计算机网络扶持的犯罪行为主要类型

（1）利用网络实施诈骗、贪污、挪用公款、窃取国家秘密或企业商业机密等。

（2）制作、查阅、复制和传播危害国家安全，泄露国家秘密，颠覆国家政权，破坏国家统一等信息。

（3）利用网络散布谣言，扰乱社会秩序，破坏社会稳定。

（4）在互联网上建立淫秽网站、网页，提供淫秽站点链接服务，或者传播淫秽书刊、影片、音像、图片。

（5）利用互联网损坏他人商业信誉和商品声誉，侵犯他人知识产权，编造并传播影响证券、期货交易或者其他扰乱金融秩序的虚假信息。

（6）利用网络侵犯个人、法人和其他组织的人身、财产等其他合法权利的行为，包括侮辱他人或者捏造事实诽谤他人、敲诈勒索等。

> 《 **小 贴 士** 》
>
> **什么是帮助信息网络犯罪活动罪和掩饰隐瞒犯罪所得罪？**
>
> 帮助信息网络犯罪活动罪：
>
> 《刑法修正案（九）》增设帮助信息网络犯罪活动罪，即明知他人利用信息网络实施犯罪，为其犯罪提供互联网接入、服务器托管、网络存储、通信传输等技术支持，或者提供广告推广、支付结算等帮助，情节严重的，处三年以下有期徒刑或者拘役，并处或者单处罚金。
>
> 掩饰、隐瞒犯罪所得、犯罪所得收益罪：
>
> 《中华人民共和国刑法》第三百一十二条的规定，明知是犯罪所得及其产生的收益而予以窝藏、转移、收购、代为销售或者以其他方法掩饰、隐瞒的，处三年以下有期徒刑、拘役或者管制，并处或者单处罚金；情节严重的，处三年以上七年以下有期徒刑，并处罚金。

3. 计算机网络犯罪的特点

（1）智能性。

计算机网络犯罪手段需要技术性和专业性，所以犯罪主体多是掌握计算机技术和网络技术的专业人士，而且随着计算机及网络信息安全技术的不断发展，犯罪分子的作案手段也日益翻新，其犯罪所采用的手段更趋专业化。

（2）隐蔽性。

网络的开放性、虚拟性和跨越时空性等特点，使得计算机网络犯罪具有极高的不确定性和隐蔽性，增加了计算机网络犯罪案件的取证调查、侦破处理的难度。

（3）国际性。

网络不受地域限制，当各式各样的信息通过互联网进行传送时，国界的限制和地理的距离都失去作用，这就为计算机网络犯罪的跨地域和跨国界提供了可能。往往在 A 国（地区）发生的犯罪行为和恶劣后果，犯罪分子藏匿在 B 国（地区），甚至分散藏匿在多个国家（地区）。

三、互联网安全对大学生的影响

1. 网络有害信息对大学生的不良影响

网络既是一个信息的宝库，也是一个信息的垃圾场。网络传播的开放性，使得大量未经筛选的网络信息进入了"网络自由市场"。大学生一旦掉进垃圾信息的海洋，将会变得思想不集中，只能被动地接受信息，逐渐对事物失去观察、分析和判断能力。

在网络信息里，有害信息是指计算机信息系统及其存储介质中存在的、出现的，以计算机程序、图像、文字、声音等形式表示的，含有攻击人民民主专政、社会主义制度，攻击党和政府，破坏民族团结等危害国家安全的内容信息，含有宣传封建迷信、淫秽色情、凶杀、教唆犯罪等危害社会治安的内容，或者是危害计算机信息系统运行和功能发挥，以及应用软件数据的完整性、可用性和保密性，用于违法活动的包括计算机病毒在内的计算机程序。

目前互联网上，在我国存在的有害信息主要有以下几类：

（1）敌对势力进行思想渗透和破坏的政治类"黑色"信息。各种敌对势力历来都将青少年学生作为其进行思想渗透、颠覆破坏与和平演变的重点对象，他们采取各种手段，将各种有害的政治类"黑色"信息在网络上传播。

（2）少数别有用心的人发表的"灰色"信息。少数别有用心的人却将网络作为其发泄所谓牢骚和不满的场所，利用网络传播速度快、浏览者多、影响面广、不易控制的特点，大肆传播谣言。

（3）八卦消息与低俗信息。部分网站为了招来网民读者，大量发表所谓名人的生活趣闻轶事或者写真照片的"桃色"信息。这些信息有的是无中生有，捕风捉影；有的是内容低俗，有违社会公德，不利于青年学生思想的发展。

（4）不法分子传播的"黄色"信息。网络是一个跨越国界的文化自由领域，上网者上传或下载色情图像、视频等都十分隐蔽、方便，因此网络色情传播在网络迅速发展和普及的今天有了更大的空间。

（5）多以网络游戏传播的"血色"暴力信息。在一些网络游戏中，充满了血淋淋的逼真的暴力画面，网络暴力游戏对于性格尚未健全，对网络游戏缺乏理性认知的青少年，误导和伤害都非常大，青少年如果模糊了游戏与现实的界限，就极易由模拟暴力发展为现实暴力。

互联网信息传播打破了原有国家、地域和社会制度的约束，人们在网上交换信息过程中，不同国家之间的文化传统、思想观念、意识形态、生活方式等方面的交流与冲突都达到前所未有的程度。发达国家通过网络进行强势文化的入侵，对上网者产生潜移默化的影响。大学阶段是青年学生世界观、人生观、价值观和荣辱观确立的关键时期，网络信息的影响需要我们高度警惕。

2. 与个人相关重点网络安全威胁

在当前个人用户越来越注重个人信息安全，并意识到个人数据和信息泄露随时都可能导致个人人身和财产损失的情况下，个人用户对用户网络安全特别是个人数据和隐私保护的要求也越来越高。

（1）个人数据与隐私保护。随着大数据时代与信息经济的到来，网络攻击者开始通过多种渠道和方式获取个人敏感数据，进而造成数据泄露。一旦个人数据泄露发生，往往涉及的人数较多，且泄露的数据一般较为敏感。以2018年发生的一起数据泄露事件为例，根据权威网站披露，通过暗网监测到我国某省1 000万学籍数据在暗网上被售卖，售卖的学籍数据覆盖了该省的大部分市区，被泄露的信息包含了学生姓名、身份证号、学籍号、户籍位置、监护人姓名、监护人号码、居住地址、出生地、学校名称等。据悉，除了文字信息，被售卖的学籍数据里还提供有 100 G 左右的照片。从"卖家"放出的测试数据截图来看，学籍信息里出生年龄分布在 1995—2006 年，还包含了家人联系方式及照片，相关网络安全专家认为数据的真实性较高。据推测，该省中小学生学籍信息管理系统可能被"拖库"，也有可能是内部人员账号泄露导致的问题。

（2）恶意程序。通过社交工具或者短信传播仿冒的钓鱼网站，引诱用户点击访问钓鱼网站，从而获取到用户的敏感信息，通过虚假和欺诈等方式，将不良信息、挂马和恶意链接或者黑链和恶意劫持，伪造个人用户需要点击浏览的网站，形成针对个人用户的恶意程序。恶意程序对个人用户会造成应用威胁、服务威胁、用户数据窃取和敏感信息泄露等问题。

（3）安全漏洞。个人安全漏洞主要涉及个人应用软件和个人设备的安全漏洞。个人应用软件的安全漏洞基本涵盖了所有软件商的产品。个人设备方面，主要包括家用路由器和网络摄像头等可能存在的设备权限绕过、远程代码执行和弱口令等方面的安全漏洞。

（4）黑产威胁。网络安全对于个人用户直接的结果就是黑产威胁，黑产窃取用户隐私，进行非法经营活动，威胁用户相关安全。2017 年 12 月，百度安全配合公安部门开展"滤网行动"，协助北京市公安局海淀分局破获了国内首例新型侵犯用户个人隐私的黑产团伙——"手机访客营销"黑产，抓获了犯罪团伙数十人。除此之外，从 2013 年起，基于伪基站的各类型诈骗案件频发，此类团伙使用非法的无线电设备，在银行、商场等人流密集的地方冒充国家权威部门、运营商、银行、房东等，向一定半径范围内的手机用户发送诈骗短信，导致大量不明真相的网民上当受骗，损失钱财。

目前，网络安全所涵盖的内容和范畴越来越大，从过去简单的上网和网络传输方面的安全问题扩展到整个"网络空间"的安全问题。可以将网络安全视为一个生态系统，生态系统的良好运行需要来自技术、法律、政策、组织机构、技能、合作等多方面的保证。网络安全的发展充满了不确定性，这就需要国家制定完善的法律体系，国与国之间制定相关的公约，给予行为上的指导、约束和规范。

四、网络安全相关法律法规

近年来，国家对网络安全立法工作逐步加速。2015 年 7 月 1 日，《中华人民共和国国家安全法》公布施行，其中首次以法律形式提出"维护国家网络空间主权"，并明确提出国家建设网络与信息安全保障体系。2016 年 11 月 7 日，《中华人民共和国网络安全法》（简称网络安全法）表决通过，于 2017 年 6 月 1 日正式实施，为我国有效应对网络安全威胁和风险、全方位保障网络安全提供了上位法依据。国家先后提出或颁布了多个配套法律法规和规范性文件，包括《网络空间国际合作战略》《国家网络安全应急预案》《网络产品和服务安全审查办法》《网络关键设备和网络安全专用产品目录》《公共互联网网络安全威胁监测与处置办法》《公共互联网网络安全突发事件应急预案》《个人信息和重要数据出境安全评估办法》《关键信息基础设施安全保护条例》《关于促进互联网健康有序发展的意见》等等。

从整个法律体系而言，关于网络安全的法律法规有六个层次：法律、行政法规、部门规章、司法解释、规范性文件、政策文件。其中网络安全法的出台具有里程碑意义。它是全面落实党的十八大和十八届三中、四中、五中、六中全会相关决策部署的重大举措，是我国第一部网络安全的专门性综合性立法，提出了应对网络安全挑战这一全球性问题的中国方案。网络安全法的出台，从根本上填补了我国综合性网络信息安全基本大法、核心的网络信息安全法和专门法律的三大空白。该法的推出走进了治理能力和治理体系现代化的总目标，走进了《中华人民共和国国家安全法》的大格局，走进了网络强国的快车道，走进了大数据的新天地，走进了为人民谋福祉的总布局。

1. 服务于国家网络安全战略和网络强国建设

习近平总书记指出："没有网络安全就没有国家安全，没有信息化就没有现代化。"网络安全法的出台，意味着建设网络强国的制度保障迈出了坚实的一步。国家出台网络安全法，将已有的网络安全实践上升为法律制度，通过立法织牢网络安全网，为网络强国战略提供制度保障。网络安全法明确提出了有关国家网络空间安全战略和重要领域安全规划等问题的法律要求，这有助于实现推进中国在国家网络安全领域明晰战略意图，确立清晰目标，厘清行为准则，不仅能够提升我国保障自身网络安全的能力，还有助于推进与其他国家和行为主体就网络安全问题展开有效的战略博弈。

2. 助力网络空间治理，护航"互联网 +"

中国已经成为名副其实的网络大国。但现实的网络环境十分堪忧，网络诈骗层出不穷，网络入侵比比皆是，个人隐私肆意泄露。网络安全法的出台将成为新的起点和转折点，公民个人信息保护进入正轨，网络暴力、网络谣言、网络欺诈等"毒瘤"生存的空间将被大大挤压，而"四有"中国好网民从道德自觉走向法律规范，用法律武器维护自己的合法权益。国家网络空间的治理能力在法律的框架下将得到大幅度提升，营造出良好和谐的互联网环境，更为"互联网 +"的长远发展保驾护航。市场经济本质是信用经济，其精髓在于开放的市场＋完善的法律，从这种意义上讲，"互联网 +"必须带上"安全"才能飞向长远。

3. 构建我国首部网络空间管辖基本法

作为国家实施网络空间管辖的第一部法律，网络安全法属于国家基本法律，是网络安全法制体系的重要基础。这部基本法规范了网络空间多元主体的责任义务，以法律的形式催生一个维护国家主权、安全和发展利益的"命运共同体"。具体包括：规定网络信息安全法的总体目标和基本原则；规范网络社会中不同主体所享有的权利义务及其地位；建立网站身份认证制度，实施后台实名；建立网络信息保密制度，保护网络主体的隐私权；建立行政机关对网络信息安全的监管程序和制度，规定对网络信息安全犯罪的惩治和打击；以及规定具体的诉讼救济程序；等等。

4. 提供维护国家网络主权的法律依据

《突尼斯协议》提出，尽管互联网是全球的，但是每个国家如何治理，各国是有自己主权的。一些西方主要国家为维护网络空间主权，很早就制定了法律法规，并将维护网络安全纳入国家安全战略，且形成了比较完备的网络安全法律体系。例如，美国在已有四十余部网络安全相关立法的基础上，又在制定《国家网络安全和关键基础设施保护法》。2014 年 7 月，习近平主席在巴西的演讲中特别提出了"信息主权"的概念。他强调，虽然互联网具有高度全球化的特征，但每一个国家在信息领域的主权权益都不应受到侵犯，互联网技术再发展也不能侵犯他国的信息主权。2016 年 7 月推出的国家安全法首次以法律的形式明确提出"维护国家网络空间主权"。随之应运而生的网络安全法是国家安全法在网络安全领域的体现和延伸，为我国维护网络主权、国家安全提供了最主要的法律依据。

5. 服务于国家网络安全战略和网络强国建设

现如今，网络空间逐步成为世界主要国家展开竞争和战略博弈的新领域。习近平总书记强调，网络信息是跨国界流动的，信息流引领技术流、资金流、人才流，信息资源日益成为重要生产要素和社会财富，信息掌握的多寡成为国家软实力和竞争力的重要标志。网络信息是建设网络强国的必争之地，网络强国宏伟目标的实现离不开坚实有效的制度保障，网络安全法的出台意味着建设网络强国的制度保障迈出了坚实的一步。

6. 在网络空间领域贯彻落实依法治国精神

党的十八届四中全会通过了《中共中央关于全面推进依法治国若干重大问题的决定》，为我国的国家治理体系和治理能力现代化指明了方向，也为网络空间治理提供了指南。依法治国，正蹄疾步稳地落到实处，融入国家行政、社会治理与公民生活中的点点滴滴。与已经相对成熟的领域和行业相比，互联网领域可以称得上是蛮荒之地，因为互联网的飞速发展才短短二十年，许多监管、治理手段都是后知后觉地根据问题进行后期的补充。但此次网络安全法破除重重障碍，拨云见日，高举依法治国大旗，开启了依法治网的崭新局面，成为依法治国顶层设计下一项共建共享的路径实践。依法治网成为我国网络空间治理的主线和引领，以法治谋求网治的长治久安。网络安全法还考虑到网络的开放性和互联性，加强法治工作的国际合作协调，让人类共同面临的网络犯罪无处遁形，通过科学有效、详细的法律进行惩罚和约束，达到正本清源的目的。

7. 成为网络参与者普遍遵守的法律准则和依据

网络不是法外之地，网络安全法为各方参与互联网上的行为提供非常重要的准则，所有参与者都要按照网络安全法的要求来规范自己的行为，同样所有网络行为主体所进行的活动，包括国家管理、公民个人参与、机构在网上的参与、电子商务等都要遵守本法的要求。网络安全法对网络产品和服务提供者的安全义务有了明确的规定，将现行的安全认证和安全检测制度上升成法律，强化了安全审查制度。通过这些规定，使得所有网络行为都有法可依，有法必依，任何为了个人利益触碰法律底线的行为都将受到法律的制裁。

整体来看，网络安全法的出台，顺应了网络空间安全化、法治化的发展趋势，不仅对国内网络空间治理有重要的作用，同时也是国际社会应对网络安全威胁的重要组成部分，更是中国在迈向网络强国道路上至关重要的阶段性成果，它意味着建设网络强国、维护和保障我国国家网络安全的战略任务正在转化为一种可执行、可操作的制度性安排。尽管网络安全法只是网络空间安全法律体系的一个组成部分，但它是重要的起点，是依法治国精神的具体体现，是网络空间法治化的里程碑，标志着我国网络空间领域的发展和现代化治理迈出了坚实的一步。

网络安全的法律法规和政策的落地极大地促进了我国网络空间法制体系的建设和完善，在保护网络空间主权、防范公共互联网风险、规范企业网络服务和保护个人数据与隐私方面形成了良好的指导作用。当代青年学生，除了掌握网络运用技术，更应了解网络安全法律法规，树立良好的网络守法意识，共建网络清朗空间。

◀ 思考题

1. 网络既是一个信息的宝库，也是一个信息的垃圾场。你是怎么理解这句话的？

2. 浅析网络有害信息对青少年有哪些不利影响。

3. 从整个法律体系而言，关于网络安全的法律法规有六个层次：法律、行政法规、部门规章、司法解释、规范性文件、政策文件。其中《中华人民共和国网络安全法》的出台具有里程碑式的意义。你怎么理解这句话？

视频资源

《主题二

网络世界的自我保护

学习目标

（一）思政目标

树立"理性上网、保护安全"的网络安全保护理念。

（二）知识目标

1. 认识网络陷阱的类型和特点。

2. 掌握防范网络痴迷的方法与维护个人信息安全的方法。

（三）能力目标

1. 能够识别网络上的各类陷阱。

2. 提升自律能力，自觉抵制网络痴迷。

3. 熟练运用网络财产安全保护技能。

一、认识网络陷阱

随着网络的普及和网络技术的飞速发展，网络已经深入人们生活的各个领域，成为现实生活的一部分。网络为我们带来了便利，使信息的处理和传递突破了时间和地域的限制，使我们快速步入了数字化时代。数字化有三个特征：一切皆可编程、万物均要互联、大数据驱动业务，本质是软件定义世界，城市、汽车、网络都将由软件定义。这也意味着数字化让整个网络安全环境更加脆弱，安全风险更加无处不在，私人信息更易受到攻击。网络的世界，使我们的网络安全变得更加脆弱。

（1）计算机病毒：程序或可执行码，通过复制自身来进行传播，会影响电脑的正常运作。

（2）蠕虫：可通过 USB 设备或电子邮件附件等进行传播，会影响邮件收发。

（3）木马：不会自我繁殖，也并不刻意"感染"其他文件，但会使电脑失去防护，易于被黑客控制。

（4）间谍软件：未经同意而偷偷安装在电脑上，不断地将操作者信息反馈给该软件的操控者。

（5）广告程序：通常以弹窗形式出现，不会对电脑产生直接伤害，但可能会成为间谍软件的载体。

（6）垃圾邮件：可以被用来发送不同类型的恶意软件，也可能对邮件服务器造成不良影响。

（7）网络钓鱼：通过假冒的电子邮件和伪造的 web 站点来进行诈骗活动，受骗者往往会泄露重要的私人信息和资料。

（8）网址嫁接：形式更复杂的网络钓鱼，利用 DNS 系统，建立以假乱真的假网站，套取受骗者信息。

（9）键盘记录器：可以记录用户在键盘上的操作，黑客可以搜寻特定信息，比如账号密码等。

（10）假的安防软件：伪装成安防软件，虚假报警，诱导用户卸载真正的安防软件，以便盗取网络支付等信息。

二、防范网络痴迷

1. 网络痴迷的表现

美国 IAD 评估网瘾的标准是：

①每个月上网时间超过 120 小时，即一天 4 小时以上。②头脑中一直浮现和网络有关的事。③无法抑制上网的冲动。④上网是为了逃避现实、戒除焦虑。⑤不敢和亲人说明上网时间。⑥因上网造成课业及人际关系的问题。⑦上网时间往往比自己预期的时间久。⑧花许多钱更新网络设备或上网。⑨花更多时间在网上才能满足。

如果有 5 项以上的回答为"是"，说明可能已经上网成瘾。

2. 网络痴迷的危害

大学生痴迷于网络，轻者会影响自己的身心健康，导致学习与生活能力下降，重者会出现严重的精神和心理障碍，致使无法完成正常学业，甚至误入歧途，走上违法犯罪的道路。网络痴迷主要包括网络游戏痴迷、网络交友痴迷、网上信息收集痴迷及其他强迫行为。网络成瘾者多是以上几个类型的混合体。一个人如果不能控制自己，痴迷于网络，很容易患上"网络成瘾综合征"，也就是由于患者对互联网过度依赖而导致明显的心理异常症状以及伴随的生理性受损的现象。这已成为国际临床心理学界公认的一种新的心理障碍。它对青少年学生的危害甚大，主要体现在以下四个方面：

（1）心理依赖。在使用网络时不能有效控制时间，经常无节制地花费大量时间和精力上网，从中获得满足感和愉悦感。

（2）沉溺于网络虚拟世界，几乎代替了自己的现实社会生活。

（3）"嗜网如命"，无法自拔，导致自闭等心理问题，甚至发展为食欲不振，头昏眼花，情绪低落，精力难以集中，严重的可导致神经紊乱，免疫功能降低，引发心血管疾病、胃肠神经症、紧张性头痛、焦虑或抑郁症等生理疾病。

（4）长时间坐在电脑前，减少了户外活动时间，不利于同学之间的交往和心理健康。

青年痴迷网络的最大诱因或最显著表现就是沉迷网络游戏，这也给青年的健康成长带来极大的危害。主要体现在以下几方面：

（1）反社会倾向。网络游戏的虚拟性、隐蔽性和交互性，使青少年在网络游戏中能够随心所欲地宣泄自己的情感，做出现实社会规范所不允许的事情。遇到现实问题首先想到用游戏中的规则来认识和解决，无视社会规范和社会习俗，最终形成反社会倾向。

（2）人格异化。网络游戏大多以"暴力、凶杀、色情"为主要内容，火爆刺激的内容使游戏者道德认知模糊，引发行为越轨，甚至导致违法犯罪的问题增多。

（3）产生自闭倾向。沉溺于网络游戏，将自己置于虚拟的环境中，缺乏人际交流，心理容易产生自闭倾向，导致与社会和现实格格不入。

（4）"游戏脑"的心理疾病。"游戏脑"它容易使人产生暴力倾向，使大脑发育迟缓，分不清现实世界和虚拟世界，没有表情，非常健忘，感情控制能力差，容易突然发怒等，青少年是这种心理疾病的易感染人群。

（5）危害身体健康。长期沉迷于网络游戏，使人处于亚健康状态。因长时间伏案在电脑前导致的"疲劳猝死"和"脑死亡"的案例已不鲜见。

（6）浪费时间和金钱。大学生阶段是学习知识和技能的黄金阶段。但很多学生由于花太多的时间玩网络游戏，网游时间侵占了学习时间，也有不少甚至出现厌学问题；还有一些大学生为了玩游戏买装备、买点数或者是打赏，在游戏中的花销金额不容小觑，这些危害显而易见。

3. 学会自我控制

必须认识到，网络游戏不是人生的理想和目标，而是调节生活的手段，两者不能错位。

（1）培养科学健康的兴趣和爱好。学会利用网络获取知识、获取信息、培养创造力，学会利用网络进行科学研究，学会利用网络资源提高学习效率。

（2）树立起科学的闲暇意识和对生活的态度，合理地安排自己的空余时间和休闲活动。热爱大自然，在自然中放松身心。

（3）积极参加有益于身心健康的体育活动和公益活动。

（4）遵守网络公共道德规范，严格自律，杜绝上不健康的网站。

（5）如果发现自己过度沉迷或依赖网络游戏，要及时与身边的人沟通，或向心理咨询师求助。

三、维护个人信息安全的方法

2022年6月22日，国家税务总局对外公布多起冒用身份信息偷税的违法案件。其中，在校大学生群体成为身份信息被冒用的"重灾区"。

≡ 典型案例 ▶

手持身份证拍照的风险

暑假，某银行陆续进来了十几个大学生，都说因暑期兼职需要办理新开银行账户。但是这些学生几乎都不能完整说出自己准备预留的电话号码，言行怪异，这引起了银行工作人员的注意。在工作人员仔细询问下才知道，这些学生开立账户的目的是将户头转卖给其他人，从而获得60元报酬，业内俗称"卖户头"。但是他们不知道"卖户头"不仅会损害当事人的个人信誉，有的甚至会遭遇牢狱之灾。出租或者出借资金的身份证件或银行卡账户，可能会使他人借用自己的名义从事非法活动；可能协助他人完成洗钱和恐怖融资活动；可能成为他人金融诈骗活动的"替罪羊"。

大数据时代，个人信息安全成为备受关注的问题。日常生活中我们会发现：互联网市场上，很多手机软件都需要用户注册，而这个注册过程往往就是用户提供个人信息的过程，其中还可能存在对用户信息的获取和使用等设置"霸王条款"的情况，如果不授权，用户就无法使用。于是很多人将自己的个人信息以及家庭信息"拱手"送了出去。

什么是个人信息？这包括姓名、性别、年龄、家庭住址、工作单位、身份证号码、遗传特征、指纹、婚姻、健康、病历、财务情况、通信地址、E-mail地址、学历、经历、账号与密码等。还包括社会活动及其他可以识别个人的信息，如通话记录、网上购物记录、网站浏览痕迹、IP地址等网上活动。

针对一些不法分子利用网络进行诈骗，大家妥善保护好个人的资料安全显得尤为重要。如何保护个人信息的安全呢？

1. 个人信息与互联网隔离

也就是用来上网的计算机里最好不要存放重要个人信息。这也是目前很多单位或特殊岗位通行的做法。

2. 使用网络时慎留个人资料

一些网站要求通过登记来获得"会员"服务，或通过赠品等方式鼓励留下个人资料。对此要提高警惕，养成保密的习惯。当被要求输入数据时，可以仅保留姓氏，或改动相关信息里的某几个数字。对唯一标识身份类的个人信息应该更加小心翼翼。这些信息应该只限于在在线银行业务、护照重新申请或者跟已确认过的公司和机构处理事务时使用。即使一定要留下个人资料，在填写时或发送电邮前，也应先确定网站上是否具有保护网民隐私安全的政策和措施，提防个别网站会将你的个人资料卖给第三方。

3. 在计算机系统中安装防火墙

安装个人防火墙，以防止个人资料和财务数据被窃取。及时升级是非常重要的一环，否则防火墙的作用就没有被完全发挥，被攻击的可能性依然很大。此外，还可利用保安软件将重要资料保密，减少不慎把这些资料发送到不安全网站的可能性。利用知名网络安全公司实时检查，以确定电脑是否备有防护电脑病毒和恶意代码的能力。

4. 采用匿名方式浏览并彻底删除档案文件

许多网站利用 cookies 跟踪网友的互联网活动，从而确定网友喜好。用户在使用浏览器时应关闭电脑接收 cookies 的选项，避免受到 cookies 的追踪。另外，由于一些网站会传送不必要的信息至用户的计算机中，因此用户也可以通过每次上网后清除暂存在内存里的资料，从而保护自己的网络隐私权。

5. 掌握防范黑客攻击的方法

网络用户应当安装一个具备防病毒程式的软件，保护电脑免受病毒、特洛伊木马程序和蠕虫的侵害。黑客有时会假装成互联网服务供应商的代表，询问客户的密码及个人资料，谨记上网时不要向任何人透露这些资料。在不需要文件和打印共享时，关闭这些功能。文件和打印共享功能容易将用户的电脑暴露给寻找安全漏洞的黑客。不要打开来自陌生人的电子邮件附件。这些附件可能包含一个特洛伊木马程序，该程序能让黑客长驱直入电脑文档，甚至控制外设，有些黑客甚至能潜入互联网照相机（Webcamera）进行监视。

6. 传输包含个人信息文件时使用加密技术

加密技术是电子商务采取的主要安全保密措施，是最常用的安全保密手段，利用技术手段把重要的数据变为乱码传送，即加密，到达目的地后再用相同或不同的手段还原，即为解密，从而保证信息传输的安全。

7. 尽量远离网络平台涉及的互动类活动

很多社交平台的互动链接，如投票、性格测试等，会要求填写不必要的个人信息，以此获取大量的用户信息，遇到那些奔着个人隐私信息去的没有实质性意义的活动，建议不要参与。

8. 不要在公众场所连接未知 Wi-Fi

商场、咖啡馆等公共场所为了人们的便利普遍设置有免费 Wi-Fi，大家享受便利的同时请不要忽视不法分子利用公共网络设置钓鱼 Wi-Fi 的可能，一旦连接到犯罪分子设置的钓鱼 Wi-Fi，用户所使用的电子设备就容易被反扫描，如果在消费过程中输入账号密码等信息，极易被不法分子获取。

9. 不要随意点击陌生账号发来的链接

当收到手机短信提醒手机账户异常、银行账户异常、银行系统升级等信息，有可能是骗子利用伪基站发送的诈骗信息。遇到此类短信注意识别链接真实性，或直接联系银行官方工作人员，询问具体情况，验证真伪。

10. 妥善处理好涉及个人信息的单据

如较为常见的快递单，上面一般会有手机号码、地址等个人信息，而一些消费小票上也包含部分姓名、银行卡号、消费记录等信息，这些单据的不当处理容易造成个人信息泄露。

四、维护网络财产安全的防范知识

1. 网上银行安全提示

（1）核对网址。开通网上银行功能，通常要事先与开户银行签订协议。客户在登录网上银行时，应该核对所登录的网址与协议中的法定网址是否相符，谨防一些不法分子恶意模仿银行网站，骗取账户信息。

（2）妥善选择和保管密码。密码应避免与个人资料有关，建议选用字母、数字、特殊符号混合的方式，密码应妥善保管。尽量避免在不同的系统上使用同一密码。定期更改密码，从而干扰黑客利用软件程序来搜寻最常用的密码。

（3）做好交易记录。对网上银行交易的业务要做好记录，定期查看交易明细、打印网上银行业务对账单，如发现异常交易与差错，应立即与银行联系，避免损失。

（4）管好数字证书。避免在公用计算机上使用网上银行，以防数字证书等机密资料落入他人之手，从而使网上身份识别系统被攻破，网上账户遭盗用而造成损失。

（5）对异常动态提高警惕。银行网站大多由专业部门管理，运行稳定，一般情况下不会出现"系统维护"的提示。若遇重大事件，系统必须暂停服务，则会提前告知客户。客户如在陌生的网址上输入了银行卡号和密码，并遇到类似"系统维护"之类的提示，应立即拨打银行客服热线进行确认。

（6）安装防毒软件。为电脑安装防火墙程序，防止个人账户信息遭到黑客窃取。此外，建议网上客户安装防病毒软件，并经常升级，堵住软件漏洞。为防止他人利用软件漏洞进入计算机窃取资料，客户应及时更新相关软件，下载补丁程序。

2. 网络购物安全提示

购物前要尽可能对售货网站的合法性进行核实，如了解网站有无通信管理局核发的 ICP 证或经工商部门认可的标志、公司地址、固定电话等基本情况，只留联系手机号码的网站不可轻信。在网上购物时，确保已采用安全的连接方式。可以透过查看浏览器上方的闭锁图标（closedlockicon），以确定连接是否安全。若网上购买物品的售价与市场价格差距大，要注意防止价格陷阱。付款方式最好选择货到付款的方式，并自觉做到不信、不买违禁物品。

在网络安全越来越重要的今天，保护人民合法权利，是网络安全的起点和目标，也是社会主义法治的起点和目标。"网络安全为人民，网络安全靠人民"。网络安全需要建立在全民参与的基础上，只有做好良好的防卫工作才能确保网络信息的安全。

思考题

1. 请举例说明与生活相关的网络安全问题（两个以上）。

2. 结合自己的生活，谈谈网络痴迷的危害。

3. 结合自己的实际情况，谈谈如何保护个人信息安全。

4. 请简述随意发朋友圈的安全隐患和防范措施。

主题三 ▶▶

维护网络安全的途径与方法

视频资源

学习目标

（一）思政目标

培养新时代大学生网络安全素质。

（二）知识目标

1. 理解网络安全审查制度。

2. 了解新时代大学生网络安全素质新内涵。

（三）能力目标

能够把握规律，运用科学方法维护网络安全。

一、网络安全审查制度

国家网络空间治理现代化的实质是一场制度革命。其中，网络安全审查制度占有极其重要的地位。纵观世界，网络安全审查早已是国际潮流和通行做法。

1. 网络安全审查是国际通行做法

20 世纪 80 年代，美国加强国家安全审查，出台《信息设备政府采购法》，并制定信息安全测试评估的技术标准，授权国家安全局等部门联合执行。在信息技术全球化推动之下，供应链安全问题凸显，美国开始建立安全审查制度，对产品安全、技术转移、企业并购和敏感投资实施安全测试、风险评估等涉及国家安全事项的调查。

2000 年，美国率先在国家安全系统中对采购的产品进行安全审查，随后陆续针对联邦政府云计算服务、国防供应链等出台了安全审查政策。"9·11"事件后，美国扩大了对政府采购信息设备审核监督的权力及范围，形成了一套严格的国家安全审查制度。国会授权美国总统设立外国投资委员会（Committee on Foreign Investment in the United States，CFIUS）负责国家安全审查工作，并充分发挥美国信息安全行业和专业测试机构的力量，凭借经济、技术优势，跟踪相关国家标准化战略和政策动向，控制国际标准主导权，确保本国企业及其技术的国际竞争力。俄罗斯、澳大利亚、日本、加拿大、印度等国家纷纷效仿，建立了多层次、多领域的安全审查制度，以"国家利益"为核心，技术测评与行政管理相结合，灵活性强。

多数国家对涉及本国关键行业的外资活动进行重点审查，重点控制外资及信息技术产品进入金融、能源、交通等基础设施领域，避免因此带来安全隐患和漏洞，危及国家安全。有的国家，外资进入初期看似无强制性要求，一旦涉及国家安全领域则启动严格的审查，且审查时间旷日持久、不可预控。

2. 我国适时建立了行之有效的网络安全审查制度

加强网络安全审查制度建设，是贯彻习近平总书记推进治理体系和治理能力现代化重要思想的具体体现。建立网络安全审查制度，是一种维护国家主权、安全和发展利益的战略行为，是我国国家治理体系不可缺少的重要一环。随着我国网络空间安全战略的构建与实施，网络安全审查法制化建设也走上了快车道。

2014 年，中央网信办发布《关于加强党政部门云计算服务网络安全管理的意见》，明确中央网信办会同有关部门建立云计算服务安全审查机制，强调"安全性"与"可控性"并重。网络安全法第三十五条规定："关键信息基础设施的运营者采购网络产品和服务，可能影响国家安全的，应当通过国家网信部门会同国务院有关部门组织的国家安全审查。"标注了网络安全审查法治化建设的"零公里"。

2017年5月，国家互联网信息办公室印发了《网络产品和服务安全审查办法（试行）》，从2017年6月1日开始试行。在此基础上，2021年11月，国家互联网信息办公室联合国家发展和改革委员会、工业和信息化部、公安部、国家安全部、财政部、商务部、中国人民银行、国家市场监督管理总局、国家广播电视总局、中国证券监督管理委员会、国家保密局、国家密码管理局13家单位发布了《网络安全审查办法》并于2022年2月15日起施行。《网络安全审查办法》的第一条明确指出："为了确保关键信息基础设施供应链安全，维护国家安全，依据《中华人民共和国国家安全法》《中华人民共和国网络安全法》，制定本办法。"既有明确的保护对象和范围，也有非常宽泛的适用原则。可以说，在网络与信息技术领域"维护国家安全"，是网络安全审查制度的出发点，确保关键信息基础设施和供应链安全是审查的主要目标。

3. 我国网络安全审查制度的实践与特色

在审查对象层面，国家互联网信息办公室发言人公开表示，我国网络安全审查制度"不针对任何国家和地区"。对发现存在安全隐患的网络产品和服务，不论是外国企业还是中国境内企业，都一视同仁，都要遵从、适应这一管理制度的实施，在保障安全的前提下实现良性发展。实践证明，对网络产品和服务的提供商、运营商和服务商进行审查，根本目的是保证产品和服务的安全性，为国家重要数据，为公众网络用户信息提供更深层次的保障。

在操作层面，我国网络安全审查制度设计的一般程序是被审查对象的主动申报机制，并规定了审查的申报、启动、处理流程及时间要求，而针对涉及国家安全的严重隐患情况，则明确了审查机构的主动发起机制。《网络安全审查办法》第十六条规定："网络安全审查工作机制成员单位认为影响或可能影响国家安全的网络产品和服务，由网络安全审查办公室按程序报中央网络安全和信息化委员会批准后，依照本办法的规定进行审查。"因此，在我国网络安全审查制度的实际执行当中，一方面，网络安全审查工作的常态化主动申报机制和针对重大安全隐患的审查机构主动发起机制，确保了网络安全审查对安全事态的全面覆盖和灵活运用，另一方面事前审查、事中监测以及事后惩处相结合的全方位的安全审查治理方式，增强网络安全审查制度的威慑力和强制力。

4. 网络安全审查制度对数据安全保护的要求

网络安全审查制度的建立与实践，在目前网络安全审查制度实施过程中，对数据的保护引起广泛关注。在现行《网络安全审查办法》第十条中将"核心数据、重要数据或者大量个人信息被窃取、泄露、毁损的风险"列为重点考虑的安全风险要素。针对数据安全的审查制度，在2021年9月1日起施行的数据安全法第二十四条中明确规定："国家建立数据安全审查制度，对影响或者可能影响国家安全的数据处理活动进行国家安全审查。"由此确立数据安全审查制度。

依法做出的数据安全审查决定为最终决定，意味着数据安全审查的决定一经做出即告生效，不会进入行政复议或行政诉讼程序。数据安全法的发布实施，是网络安全审查制度的重要依托和实施依据。一方面，在重要数据、个人数据跨境传输过程中，成为维护国家安全，保护个人权益的重要保护屏障。另一方面，强有力地规范了国内外企业在我国境内合法合规利用数据要素，保障数字经济的健康发展。

二、新时代大学生网络安全素质教育新内涵

大学生网络安全素养是大学生使用网络过程中应具备的网络安全意识，网络安全知识以及辨别、处理网络安全问题的能力。新时代随着网络技术越来越多地融入人们的日常生活，大学生网络安全素质教育被赋予了更多的新内涵。

1. 网络安全与国家安全

2014年，习近平总书记在中央网络安全和信息化委员会第一次会议上强调，"没有网络安全就没有国家安全，没有信息化就没有现代化"。将网络安全上升到事关意识形态、国家安全和社会稳定高度，要求安全与发展协调一致、齐头并进成为习近平网络强国思想的重要组成部分。以网络安全为切入点，大学生系统学习习近平总书记关于网信工作提出的一系列新思想、新观点和新论断，了解网络强国的战略目标、建设原则、国际主张、基本方法等，帮助大学生从国家安全

的高度提升网络安全认识，树立正确的网络安全观。

2. 网络安全与精神文明

网络不是一个虚拟空间，而是现实社会在数字空间的延伸与拓展。然而，由于历史原因和认识不足，网络世界存在低俗网络文化蔓延、网络诈骗事件频发、个人信息被滥用、网络谣言四起等乱象，对包括大学生在内的青少年群体危害尤为严重。2021年9月，中共中央办公厅和国务院办公厅印发《关于加强网络文明建设的意见》，从思想引领、文化培育、道德建设、行为规范、生态治理、文明创建、组织实施等八个方面提出了明确要求。大学生是非常活跃的网民群体，通过大学生网络安全素养教育加强思想道德素质建设，弘扬积极健康、向上向善的网络文化，提高正确用网的安全防范意识，有利于带动全社会网民建设"清朗""干净"的网络空间。

三 典型案例 ▶

中国人民大学个人信息被非法获取，警方果断行动保护公民隐私安全

2023年7月1日，网传中国人民大学（简称"人大"）一男生在读硕士研究生期间，利用专业技术盗取全校学生个人信息，包括照片、姓名、学号、学院、籍贯、出生日期等，并搭建了给全校学生颜值打分的网站。7月2日，人大对此事发声，学校已关注到我校部分学生信息被非法获取的情况，对此高度重视，第一时间联系警方，目前正积极配合警方等相关部门开展调查。学校强烈谴责侵犯个人隐私、危害信息安全的行为。感谢社会各界对学校的关心。7月3日，平安北京海淀通报，针对"中国人民大学部分学生信息被非法获取"的情况，海淀警方接到报警后，立即开展调查。经查，嫌疑人马某某（男，25岁，该校毕业生）涉嫌非法获取该校部分学生个人信息等违法犯罪行为。目前，马某某已被海淀公安分局依法刑事拘留，案件正在进一步调查中。

这起事件凸显了加强个人信息保护的紧迫性，同时，个人也应提高自身的信息安全意识，需要各方共同努力，加强法律法规建设，提高个人信息保护意识，加强监管和执法力度，共同守护个人隐私和社会安全。

3. 网络安全与个人发展

大学阶段是从中学生转向大学生，再从大学生转向社会人的关键阶段，是心智发展、知识积累和能力提升的重要时期，是世界观、价值观和人生观培养和发展的黄金期。大学生网络安全素养教育帮助大学生发挥信息技术积极因素，让知识学习和探索过程变得更加轻松、主动和高效，培养自主学习和终身学习的习惯，同时也能够通过案例教育让大学生认识网络世界的消极方面，帮助他们强化自控力，提高辨别力，降低成为不良网络行为和网络犯罪受害者的风险。

思考题

1. 我国适时建立了行之有效的网络安全审查制度，请简述这个制度实施的意义。

2. 新时代随着网络技术越来越多地融入人们的日常生活，大学生网络安全素质教育被赋予了更多的新内涵。你认为新内涵的内容有哪些？

《模块七 场景训练》

知识点：安全上网

请大家铭记：网吧是公众场合，经常有一些闲散人员，在电脑上布控木马，进行盗号、盗网银等一些不法行为，因此务必小心。

场景 1： 同学 A 在网吧上网

正确的做法是：

（1）开机后先留意电脑装的杀毒软件，并且留意防火墙的版本是不是最新的。

（2）为防止 QQ 被盗，登录 QQ 后，再用 QQ 电脑安全管家登录。在 QQ 中设置"拒绝陌生人信息"及"使用本地信息加密"。

（3）登录淘宝一定要使用安全控件，或者安全键盘，用鼠标点击输入，尽量不用键盘直接输入，以免被后门程序监听。

（4）不点击一些杀毒软件提示有风险的网站。

（5）不下载一些没安全保证的文件，也不点击没经过杀毒软件查杀的文件。

（6）使用U盘拷贝文件时，一定要对U盘进行杀毒，对拷贝的文件也进行杀毒。

（7）离开前，退出所有登录，点"Internet选项""删除文件"，把缓存彻底删除掉。

场景2：同学B在咖啡厅坐着玩手机

值得注意的是，公共免费Wi-Fi安全性低，容易导致个人信息泄露。手机蓝牙一直开着，容易导致病毒入侵，现在很多手机病毒是通过蓝牙传播的。只要在有效的距离内，你开着蓝牙别人就可以搜索到，有的甚至会用你的手机打电话，或者偷看你手机里的信息，偷听你打电话，等等。

正确的做法是：

（1）询问咖啡店的公共Wi-Fi密码，不随意链接其他无须密码的公共Wi-Fi。

（2）没有必要的时候最好把蓝牙关了，或者在蓝牙设置里面设置为不可被发现。

（3）看到优惠券二维码，先咨询店员是否真实有效。看到对话框需要输入的信息后，放弃输入，退出程序。

场景3：旅游时自拍发朋友圈

去哪儿玩了、吃好东西了、亲友聚会了……很多人喜欢随手拍照发朋友圈。但是，不少人没意识到这些行为会间接泄露个人信息。如果被别有用心的人利用，很可能造成财产损失，甚至危害自己和家人的人身安全。

1.身份信息

假期外出时，日程安排、行踪等信息不要泄露，不然容易让他人钻了家中无人的空子进行行窃。外出期间，能够显示姓名、身份证号的车票、护照、飞机票等，尽量不要"晒"。票据上的二维码或条形码都含个人姓名、身份证号等信息，借助特殊软件，便能轻易读取。

2.具体位置

微信上的"所在位置"功能，可以跟朋友分享你在哪儿，但如果你旅游、出差了的话，也等于告诉别有用心者、小偷"这人不在家"，为他们创造了犯罪条件。

3. 家人照片

晒孩子照片时需留个心眼，最好不要将孩子的姓名、固定行程、就读幼儿园等信息发布在网上；或者限制一下分享范围，以分组的形式只分享给亲人看。除了孩子的照片，全家福也尽量少发布在朋友圈上。一旦泄露家庭成员信息，容易给不法人员创造行骗、行窃的机会。尤其是老人、小孩的信息，更要注意保护。

正确的做法是：

（1）拍车票、证件等照片，要把个人信息遮住再发朋友圈。

（2）发朋友圈的时候，避免选择定位而泄露个人信息。

（3）关闭附近的人查找功能、支付免密功能，以及设置陌生人不能查看相册。

做到安全上网，上述练习是远远不够的。只有不断提升防范意识，平时多积累防范技巧，才能最大限度保障安全。

参考文献

一、图书专著

1. 许素睿. 校园安全事故预防与安全文化建设 [M]. 北京：社会科学文献出版社，2022.

2. 张新春，杨帆，许振华. 校园安全教育 [M]. 北京：航空工业出版社，2021.

3. 惠志斌，李佳. 人工智能时代公共安全风险治理 [M]. 上海：上海社会科学院出版社，2021.

4. 龚琬岚. 学校安全 [M]. 北京：应急管理出版社，2021.

5. 王玉蓉. 大学生安全教育案例分析 [M]. 北京：光明日报出版社，2020.

6. 颜怡. 大学生安全教育 [M]. 北京：中国人民公安大学出版社，2020.

7. 闫宁，王小龙. 消防安全教育 18 讲 [M]. 北京：中国劳动社会保障出版社，2020.

8. 中国安全生产科学研究院. 火灾预防及应急避险指南 [M]. 北京：中国劳动社会保障出版社，2020.

9. 舒卫华，韩亮，李卓兴. 大学生安全教育实用教程 [M]. 成都：电子科技大学出版社，2020.

10. 刘让雄，王小辉. 安全教育和职业健康 [M]. 广州：广东高等教育出版社，2019.

11. 程立军，赵博琼. 校园安全教育 [M]. 北京：国家行政学院出版社，2019.

12. 杨炜苗. 大学生安全教育导论 [M]. 北京：清华大学出版社，2019.

13. 王大伟. 大学生安全教育 [M]. 北京：中国人民大学出版社，2018.

14. 黄宏纯. 突发事件全面应急管理 [M]. 北京：北京理工大学出版社，2018.

15. 马先进，李崇银. 大学生安全教育 [M]. 长沙：国防科技大学出版社，2014.

16. 张晓. 高校公共安全教育与管理研究 [M]. 北京：中国社会出版社，2011.

17. 胡桂兰，徐晓光. 机械工安全知识读本 [M]. 北京：机械工业出版社，2010.

18. 姜忠良. 实验室安全基础 [M]. 北京：清华大学出版社，2009.

19. 鹏小龙. 汽车车身修复与涂装 [M]. 北京：机械工业出版社，2009.

20. 施卫芳. 护卫生命 [M]. 广州：广东高等教育出版社，2008.

21. 张永华. 教育系统突发公共事件应急管理 [M]. 广州：广东高等教育出版社，2007.

22. 陈颙，史培军. 自然灾害 [M]. 北京：北京师范大学出版社，2007.

23. 宋涛，顾军. 热处理工工作手册 [M]. 北京：化学工业出版社，2007.

24. 鲁宾逊，等. 汽车车身修复 [M]. 南京：江苏科学技术出版社，2006.

25. 约翰·怀斯曼. 生存手册 [M]. 海口：海南出版社，2003.

二、期刊论文

1. 许倩. 强教育与弱感知：高校安全教育中正式和非正式制度对大学生风感知的影响：基于电信诈骗的多案例研究 [J]. 广州大学学报（社会科学版），2022，21（2）：32-43.

2. 朱燕红，沈国际，邓海涛. 基于BBS的实验室全周期消防安全教育模式探索 [J]. 实验室研究与探索，2022，41（2）：313-316.

3. 肖燕，潘文锋. 大学生防范电信网络诈骗对策的实证研究：以深圳市三所高校为例 [J]. 深圳职业技术学院学报，2022，21（5）：22-27.

4. 刘保伟，刘小芳. 全媒体视域下学校安全教育的路径创新 [J]. 人民教育，2021，13：121-122.

5. 边红彪. 中国食品安全监管的进程智慧和经验 [J]. 食品安全质量检测学报，

2021，12（4）：1600-1606.

6.赵若云，武杰．对新时代网络安全的系统思考[J].系统科学学报，2021，29（1）：51-56，72.

7.凌磊，政府、学校、社会共同参与：韩国应对校园暴力策略研究[J].比较教育研究，2019，10：83-88.

8.罗怡，刘长海．联合国教科文组织关于校园暴力和欺凌干预的建议及启示[J].教育科学研究,2018,04：16-19.

9.周久经，消防教育：让人人都"会报警、会逃生、会扑救初起火灾"[J].中小学管理，2015，4：27-29.

三、其他（政府文件、工作报告等）

1.公安部刑侦局．防范电信网络诈骗宣传手册[EB/OL][2023-06-21].http：//cyberpolice.mps.gov.cn/wfjb/html/aqts/20230621/4739.shtml.

2.中国国家禁毒委员会办公室．2022年中国毒情形势报告[R/OL][2023-06-21].http：//www.nncc626.com/2023-06/21/c_1212236289.htm.

3.中华人民共和国教育部．大中小学国家安全教育指导纲要[EB/OL]（2020-10-27)[2023-06-21].http://www.moe.gov.cn/srcsite/A26/s8001/202010/t20201027_496805.html.

4.中华人民共和国教育部．教育部关于加强大中小学国家安全教育的实施意见[EB/OL](2018-4-12)[2023-06-21]http://www.moe.gov.cn/srcsite/A12/s7060/201804/t20180412_332965.html.

后记

　　深圳职业技术大学将"大学安全教育与应急处理训练"列为学生综合素质培养的必修课程已近15年，课程同名教材也已出版发行近13年。在科学技术手段发展日新月异的时代背景下，结合多年教学实践探索，如何让教材更好地适应安全教育教学改革带来的新形势和新变化？这一问题历经教材编写委员会长达8个月时间的讨论、筹划、实施，终于可以在全新改版后即将出版发行的新书中得以解答。同时，关于本书的改版编写工作还有一些话尚须阐明。

　　第一，本教材是在总结深圳职业技术大学多年安全教育教学经验的基础上，紧密联系学校的本科课程建设与教学改革，吸收整合国内外安全教育先进理念与经验，针对目前高校学生实际面临的安全新威胁、新问题编写而成，适合广大普通高校和高等职业院校学生学习使用，也适合社会开展安全宣传教育使用，具备较好的通用性、针对性和实操性。教材中的内容都已在深圳职业技术大学开设的安全教育必修课中实际运用，并在此次改版时融入教学实践中提炼的精髓，充分体现了教材以理论指导实践、实践升华理论的编写原则，是一部集成先进教育理念与教学实践经验，适用面广、内容精细的安全教育教材，展现了国内安全教育的最新水平。

　　第二，本教材体现出我校安全教育和管理工作的优良传统和文化传承。2009年，在前校长刘洪一和学校领导班子的大力支持下，学校决定给安全教育设置一个学分，纳入学校必修课程统一管理；2011年，前任主编张效民副校长确定了教材编写的基本指导思想、整体架构及具体内容，审定了编写提纲；前任副主编赵伟光、撒承贤及夏勇、任全录、周玲、李强等除了完成当时各自所负责的编审任务，还承担了大量教材编写的组织协调和沟通工作，保证了教材的顺利诞生；2018年，改组后的教材编写委员会和教材编写组对教材内容和结构进行了调整，使得教材内容更加丰富、逻辑更加清晰；2023年顺应新形势和新要求，学校成立新的编写组，在原有教材入选首批"十四五"职业教育国家规划教材的基础上，对教材体例进行了重新构建和完善，以期全面适应总体国家安全观的指导思想，更好地将安全意识和安全素养深植学生心中。可以说，本书不仅凝结了参编学校老师和研究人员的心血，包含了参与审定的各院校及单位专家学者的智慧，更是一代代安全教育工作者的宝贵经验的积淀和传承。我们努力为安全教育提供高质量的教材，既是培养一流人才的需要，更是建设更高水平"安全文明校园（平安校园）"的需要。

在学校主管安全工作的董朝君副校长关心与指导下，此次教材改版工作具体分工为：前言（肖燕），模块一（肖燕、陈学敏、张伟婷），模块二（潘文锋、肖燕、朱静），模块三（曾亚纯、游茂、方锐），模块四（曲东华、段杰鑫、甘丽聪），模块五（游茂、方锐、李美娜），模块六（曲东华、潘文峰、曾子英），模块七（曾亚纯、肖燕、方锐），后记（肖燕）。肖燕、方锐、张伟婷、陈学敏、朱静等还负责了教学模型设计及教材相关经典案例、政策法规等资料的收集和整理工作。

回顾本教材从撰写到出版的全过程，感谢以各种形式参与到教材编写审稿工作的各位老师和朋友。感谢广东省教育厅安全保卫处，深圳市国家安全局、消防救援支队、公安网络警察支队等政府职能部门对安全教育的重视和对具体业务的指导。感谢学校领导班子及宣传部、教务处、关工委、学生处、校团委等相关部门对安全教育必修课程和教材建设的大力支持。感谢在我校艺术设计学院周莉老师的指导下，凤士婕、梁俊豪、王亦然等三名同学为教材量身定制的精美插画，令人耳目一新。感谢教育信息中心对安全教育网络平台建设的技术支持和指导。感谢中咨联教育技术（深圳）有限公司对于安全教育微课视频制作的技术支持，北京麦课公司对于安全教育VR体验式教学的技术支持。感谢湖南大学出版社为教材的出版加班加点，并给予有建设性的审稿意见。编写中，我们广泛阅读参考了国内外出版的相关著述，在此谨向这些著述的作者及出版单位表达诚挚的感谢！

最后，真诚邀请使用本书的师生和社会各界人士对教材提出宝贵意见与建议，以便我们不断提高水平，使本书在今后的修订中更臻完美。

惠而好我，携手同行。

本教材编写组

2023 年 8 月

大学生**安全教育**与**应急处理**训练

DAXUESHENG ANQUAN JIAOYU
YU YINGJI CHULI
XUNLIAN 训练

立体
资源

湖南大学出版社

主·题·拓·展

扫码获取
主题拓展资源

模块二 国家安全 ▶▶

主题五 公共安全与突发公共事件

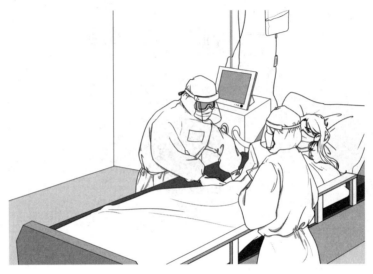

模块三 人身安全 ▶▶

主题五 性侵害防范

模块三　人身安全

主题八　重点传染病与突发疾病的防范

模块四　财产安全

主题三　抢劫、抢夺犯罪的防范与处理

模块五 消防安全 ▶

主题三 用电安全

模块六 出行安全 ▶

主题四 旅游中的安全防范与应对

练·习·题·集

扫码可在线自测
一键获取详情解析

模块一　绪论

一、判断题（在括号内标√或 ×）

1. 完全没有危险的安全状态几乎不存在。（　）

2. 有危险就等于不安全。（　）

3. 安全与安全感是两个不同的概念。（　）

4. "大安全"是指由政府统一领导，与个人的关系不大。（　）

5. 在大学阶段，需要先完成各专业课的学习，才能开展安全教育。（　）

6. 安全教育的核心内容是生命教育。（　）

7. 安全教育作为一门通识型、实践性课程，上课好好听就可以完全掌握。（　）

8. 安全教育就是教方法，掌握方法就可以了。（　）

9. 关注精神生命，思考怎样使生命活得有价值，成为有理想有信仰的人，成为道德高尚的人，拓展生命的维度，追求自我价值的实现。（　）

10. 生命教育就是要让我们在珍惜自己生命，捍卫自己活着权利的基础上，也懂得尊重珍惜他人的生命，懂得欣赏和热爱自然界的一切生命，达到人与自然和谐共生的目标。（　）

11. 我们感受生命的成长与精彩，就能拒绝生命的脆弱与无奈。（　）

12. 当前社会，安全文化是社会主义先进文化的重要组成部分。（　）

13. 先成人，后成才，良好的法制观念、安全意识是一名合格大学生的重要体现。（　）

14. 法制观念是一种特殊的社会意识体系，是人们关于法律的思想、观念、知识、心理的总称。（　）

15. 底线，是对人、对事、对物所能普遍接受的最低限度、最低要求，也可以比喻为一种基础和做人的基石，是为人处世最起码的准则。（ ）

16. 无论法律还是道德，都是有底线的，这个底线会随着我们的成长调高或者调低。（ ）

17. 底线意识就是指我们在生活、学习、工作中，在人生成长过程中，始终保持正确的思想观念以及规范的行为方式，时刻远离那些与我们价值观相违背的禁止触碰的红线。（ ）

18. 意识是指人的头脑对于客观物质世界的反映，也是感觉、思维等各种心理活动过程的总和。（ ）

19. 随时留意自己与环境的关系，就是随时留意所处环境中各种安全元素，以便于发生意外事故时，你可以快速找到自救工具及正确的逃生路线。（ ）

20. 随时留意自己与身边人的关系，就是要留意身边各种人的一言一行，学会察言观色，切记不能轻信、盲从，须知"防人之心不可无"。（ ）

21. 安全意识中有一个重要意识就是"专注"，留意自己与自己的关系，就是留意自己在做任何事情的时候是否专注，因为一旦分神，危险就将与你无限接近。（ ）

22. "安全意识→安全行为→安全习惯→安全意识"的良性循环，是我们安全教育的终极目标。（ ）

扫码"练习题集二维码"可查询答案

模块二 国家安全

一、判断题（在括号内标√或 ×）

1.任何一个主权国家，都把维护国家安全置于生死存亡的重要地位。（ ）

2.参加间谍组织，只要不参加活动，就不算是危害国家安全的行为。（ ）

3.国民经济和社会发展中的秘密事项不属于国家秘密。（ ）

4.宪法具有最高法律效力，是制定其他法律的依据。所有的法律都要诞生在宪法之下，服从于宪法精神。（ ）

5.凡经人大及其常委会选举或者决定任命的国家工作人员，正式就职时应公开向宪法宣誓。（ ）

6.从我们出生那一刻起，我们就是一个独立的个体，有着独立的人格权的"人"。（ ）

7.16 岁那年，我们迎来了人生中一个很重要的权利：选举权和被选举权。（ ）

8.恐怖主义是指通过暴力、破坏、恐吓等手段，制造社会恐慌、危害公共安全、侵犯人身财产，或者胁迫国家机关、国际组织，以实现其政治、意识形态等目的的主张和行为。（ ）

9.为了避免爆炸所产生的强大冲击波击穿耳膜，应该紧闭嘴巴。（ ）

10.遭遇毒气袭击，要顺着风向，迅速逃离。（ ）

11.凡是为国家安全机关提供重要情况或重要线索的,都有权受到表彰或奖励。（ ）

12."临危不乱"是应对突发公共事件的关键。（ ）

13.我国公共安全形势处于严峻状态，未来我国公共安全形势依然不容乐观。（　）

14.事故初期，为避免造成恐慌，灾情信息无需及时披露。（　）

15.在组织集体外出等大型活动前，准备工作中必须有安全教育的环节。（　）

16.在集体外出活动中一旦发生安全事故，确保人身安全永远是第一位的。（　）

17.邪教是宗教的一种表现形式。（　）

18.发生踩踏时，应选择正确的逃生方法：摔倒后，应面朝下把身体蜷成球状。（　）

19.遇到突发事件，应优先照顾身边的老人和孩子。（　）

20.随着经济全球化的深入，经济波动和危机的国际传染会成为经常性的而且是不可避免的事情。（　）

21.我国国家主权统一和领土完整面临多重挑战。（　）

扫码"练习题集二维码"可查询答案

模块三　人身安全

一、判断题（在括号内标√或 ×）

1. K 粉呈白色结晶粉末状，易溶于水，可随意勾兑进饮料。（　　）

2. 毒品与药品，往往具有双重属性，只要为人解除痛苦的就是药品。（　　）

3. 摇头丸又称"俱乐部毒品"或"休闲毒品"。（　　）

4. "聪明药""学习药"中，一般含有管制类精神药品，服用这样的中枢兴奋药物，可能使人兴奋过度，甚至狂躁；长期服用还会产生成瘾性。（　　）

5. 止咳水的主要成分虽然为可待因及麻黄碱等，但其实是一种镇咳处方药，即便非法乱用也不是吸毒。（　　）

6. 远离毒品的最好方式就是：尽量远离毒品可能出现的迪厅、酒吧等娱乐场所，远离吸毒的朋友，多多了解毒品知识，服用药品时一定要按照医生的指导。（　　）

7. 任何陌生人委托我们帮他保管任何物品，我们都应该拒绝。（　　）

8. 摇头丸主要出现在 KTV、迪厅等娱乐场所，青少年应尽量远离这些场所。（　　）

9. 小王邀约多人，多次在小李家里吸毒，虽然小李知道吸毒是违法行为，但小李本人没有吸毒，所以小李不要承担任何法律责任。（　　）

10. 摇头丸就像跳跳糖一样，是一种娱乐食品，不是毒品。（　　）

11. 如果在娱乐场所，不要让自己喝的酒水或饮料离开自己的视线。（　　）

12. 有人认为长期吸毒才会上瘾，偶尔吸几次不会上瘾。（　　）

13. 校园暴力事件中，没有幸存者！（　　）

14. 给较胖的同学起侮辱性外号，如果他本人接受，就不算校园欺凌。（　　）

15. 心理暴力主要指因孤立、侮辱人格等一系列行为对学生的精神造成了严重损害，最常见的就是"冷暴力"。（ ）

16. 酗酒不仅损伤身体，还会刺激中枢神经系统，使人遇到问题易失去理智。（ ）

17. 人际交往是人们在日常生活、学习、工作等过程中通过相互联系、相互作用而形成的心理与行为的互动。在我们的成长过程中，人际交往非常重要。（ ）

18. 换位思考是应对人际关系的不二法宝。（ ）

19. 进入实训室前，就要牢固树立"安全第一"的意识。（ ）

20. 要服从实验教师指导，按照指定座次就位，签名。（ ）

21. 当需要给设备通电时，可以按照操作程序直接通电。（ ）

22. 实验室用的电热板、电炉、烘箱等放在木制台面上时必须用耐火材料衬垫。（ ）

23. 实验用剩的钠、钾、白磷等易燃物、氧化剂等和极易燃易挥发的有机物不可随便丢弃，防止发生火灾。（ ）

24. 每次实训完毕应用热水洗净手、脸后再离开。（ ）

25. 食品污染可能发生在食品生产、加工、贮存、运输、销售、烹调直至餐桌的整个过程中的各个环节中。（ ）

26. 食品安全谣言，指内容荒谬、毫无科学性，被广泛转发的内容。（ ）

27. 胃痛和痉挛是食物中毒最常见的症状。（ ）

28. 食物中毒后，由于腹泻和呕吐引起的电解质损失经常发生肌肉无力。（ ）

29. 霉变甘蔗中毒，是因为甘蔗节菱孢霉，其所产生的 3- 硝基丙酸毒素是一种神经毒物质，主要损害中枢神经系统。死亡率较高。（ ）

30. 震区的人在感到大的晃动之前，有时首先感到地面上下跳动。（ ）

31. 一旦灾难降临，至少要确保 72 小时内的存活，这已成为美国家庭必备的灾难自救常识，对我们的应急自救也有很大的启发。（ ）

32. 地震被困时，要不停地大声呼救。（ ）

33. 震时就近躲避，震后迅速撤离到安全地方，是应急避震较好的办法。（ ）

34. 震后撤离到安全地带的时候注意要避开人流，不要乱挤乱拥，不要随便点明火。（ ）

扫码"练习题集二维码"可查询答案

模块四　财产安全

一、判断题（在括号内标√或 ×）

1. 夏秋两季，开窗开门睡觉容易发生入室盗窃。（　）

2. 建议选用自己的生日作为银行卡密码，不容易忘记。（　）

3. 对青少年来说，盗窃会产生好逸恶劳、好吃懒做、不劳而获的想法，长此以往，情况会变得更加恶劣。（　）

4. 青少年极易因为偷窃走上犯罪的道路，既危害了他人，又危害了自己。（　）

5. 不要将财物放在人多杂乱的环境里，哪怕只有几分钟，你的财物也可能"不翼而飞"。（　）

6. 学校保卫部门和公安机关有义务、有责任为提供情况的同学保密。（　）

7. 根据我国法律规定，公安机关在办案时可以通过电话询问个人家中存款账户、密码等隐私情况。（　）

8. 遇到响了一声就挂断的陌生来电号码，我们应立即回拨。（　）

9. 出门在外，要热情大方，可以接受刚刚认识的人的食物、饮料、香烟等。（　）

10. 当出现贷款不能按时还款时，欠债还钱，天经地义，采用任何方法催收都是合法的。（　）

11. 大多数网贷平台宣传的"0利率、0担保、免服务费"等，这些讯息都是真实可靠的。（　）

12. 树立较强的反诈骗意识，克服内心的一些不良心理，保持应有的清醒做到"三思而后行，三查而后行"，在绝大多数情况下是可以避免上当受骗的。（　）

13. 抢劫、抢夺严重侵害他人的人身权利，而且容易转化为凶杀、伤害、强奸等恶性案件，比盗窃和诈骗犯罪更具现实危害性。（　　）

14. 电信诈骗是指不法分子通过电话、网络和短信方式，编造虚假信息，设置骗局，对受害人实施远程、非接触式诈骗，诱使受害人给不法分子打款或转账的犯罪行为。（　　）

15. "让你在消费的同时赚钱"，这是传销组织编造的美丽谎言。（　　）

16. 买东西、打电话时，要注意身边是否有可疑陌生人，步行时应走人行道，尽量远离马路一侧，以防被飞车抢劫。（　　）

17. 在被推倒后自保，应快速抬腿蹬向歹徒裆部，然后乘其因疼痛弯腰时，立即起身跑开。抬腿蹬时要抬起腰、臀，利用将身体送出去的力量猛蹬。（　　）

扫码"练习题集二维码"可查询答案

模块五　消防安全

一、**判断题**（在括号内标√或×）

1. 液体的闪点越低，火灾危险性越小。（　　）

2. 物质燃点越低，越容易着火。（　　）

3. 在各种灾害中，火灾是最经常、最普遍的威胁公共安全的主要灾害。（　　）

4. 人为纵火，是一种以实施破坏为目的的放火行为，属于违法犯罪行为。（　　）

5. 灯具的开关、插座和照明器靠近可燃物时，应采取隔热、散热等保护措施。（　　）

6. 只有正确选择灭火器的类型，才能有效地扑救不同种类的火灾，达到预期的效果。（　　）

7. 实验实训前后，都要认真检查电源、管线、火源、辅助仪器等情况，完毕后关闭电源、火源、气源。为了防火，水源可以不关闭。（　　）

8. 在床上、沙发上吸烟，尤其是酒醉后吸烟更易引发火灾。（　　）

9. 专家研究表明，火灾中的死亡者，一半以上是可以通过正确方法逃生获救的。可见，掌握和使用正确的灭火方法非常重要。（　　）

10. 当汽车发动机发生火灾时，驾驶员应迅速熄火停车，让乘车人员立即逃生，然后取下随车灭火器，对准着火部位的火焰根部喷出灭火剂，扑灭火焰。（　　）

11. 当汽车在加油过程中发生火灾时，驾驶员不要惊慌，要立即停止加油，迅速将车开出加油站（库），用随车灭火器或加油站的灭火器以及衣服等将油箱上的火焰扑灭，如果地面有流散的燃料时，应用库区灭火器或沙土将地面火扑灭。（　　）

12. 初起火灾特点：初起阶段是物质在起火后的几分钟里，具有燃烧面积不大，烟气流动速度缓慢，火焰辐射热量不多，周围物品和建筑结构温度上升不快的特点。这个阶段内，采用较少的人力和应急灭火器材，容易将火控制或扑灭。（　）

13. 如果触电者触及断落在地上的带电高压导线，且尚未确证线路无电之前，救护人员不可进入断线落地点 8 ~ 10 米的范围内，以防止跨步电压触电。（　）

14. 很多人是向上逃生的，认为跑到天台容易被救。（　）

15. 在逃生时，使用电梯是最快最便捷的。（　）

16. 楼梯引导员，他的作用一是观察下一楼层的疏散情况，及时将"可以疏散"的信号发送给楼梯口处的楼层疏导员。二是通过喊话，维持楼梯内的疏散秩序，稳定疏散人员情绪，及时处理紧急情况。（　）

17. 楼层疏导员：指挥该楼层的人员进行有序疏散，稳定疏散人员情绪。随所在楼层疏散的最后一个人一起离开，离开前要向上一层楼梯引导员发送疏散信号。（　）

扫码"练习题集二维码"可查询答案

模块六　交通安全

一、**判断题**（在括号内标√或 ×）

1. 提高通行效率、保障道路有序畅通是道路交通管理和参与交通的基本准则。
（　）

2. 只要有行人、车辆、道路这三个交通安全要素存在，就有交通安全问题，校园里也不例外。（　）

3. 在校园里，电动自行车看似是一个节省力气的选择，但是由于我们的安全意识低、抱有侥幸心理，以及违规给电瓶充电等，导致电动自行车成为了校园交通安全的一大隐患。（　）

4. 出门在外，多个朋友多条路，有"老乡""同行"等主动搭讪，要友善地给予回应。
（　）

5. 出站时，不要轻易和别人搭讪，到车站指定地点乘坐公交、地铁或出租车，自己找正规旅馆或酒店住宿，不要轻信出站口拉客的人。（　）

6. 乘坐国内班机，在机舱内一律不允许吸烟；乘坐国际班机，只能在指定吸烟处吸烟，烟头必须掐灭后放进烟盒内，禁止在机内的厕所里吸烟。（　）

7. 在学习各种安全常识的同时，要熟悉各行业相关职业病的基本常识，要掌握相应的安全防护措施及事故应急处理方法。（　）

8. 兼职区别于全职，是指职工在本职工作之外兼任其他工作职务。在校大学生兼职是指尚处于在校学习的大学生，利用自己的课余时间，通过为雇主提供劳动而获取报酬并提高自身能力的行为。（　）

9. 在兼职时，常常会有无协议手续上岗的情况，不会有任何危险发生。（　）

10. "害人之心不可有，防人之心不可无"，为了防范侵害，我们必须提高警惕。（　）

11. 社会交往，是指在一定的历史条件下，个体之间相互往来，进行物质、精神交流的社会活动。（　）

12. 留学生的心理健康从严格意义上来说，不能算作留学期间安全的一个重要方面。（　）

13. 对目的地进行深入细致的了解是在留学出发前必须做的准备工作，可以做到防患于未然。（　）

14. 正确的出国学习的态度应该是谦虚好学、不卑不亢、以礼相待，同时也要学会保护自己，维护自己的民族自尊。（　）

15. 到达留学目的地后，就要立即查明中国驻外使馆的联系方式，确保紧急情况下能及时联系。（　）

16. 冰雪本身就是水分，为了救命可以直接把冰雪含在口里，不会引起任何不适。（　）

扫码"练习题集二维码"可查询答案

模块七　网络安全

一、判断题（在括号内标√或 ×）

1. 网络既是一个信息的宝库，也是一个信息的垃圾场。（　）

2. 信息安全问题是电子商务信息在网络上的传递过程中面临的信息被窃取、信息被篡改、信息被假冒和信息被恶意破坏等问题。（　）

3. 虽然互联网具有高度全球化的特征，但每一个国家在信息领域的主权权益都不应受到侵犯，互联网技术再发展也不能侵犯他国的信息主权。（　）

4. 计算机病毒是编制者在计算机程序中插入的破坏计算机功能或者数据的代码，能影响计算机的使用，能自我复制的一组计算机指令或者程序代码。（　）

5. 刷单兼职，足不出户就可以实现财务自由！（　）

6. 当收到陌生人转来的二维码时，不要轻易扫码识别。（　）

扫码"练习题集二维码"可查询答案

政·策·法·规

扫码获取
政策、法规资源

1. 大学生生活

《中华人民共和国宪法》

《中华人民共和国民法典》

《中华人民共和国刑法》

2. 大学生出行

《中华人民共和国道路交通安全法》

3. 大学生就业

《中华人民共和国民法典 合同编》

《中华人民共和国劳动法》

《中华人民共和国劳动合同法》

《中华人民共和国就业促进法》

《中华人民共和国劳动争议调解仲裁法》

《普通高等学校毕业生就业工作暂行规定》

4. 大学生消费

《中华人民共和国消费者权益保护法》

《中华人民共和国产品质量法》

5. 大学生学习

《中华人民共和国专利法》

《中华人民共和国著作权法》

6. 大学生网络行为

《中华人民共和国网络安全法》

《中华人民共和国个人信息保护法》

7. 大学生维权

《中华人民共和国民法典 侵权责任编》

经·典·案·例

扫码获取
经典案例资源

模块三 人身安全

主题一案例：居间介绍毒品交易构成贩卖毒品罪，依法惩处

主题二案例：坚持双向保护原则，依法惩治校园暴力

主题三案例：广州某大学实验室烧瓶炸裂

主题四案例：业主小区内散步发现蘑菇 带回家做晚餐紧急送医

主题五案例：依法抗诉性侵害未成年人案件，维护法律权威

主题六案例：山东突发 5.5 级地震致 126 处房屋倒塌，21 人受伤

主题七案例：郑州地铁 5 号线遭雨水倒灌，夺命多人

主题八案例：北京顺义王某涉嫌妨害传染病防治案

模块四 财产安全

主题一案例：无业人员冒充大学生出入高校食堂、教室，伺机盗窃手机

主题二案例：大学生轻信 APP 刷单返利，遭遇诈骗损失数万元

主题三案例：大学城连环抢劫党落网，三个 95 后扮大学生作案

模块五 消防安全

主题一案例：学生宿舍花样玩火，当地消防上门教育

主题二案例："12·18"清华大学何添楼火灾事故

主题三案例：大学宿舍多个电器集中同一排插，长时间超负荷发热自燃

主题四案例：大学宿舍楼发生火灾，女生跳楼逃生

模块六 出行安全

主题一案例：大学生包车前往雪乡旅游，司机别车斗气酿成车祸伤亡

主题二案例：职院实习学生独立更换模具导致手指被机器截断

主题三案例：中国留美女生夜晚在街头遭遇陌生人侵犯被殴打致脑死亡

主题四案例：大学生参加旅行社海边游，皮划艇被困海上近 15 个小时后死亡

模块七 网络安全

主题一案例：大学生在网络论坛捏造新闻被处分

主题二案例：大学生网上买机票被骗 9 852 元

主题三案例：2 000 余台虚拟币"挖矿机"被警方关停

视·频·资·源

扫码获取
视频资源

音·频·资·源

扫码获取
音频资源

PPT·资·源

扫码获取
PPT 资源